Quand j'étais gangster

Jean-Pierre Hernandez

Quand j'étais gangster

Récit recueilli par
Christophe Chabbert

Flammarion

Christophe Chabbert est professeur de lettres modernes. Docteur de l'université de Paris XIII, spécialiste des littératures francophones de l'Océan indien, romancier et essayiste, il a notamment publié *Malcolm de Chazal, l'homme des genèses* (2001), *Frédéric Parcheminier, poète du dedans* (2004), *Dans l'enfer de Montlédier* (2006), *La Belle Clotilde* (2008) et *Correspondance de la famille de Chazal* (2014), aux éditions de l'Harmattan.

ISBN : 978-2-0813-5279-7

À mes filles

« Je ne connaissais pas la vie, mais j'étais riche en instincts ainsi qu'une petite bête sauvage et l'un de ces instincts m'avertissait que j'allais pénétrer dans quelque chose de trouble. »

Pierre Mac Orlan,
Les Clients du Bon Chien jaune

Prologue

Le feu aux poudres

Quand on décide de raconter sa vie, une vie d'aventure et d'action, la vie d'un « brave garçon », comme on dit à Marseille, il faut le faire en respectant des règles. Des règles, j'en ai souvent transgressé. J'ai joué avec elles, je me suis joué d'elles. Mais il en est qui sont inviolables.

Dans le milieu, comme au rugby, si l'on veut être respecté, il faut être droit avec ses amis. J'ai tellement lu, j'ai tellement entendu de témoignages fantaisistes sur des faits et des hommes que j'ai connus de près, que je ne crois pas utile d'en rajouter en me laissant aller aux approximations. Certains ont le tort de parler de ce qu'ils ne savent pas, de ce qu'on leur a un jour raconté, pour faire les beaux entre deux verres. Ce n'est pas mon style. S'arranger avec la vérité, j'ai su le faire bien entendu quand il le fallait, quand la nécessité liée à la parole donnée le commandait : devant les flics, devant les inspecteurs du Narcotic Bureau, devant les procureurs et devant les juges. Mais faire un livre pour ruser avec le lecteur n'aurait aucun intérêt. Je suis ici pour tout dire. Ou presque tout ! Parce que je suis vieux et que parfois, je suis victime de soudaines poussées d'Alzheimer, et parce que le code d'honneur des voyous m'ordonne de taire certaines choses. Je pécherai donc parfois par omission. Mais entre nous, pas de mensonge.

Pour gagner la confiance de mes amis, celle des Zampa, des Lucchesi, des Francis le Belge, des Jean-Baptiste Croce, des Jo Cesari, des Jean-Louis Fargette, j'ai dû faire preuve de certaines qualités : courage bien sûr, mais aussi discrétion et loyauté. Et, en la matière, les faits plaident en ma faveur. Que les choses soient bien claires entre nous : je n'écris pas aujourd'hui pour régler des comptes ; ceux à qui je pouvais en vouloir sont morts ou tant s'en faut. Je n'écris pas non plus pour salir la mémoire des disparus ; l'honneur, le respect, même d'un défunt, sont pour moi des choses avec lesquelles on ne transige pas. Question d'époque, d'éducation. En définitive, « moi, je vous parle d'une époque où Jean Nohain s'appelait Jaboune », comme disait Fernand Raynaud. Je n'écris pas, enfin, pour « balancer » ; je n'ai jamais été de ceux-là, les juges, les flics et les braves garçons qui m'ont connu peuvent dire que le « Gros Pierrot » sait se taire quand il le faut, quand il a donné sa parole et surtout parce que l'amitié n'a pas de prix. Certains voyous sont sans doute moins regardants. Mais que voulez-vous, à 78 ans, on ne se refait pas.

Veut-on des preuves de ma bonne foi ? Voici une histoire qui m'a beaucoup marqué, et que pourtant j'ai tue pendant plus de trente années. Des tas de gens, à commencer par la police, se demandent comment la fameuse guerre des gangs de 1972 à Marseille a débuté. Eh bien, je vais vous le dire, parce que je connais bien cette histoire, ses dessous et ses conséquences, et parce qu'elle a marqué ma vie à tout jamais.

À Marseille, les luttes fratricides relèvent d'une coutume locale bien connue. Il y en a eu avant la nôtre, il y en a eu après. La guerre des gangs dont je parle, c'est celle qui a opposé mon clan, celui de Tany Zampa, à celui de Francis Vanverberghe, « le Belge ».

Nous sommes au début des années 1970. Les laboratoires où l'on fabrique l'héroïne tournent à plein régime. À cette époque, Tany et le Belge ne sont pas adversaires. Bien au contraire, nous travaillons parfois ensemble. Il n'est pas rare que l'on se vienne en aide : il y avait de la place au soleil pour tout le monde. Un jour, nous demandons à Francis de nous dépanner. Nous lui proposons de nous avancer de la morphine-base, de la « noire » comme on disait, afin que notre chimiste, Jo Cesari, prépare une nouvelle cargaison. Ce n'était pas la première fois que ça arrivait. Du reste, Tany avait déjà fait la même chose pour le Belge quand il en avait eu besoin.

Le Belge nous fait donc livrer la marchandise. Jo Cesari se met au travail. Puis nous expédions la drogue comme d'habitude. Les ennuis commencent quand nous chargeons Jo Lomini, que l'on surnommait « le Toréador », de rendre l'avance consentie par le Belge. Jo, je l'ai bien connu : à sa sortie de taule, je le voyais souvent. Il venait parfois déjeuner chez ma mère. C'était un voyou efficace. Mais il était flambeur, tordu, pas franc du collier. Un vrai mange-merde, quoi. En prison, de voir les autres briller, ça le faisait marronner[1]. Dehors, il s'est vu plus beau que ce qu'il était. Alors, avant de remettre au Belge la morphine-base qu'il nous avait avancée, il en a gardé une partie pour son propre compte et il a mélangé le reste avec des cailloux ou avec du sable. Il se rend au rendez-vous fixé et sans rien dire, il remet le sac aux deux chimistes du Belge, deux

1. Enrager. – (Sauf indication contraire, toutes les notes sont de l'éditeur.)

frères dont je dois taire le nom. Ceux-ci arrivent au laboratoire pour commencer à « tourner la noire ». Ils s'aperçoivent de l'arnaque, évidemment ! Ils en réfèrent au Belge qui prend la rage. Et demande à voir aussitôt Tany. Un de ses hommes a tenté de le faire marron : ce Lomini ne respecte rien, c'est un entubeur !

Tany convoque le Toréador. L'autre nie, jure qu'il est étranger à toute cette histoire. Il n'en démord pas. Ce n'est pas lui qui a fait le coup. Au fond de lui, Tany n'est pas dupe. Il sait parfaitement que l'autre ment. Mais chez nous, les règles sont d'airain. Lomini fait partie du clan. On doit faire bloc derrière lui. Finalement, on trouve un terrain d'entente qui arrange tout le monde : on remboursera le Belge, on lui paiera la totalité de la « noire » qu'il nous a avancée. Et l'affaire aurait pu se terminer ainsi. On restait bons amis : Francis savait que Tany était loyal, qu'il avait couvert son homme comme la règle le voulait. Lui-même en aurait sans doute fait autant pour l'un des siens.

5 septembre 1972. Lomini repart donc avec de l'argent. Pour le remettre au Belge, il donne rendez-vous à deux de ses hommes : Robert Di Russo et son oncle, Jean-Claude Bonello. Les deux hommes sont à l'heure. Ils sont accompagnés par un ami, Daniel Lamberti. Ils attendent. Lomini arrive. Il les fait monter. Lomini prend la direction du Canet[1]. Il se gare devant un entrepôt. « Ne bougez pas, je vais chercher le fric et je reviens. J'en ai pour une minute. » Peu après, il revient. Il porte un sac. Tout va bien. Mais, au moment où il va remettre l'argent aux hommes du Belge, le Toréador sort son arme. L'oncle, le neveu et Lamberti sont saisis par la surprise. Lomini les regarde froidement et les abat, sans sommation.

1. Quartier de Marseille dans le cimetière duquel repose le Belge.

Voilà l'acte fondateur de la guerre des gangs, le seul, le vrai, l'unique. Tous ceux qui racontent autre chose sont des menteurs. C'est ainsi que cela s'est passé. Ceux qui sont encore en vie le savent.

Après, tout s'enchaîne très vite : Francis ne peut pas rester sans réaction. Lomini a assassiné ses trois amis, et ne s'est pas arrêté là. Il ne peut pas laisser ces crimes impunis. Là encore, c'est une question d'honneur, de respect pour les amis disparus. Mais le Toréador impressionne. C'est un enfreiné capable de tout. À Marseille, il craint dégun[1], il ne calcule personne. Même les flics préfèrent éviter de lui demander ses papiers, c'est tout dire. Lomini est plein de connerie. Il est devenu totalement incontrôlable à cette époque : il a tué 17 personnes en un mois, pour presque rien.

Alors, le Belge s'en est pris à des gens moins impressionnants de l'équipe à Tany. Les hommes du Belge sont même allés en Italie pour supprimer des mecs de Zampa. Voyant comment les choses partaient, Tany a réagi. Autour de lui, on pensait qu'il fallait éliminer Lomini, que le mieux aurait été de le stopper. Mais lui, il s'y est opposé. En revanche, comme on avait touché à ses amis, il a voulu se venger. La rage le prend plus encore quand il apprend que de nombreux amis tombent tous les jours. Il décide donc de flinguer le Belge en personne, le 9 septembre 1972, au boulevard Fina-Duclos[2]. Ce jour-là, il tend une embuscade, bien préparée. Une Mercedes noire s'approche. Quand elle arrive à bonne distance, on ouvre

1. Personne.

2. Au Canet, dans le XIVe arrondissement de Marseille. C'est sur ce boulevard que s'est également produite la tuerie du Bar du Téléphone.

le feu. Les vitres éclatent. La fusillade dure plusieurs secondes. On attend. Dans la voiture, rien ne bouge. Tany s'approche, suivi de ses hommes. Un à un, on achève les passagers. Mais, le Belge n'est pas là. Le coup est raté.

En ce qui me concerne, toute cette histoire m'a touché parce que j'avais des amis dans les deux camps. J'étais le seul, à cette époque, à pouvoir faire à la fois la bise à Tany et à Francis. Alors, j'ai pris du champ et j'ai bien prévenu tout le monde : je m'en suis expliqué avec les uns comme avec les autres. On ne se fâche pas, mais on se sépare. Et je suis parti. J'ai quitté Marseille pour m'établir à Paris. J'ai acheté un bar à Ménilmontant, et pendant un temps je n'ai plus voulu avoir de contacts, ni avec Tany ni avec le Belge. Avant de partir, j'ai clairement mis les choses au point : que personne ne s'avise de venir me chercher des histoires à Paris. Sous le comptoir, j'aurai toujours de quoi recevoir les porte-flingues des uns et des autres. Et je n'aurais pas hésité à me servir de ma quincaillerie, vous pouvez en être certains. Je n'ai vu personne, et je suis toujours là pour le raconter.

Si Francis n'avait pas éliminé Lomini, je l'aurais sans doute fait à sa place, sur la Canebière, pour que ça ait de la gueule. Là encore, cela aurait été une question d'honneur. Tuer Robert Di Russo et son oncle, sans vouloir faire la morale, ce n'était pas bien. Régler ses comptes entre voyous, cela se fait, c'est même dans un sens la loi du milieu. Mais dans ce cas de figure précis, il y avait quelque chose comme un renversement des valeurs habituelles. Ce que je n'ai pas admis, c'est que Lomini, quelque temps après son coup d'éclat, soit venu me voir pour salir la réputation d'un brave garçon de Toulon, un ami de mon « fils adoptif » Jean-Louis Fargette, un certain François.

— Tu vois, Pierrot, François, quand j'ai été arrêté, il n'a pas levé le petit doigt pour moi. Je vais me le faire, ça va pas tarder !

— Écoute, Jo, laisse-moi d'abord aller parler à Jean-Louis. François est son ami. On va s'expliquer. Je veux bien te croire, mais il y a des règles. Après, on verra.

— Pierrot, ton Jean-Louis, tu devrais t'en méfier. Il paraît que tu t'agenouilles devant lui !

Le Toréador prétendait même que Jean-Louis parlait mal de moi. Quand il me dit ça, je décide de quitter mon bar pour quelques jours, direction Toulon. Je vais voir Fargette et je lui demande ce qui se passe. Jean-Louis est surpris. Il n'a jamais rien dit de déplaisant à mon sujet. Je suis son ami, « son père même ». Nous étions en train de discuter quand justement, François arrive. Je refuse de lui faire la bise :

— Oh ! qu'est-ce qui te prend, Pierrot ?

— Écoute-moi bien, François, on va s'expliquer un peu tous les deux, parce que j'ai deux mots à te dire. Il y a des choses qui ne me plaisent pas !

Je le questionne. François me répond avec franchise. Je vois qu'il a de la mentalité. Je me rends vite compte que Lomini a débourronné[1] des uns et des autres, que son objectif était de mettre la pagaille entre Fargette et moi et de régler ses comptes par mon intermédiaire.

J'apprends surtout ce jour-là que Lomini cherche des trailles à tout le monde. Son but, c'est d'engranger au maximum et de profiter des querelles marseillaises pour prospérer. François me confie également que le Toréador veut me supprimer. Après la discussion de Toulon, Jean-Louis est vraiment remonté. Si tout le monde à

1. Dire du mal, répandre des commérages.

l'époque a peur de Lomini, lui ne le craint pas. Jean-Louis impressionne. Quand il parle, à Marseille, on l'écoute, on le respecte, il fait peur. Il appelle donc les Marseillais : « Vous allez dire à votre Lomini qu'il faut qu'il arrête ses conneries tout de suite, je ne le dirai pas deux fois. Le premier qui touche un pouce à Pierrot, je descends à Marseille et je le mange. Je vous mange tous ! » Après cet appel de Fargette qui a eu le mérite de mettre tout le monde d'accord, mes amis ont compris que le Toréador me faisait « un travail », qu'il essayait par tous les moyens de monter l'équipe contre moi parce que j'avais pris les patins de François, parce que j'avais pris fait et cause pour lui. De mon côté, je convoque toute la bande que je n'ai pas revue depuis de longs mois. Ils sont là, dans un garage de la Belle-de-Mai[1], alignés, comme dans un western, devant un mur. Je rentre. Je suis venu sans arme. Il y a là les Regazzi, les deux frères et un des fils, Étienne Mosca, Nique[2], Jeannot Lucchesi et quelques autres dont Lomini.

— De vous tous, qui pense que Fargette m'a traité d'enculé ? Toi Mimi ?

— Non.

— Toi Jeannot ?

— Non.

— Toi Nique ?

— Non.

— Toi, Tany ?

1. Quartier de Marseille, peuplé essentiellement d'immigrés siciliens, dont est originaire le Belge.

2. Surnom de Dominique Venturi (1923-2008), ancien compagnon de Gaston Defferre pendant la Résistance, devenu l'un des parrains de Marseille.

Je les ai tous passés un par un. Et leur réponse a toujours été la même. Quand Lomini a compris que tous me donnaient raison, il s'est écrié :

— Encatanés[1], Vous êtes tous une bande d'encatanés !

Et il est parti. Quelques minutes après, je les ai quittés, sans faire la bise à personne, et je suis retourné à Paris. Ce soir-là, je les ai impressionnés. Je le sais parce que plus tard, j'ai rencontré Claude Regazzi, qui m'a reparlé de l'épisode. « Tu te rends compte Pierrot, tu es venu tout seul, et sans arme ! Il fallait le faire ! » C'était comme ça. Je ne supportais pas le mensonge et moins encore que l'on essaie de me mettre mal avec Jean-Louis.

Francis le Belge a décidé finalement de prendre le vrai problème à bras-le-corps, six mois plus tard. Il savait que Lomini passait son temps sur son bateau amarré dans le Vieux-Port. De temps en temps, il traversait la rue pour boire une bière au Tanagra[2], avec un pot de peinture à la main. Le Belge décide de passer à l'action le 31 mars 1973. Avec une petite équipe, il exécute Jo Lomini et Albert « Ange » Bistoni, un gentil garçon qui, lui, se trouvait là par hasard. Le règlement de comptes est terrible : la barmaid est tuée et un pêcheur est grièvement blessé. Lomini prend d'abord quatre balles dans le corps. Mais même blessé, il défouraille. Une nouvelle rafale et il s'écroule, pour de bon. Marseille est débarrassée d'une belle ordure.

Je n'ai jamais pardonné à Lomini son attitude. Alors, vous pouvez me croire, quand le Belge l'a refroidi peu de temps après, j'ai pensé tout de suite que ça m'avait évité de me salir les mains.

1. Enfoirés.
2. Bar situé au 218, quai du Port.

Finalement, si je regarde derrière moi, rien ne me prédisposait à devenir l'ami des figures du grand banditisme marseillais. La route qui mène jusqu'à Tany, à ceux de la French Connection et à Jean-Louis Fargette a été longue. L'enfant que j'avais été aurait eu bien du mal à se douter qu'un jour, il partagerait la vie des grands fauves du milieu.

1

L'enfance d'un chef

Je suis né à Carpentras, dans une famille modeste. Mon père était chauffeur de bus, ma mère femme au foyer. À la maison, nous étions quatre enfants, j'avais deux frères et une sœur. Nous n'étions pas riches, mais nous n'avons jamais manqué de rien, même pendant la guerre. Mon père était très débrouillard, il s'arrangeait toujours pour apporter à la maison ce qu'il fallait pour que nous mangions tous à notre faim. Ma mère, quant à elle, était très travailleuse. D'origine corse, elle tenait la maison d'une main de fer et ne comptait pas ses heures pour nous.

De ma petite enfance, je ne me souviens pas de grand-chose, sinon que la vie était douce à la maison. Mais très vite, tout le monde s'est rendu compte que j'étais un enfant turbulent, j'avais le diable au corps. J'étais comme aimanté par la bêtise. Ma mère, pour m'empêcher de sortir, me cachait même parfois mon pantalon et mes chaussures. Mais cela ne m'arrêtait pas, je sortais quand même en culotte et pieds nus.

Très tôt aussi, j'ai eu une attirance pour le chapardage. Pendant la guerre par exemple, il m'arrivait d'aller voler des cigarettes aux Allemands pour aller les revendre ensuite. Je l'ai fait plusieurs fois. Quand on a 10 ans, on n'en est pas moins patriote et ça me faisait bien plaisir de contribuer moi aussi à l'effort de guerre ! Un jour, je me suis fait pincer : deux soldats m'ont raccompagné à la maison, le fusil sur l'épaule :

— Madame Hernandez ! Votre fils, chenapan, prochaine fois Kommandantur !

Ma mère, pour ne pas avoir l'air de cautionner les larcins, m'a donné une bonne paire de gifles devant les soldats. C'était une femme droite, honnête, et je crois que ça lui a fait de la peine de savoir que j'avais volé. Mais pour avoir reçu de bonnes raclées de sa part par la suite à cause d'autres bêtises, cette simple paire de gifles me fait dire aujourd'hui qu'au fond d'elle-même, elle était fière que son fils ait pu jouer un bon tour aux Allemands.

Quand les envahisseurs ont été chassés, j'ai volé des cigarettes aux Américains. Le fournisseur était différent, la marchandise de meilleure qualité. J'ai recommencé à plusieurs reprises sans être inquiété. Il m'arrivait aussi de voler du cuivre, mais mes activités criminelles s'arrêtaient pour l'heure à ces quelques larcins. Ce n'était pas pour l'argent que j'agissais mais pour le plaisir de faire des bêtises, pour la sensation agréable du danger et de la montée d'adrénaline. Je faisais tellement de bêtises que ma mère piquait des colères noires. Elle m'infligeait des raclées mémorables, mais rien n'y faisait. Ma mère avait un goitre et lorsqu'elle s'énervait après moi, il lui arrivait de s'étouffer de rage. Un jour le médecin l'a mise en garde :

— Madame Hernandez, il vous faut faire attention. Un jour, vous finirez par vous étouffer, je vous conseille de vous faire opérer parce que sinon, un jour, votre fils vous tuera.

Elle a été une des premières femmes en France à être opérée. Mais cela ne m'a pas empêché de continuer. À chaque écart, la correction était sévère, mais j'étais dur et rien n'y faisait. Un jour, un de mes oncles, le seul de la famille qui n'était pas corse et qui avait l'accent pointu, a proposé à mon père de me prendre chez lui à Avignon :

— Donn' moi-le ton Pierrot, j'vais t' le dresser moi !

Me voilà parti chez mon oncle. Aussitôt arrivé, avec mes cousins, nous décidons d'aller faire un tour du côté du Rhône. À Avignon il y a deux fleuves : le Rhône et le « Rhône mort ». Ce bras-là est dangereux parce qu'il y a de nombreux tourbillons et il est bien entendu rigoureusement interdit de s'y baigner. Toujours aimanté par la bêtise, je pose mes habits et je plonge dans le fleuve, au milieu des remous, je nage et je parviens jusqu'à la rive opposée. De retour à la maison, mes cousins racontent à leur père mon exploit parce que personne n'avait jamais traversé ainsi ! Mon oncle, effaré, se jette sur le téléphone, appelle mon père :

— Viens ! Viens ! Viens le chercher, je le veux plus !

Mon père avait un ami, Louis Leydier, qui habitait un hameau d'une vingtaine d'habitants, tout en haut d'une montagne, dans la Drôme. Il lui dit :

— Monte-moi-le ton Pierrot, ici il va être avec les vaches et les moutons. Au moins, il ne fera pas de conneries.

Et là je me retrouve avec un autre petit, originaire du village d'à côté, que cet homme avait pris chez lui pour tenter de le redresser. Dans ce hameau, il n'y avait pas grand-chose à faire. Avec ce minot, nous avons repéré un cabanon qui appartenait à ce Leydier. On entre et on voit un vieux fusil accroché au mur. L'envie de jouer avec cette arme nous prend. Mon nouvel ami le décroche du mur, me met en joue. J'ai juste le temps de faire un pas de côté et le coup part. À quelques centimètres près il me coupait en deux. Je revois encore le trou que ça a fait dans la brique. La détonation s'était entendue dans tout le village et avait alerté l'ami de mon père. Quand il a vu ça, il a pris peur et lui a dit :

— André, viens le chercher, va… Pour un jour que je l'ai, pour un peu il se fait tuer !

À l'école, j'étais doué. Je faisais ce que je voulais. À la fin de mes études primaires, je n'avais que 12 ans et je n'avais pas le droit de passer le certificat d'études parce qu'il fallait avoir 14 ans révolus. Le directeur de l'école est venu trouver ma mère pour lui expliquer qu'il serait obligé de me garder deux ans de plus parce que je n'avais pas l'âge requis. Mais, comme j'étais bon élève et pour ne pas me faire perdre trop de temps, il lui a demandé l'autorisation de me présenter au concours d'entrée au collège technique. J'aurais pu tenter le concours d'entrée au collège moderne, mais ça ne m'intéressait pas. J'ai donc passé les épreuves avec succès et l'année d'après, j'ai fait mon entrée à la « grande école ».

Mais j'avais encore le diable au corps. L'hiver, quand il faisait bien froid, je m'arrangeais pour faire trente fautes aux compositions. De cette manière, je me retrouvais immanquablement au fond de la classe à côté du poêle. Quand revenaient les beaux jours, je ne faisais plus de fautes, ce qui me permettait de revenir devant, au frais. J'aimais rendre fous mes professeurs. J'apportais en classe des doryphores. Ma tête de Turc, c'était le professeur d'anglais. Il ne me supportait plus. Je lui en ai fait voir tellement qu'avant d'entrer en cours il me mettait à la porte. Je passais tous mes cours d'anglais dans le couloir. Pourtant j'avais des facilités. Je n'avais pas besoin de passer beaucoup de temps sur mes leçons pour les connaître. Quand je le voulais, j'étais bon dans toutes les matières, en maths, en anglais, en français. Mais j'étais tellement insupportable en classe que je ne pouvais pas réussir. Ils auraient pu me renvoyer dès le début. Mais par chance, je jouais au rugby et j'étais plutôt doué, ce qui m'a permis de durer un peu plus dans l'établissement.

J'ai commencé le rugby à l'âge de 12 ans dans l'équipe des benjamins de Carpentras. Je jouais arrière, trois-quarts centre ou ailier. J'ai joué pour l'équipe de Carpentras jusqu'en national. J'étais un des rares de l'équipe à être payé parce que le talent, ça se monnaie. Plus tard, j'ai joué dans l'équipe du Paris 13, là aussi à un haut niveau. Ma carrière sportive a pris fin avec mon arrestation, bien plus tard. Ils m'ont finalement renvoyé du collège à 14 ans. Je suis devenu apprenti en confiserie. J'ai travaillé quelques mois dans ce secteur, mais rapidement je me suis tourné vers les fruits et légumes, par goût.

J'ai commencé à travailler à Carpentras sur le marché. J'ai été embauché ensuite par un expéditeur de la ville, M. Bertrand. On achetait les légumes sur tous les marchés de la région, à Cavaillon et aux environs, que l'on expédiait ensuite à Paris. J'étais doué pour le commerce et peu à peu, j'ai acquis une bonne réputation. C'est à cette époque que j'ai rencontré ma première femme, dans un bal, à Caromb. Nous avons commencé à nous fréquenter et j'ai appris par la suite qu'elle était la fille d'un gros expéditeur de fruits et légumes. Quand son père a su que j'étais premier acheteur chez Bertrand, il m'a demandé de rejoindre son entreprise. J'ai donc commencé à travailler pour lui, à Carpentras puis au Barroux dans le Vaucluse. J'ai été tout de suite bien accepté par ma belle-famille. Pourtant, je venais d'un milieu très modeste et notre différence de condition aurait pu être une entrave à notre relation. Je crois que mon beau-père appréciait chez moi mon courage au travail, ma vaillance, mon sens des affaires. Finalement, le plus affecté par la différence sociale, c'était moi. J'avais du mal, le soir, à table, dans cette belle maison, servi par une bonne, à imaginer mes parents attablés devant un simple bol de soupe, parce qu'ils ne pouvaient pas se payer le bifteck que nous avions nous, dans nos assiettes.

Ma femme était fille unique et mes beaux-parents m'ont accueilli tout d'abord dans la famille comme le fils qu'ils n'avaient pas eu. J'étais vaillant, je travaillais sans compter mes heures, on pouvait me faire confiance. Un hiver, j'ai même construit de mes propres mains, avec l'aide d'un maçon de métier, un nouvel entrepôt de 400 mètres carrés pour l'entreprise qui avait prospéré depuis mon arrivée. Nous avions utilisé cent cinq camions de pierres pour construire la dalle, c'est dire ! À la fin, on n'arrivait plus à trouver une pierre dans la région pour finir le travail. De sept ouvriers qu'employait mon beau-père avant mon arrivée, nous sommes rapidement passés à trente.

Quelque temps plus tard, sans quitter l'entreprise de mon beau-père, je suis entré chez de gros négociants qu'il fournissait. J'avais accepté de travailler chez eux, à leur demande, parce que l'hiver l'activité était moindre et que de leur côté, ils avaient besoin d'un bon vendeur. Je suis donc parti à Paris.

Le grand patron, c'était un colonel en retraite. Un Corse. Quand il a quitté l'armée, il s'est lancé dans les affaires, l'achat et la vente de fruits et légumes. Il a créé une société dont les bureaux étaient situés aux Halles. Les principaux cadres de sa société avaient la particularité d'être d'anciens officiers, tous plus magouilleurs les uns que les autres. Il y avait un général, un ou deux capitaines, et tout ce petit monde, placé à des degrés divers, faisait ses petites affaires. Ils avaient trois gros marchés : ils servaient les Laiteries parisiennes, les Wagons-Lits et surtout l'Assistance publique, qui regroupait le marché de tous les hôpitaux parisiens. Pourquoi avaient-ils obtenu ce dernier marché ? Parce qu'à la tête de cet établissement, il y avait aussi des Corses et les compatriotes s'entendaient à merveille pour s'arranger entre eux. Tous les matins, il fallait fournir des tonnes et des tonnes de légumes à ces trois gros clients, ce qui générait des sommes considérables. Et ces messieurs, en charge principalement des affaires comptables, prélevaient 2 % sur le chiffre. De mon poste, je voyais la combine puisque c'était moi qui fixais les prix d'achat et les prix de revente. Prenons un exemple concret, celui d'un kilo de raisin : j'achetais la marchandise 1 franc. J'ajoutais ensuite 10 centimes de transport, 7 de commission, plus d'autres frais. On facturait l'Assistance publique 1,35 franc auxquels je rajoutais en marge dans un petit cercle 2 %. C'était une commission occulte pour le directeur, les sous-directeurs et les autres cadres qui trempaient dans le trafic. Avec les sommes générées par ce moyen, ils achetaient des propriétés dans le Lot ou en Corse. C'était un système très rémunérateur.

Je me rendais à Dieppe, à Rouen, au Havre. J'achetais la marchandise de bateaux et de trains entiers. Les investissements étaient considérables et les bénéfices colossaux. Mais, comme j'étais placé à un poste stratégique, je n'oubliais pas mon beau-père. Comme mon rôle était d'acheter, cela me permettait de l'avantager : je lui achetais en priorité sa marchandise et je complétais par celle des autres fournisseurs. Ce qui fait que j'ai grandement contribué à sa prospérité. Je faisais rentrer des millions et des millions dans ses caisses, comme dans celles de mes nouveaux employeurs.

Un jour, je me suis rendu compte qu'en fait, c'était moi qui faisais tourner la boutique. Je travaillais énormément, je faisais augmenter le chiffre d'affaires de manière exponentielle, mais mon salaire, s'il était très confortable, n'était pas en rapport avec les fonds qui circulaient. Un de mes amis avec qui je jouais au rugby à Paris m'a conseillé de m'installer à mon compte. J'ai donc quitté mon emploi et rejoint une autre société dans laquelle j'exerçais la fonction de représentant-vendeur. Je recevais ma propre marchandise que j'achetais et je la revendais. J'étais payé à la commission. Quand mes confrères gagnaient 60 000 anciens francs par mois, moi, de mon côté, j'en gagnais 600 000. J'allais au Havre, j'allais à Dieppe, j'allais à Rouen. J'étais devenu acheteur.

Je n'étais pas du tout dans le banditisme à cette époque. J'étais un honnête commerçant, mes affaires marchaient bien. Mais, tout de même, j'avais quelques relations un peu sulfureuses. Je connaissais deux personnes, plus âgées que moi, Henri Guintrand[1] et François Rolland. Natifs de Carpentras, ils tenaient l'Auberge provençale à Paris, rue René-Boulanger. Comme c'étaient des compatriotes, de temps en temps, avec ma femme, j'allais manger chez eux. Je savais que c'étaient des souteneurs notoires, de bons voyous. Je crois que peu à peu, ils m'ont inspiré et j'ai voulu faire comme eux. À cette époque, je n'étais pas encore prêt pour la vie marginale. Je continuais à vendre mes légumes, mais insensiblement, étant beau garçon, j'ai commencé à faire le julot. J'ai pris une gonzesse, puis deux. Elles travaillaient pour moi. Tout allait bien. J'avais mis un orteil dans le milieu.

1. Proxénète connu à Paris dans l'après-guerre sous le surnom d'Henri le Marseillais.

Ma réussite ne plaisait pas à tout le monde. Mon beau-père voyait d'un mauvais œil la création de mon entreprise car je lui faisais perdre beaucoup d'argent. Mais ceux qui l'avaient la plus amère, c'étaient mes anciens patrons eux-mêmes. Ils avaient perdu un très bon vendeur et leur activité se ressentait de cette perte. Ils marronnaient tellement tous que l'idée folle de me supprimer leur est venue. Ils ont d'abord essayé de m'intimider. J'en ai parlé à deux ou trois amis et les choses se sont calmées. Puis, il y a eu plus grave. Un homme a essayé de m'écraser en pleine rue Montorgueil. À cette époque, je ne savais rien du contrat qui avait été placé sur ma tête.

J'en ai obtenu la confirmation assez rapidement. J'avais l'habitude, en effet, de prendre mon café dans un petit bar parisien qui appartenait à Jo Attia. Un jour, je lui ai parlé de mes problèmes :

— Petit, tu ne risques plus rien. C'est terminé. J'ai parlé pour toi. Tu es corse par ta mère, je le sais. Comme ce sont des Corses qui voulaient te les filer, je leur ai dit : « Faites-moi plaisir, laissez tomber le petit Pierrot. » Tu peux rentrer chez toi tranquille.

Un tueur à gages, très célèbre à l'époque dans le milieu parce qu'il avait été un temps le garde du corps de Marcel Cerdan, était effectivement à mes trousses. Cet homme, Louis Danet, je l'ai retrouvé plus tard, bien plus tard. Entre-temps, le jeune Jean-Pierre était devenu le Gros Pierrot et je peux vous dire que Louis Danet a vécu ce jour-là un moment fort de son existence.

C'était au début des années 1970. Je me trouvais à Paris, dans mon bar de Ménilmontant. J'avais pris mes distances quelques mois auparavant avec Tany Zampa et Francis le Belge. L'air de Marseille était devenu irrespirable. Je n'aimais pas recevoir les voyous chez moi, question de discrétion. Ce jour-là, contrairement à mes habitudes, il y avait trois amis de Marseille au comptoir. Par la vitre, je vois arriver un homme, bien habillé, en manteau noir avec une canne. Ce type-là, je le connais, je l'ai déjà vu. Il rentre dans le bar, s'avance vers le comptoir : c'est Louis Danet.

— Bonjour monsieur, je voudrais une bière avec un schnaps.

Je le regarde, droit dans les yeux.

— Les enculés, je les sers pas !

— Mais vous savez à qui vous parlez, monsieur ?

— Et toi, tu sais à qui tu parles ?

— Qui tu es, toi, pour me parler comme ça ?

— Moi, je suis Pierrot !

— Oh ! Pierrot !

Danet fait celui qui reconnaît un vieil ami : « Comment vas-tu Pierrot ? » Mais moi, je ne me laisse pas attendrir. Je dis à un de mes amis : « Ferme le bar. » Il baisse le rideau et j'attrape Danet.

— Maintenant on va parler. On va s'asseoir gentiment et on va faire un marché tous les deux. Tu vois là, Danet, j'ai trois amis, trois Marseillais, trois fous. Et avec moi, ça fait quatre. Le bar est fermé. Je peux te tuer dans la salle si je veux. Maintenant, je suis un garçon réglo, je te donne l'autorisation de faire venir trois personnes, comme ça, on sera huit, on pourra s'expliquer, quatre contre quatre.

Chez nous, une affaire sérieuse se traite toujours comme ça. Il téléphone à un Corse qui n'est pas là. Finalement, il arrive à joindre trois amis. On les attend. Ils arrivent. On peut commencer.

— Maintenant, Danet, tu vas m'expliquer pourquoi tu voulais me tuer à l'époque, quand j'ai quitté mon boulot.

Et là, il m'explique tout : il reconnaît que, dans la rue Montorgueil, c'est bien lui qui a essayé de m'écraser, qu'il m'a suivi plusieurs fois et qu'il a été empêché de tirer, une fois parce que ma femme était à côté de moi dans la voiture, une autre fois parce que c'était autre chose. Bref, il avait été payé pour me faire disparaître.

— Tout ça, Danet, tu vas l'écrire. Tu vas me faire une belle lettre où tu vas tout expliquer : « Moi, Louis Danet, je reconnais avoir voulu tuer, sur l'ordre de MM. X et Y, Jean-Pierre Hernandez, contre la somme de 4 millions de francs[1]. »

Danet écrit.

— Pierrot, je te demande de garder ça pour toi, parce que, si ça se sait, je risque de perdre ma pension, et patin couffin.

Cette lettre, je ne l'ai pas montrée. J'en ai donné une copie à un ami qui l'a mise en sûreté dans un coffre du Crédit Lyonnais, à Lyon. Puis, j'ai téléphoné au commanditaire et je lui ai expliqué que je savais tout. Fin de l'histoire.

Peu à peu, à partir du moment où j'ai décidé de m'installer à mon compte, mes beaux-parents ont essayé de détourner ma femme de moi. Ma femme, avant de me suivre à Paris, n'était pour ainsi dire jamais sortie du Barroux ou tant s'en faut. Paris, pour elle, c'était un monde inconnu. Et ma petite provinciale, au moment de toutes ces histoires, demeurait influençable. Elle n'a pas rompu avec moi tout de suite, mais l'influence de ses parents n'arrangeait pas nos affaires de couple. Leur idée, c'était

1. 4 millions d'anciens francs, soit 40 000 francs (environ 6 000 euros, compte non tenu de l'inflation).

de me faire glisser insensiblement, par petites touches, vers la sortie. Ils ont commencé à la pousser, l'air de rien, dans les bras d'un autre homme en s'arrangeant pour que je le sache, pour hâter notre rupture. Mais, malgré cet écart, et les miens propres, notre ménage a encore tenu quelque temps.

Comme l'air de Paris était devenu malsain, malgré l'intervention de Jo Attia, j'ai pris la décision de rentrer dans le Sud, afin de réorienter ma vie et de repartir sur d'autres bases.

2

Retour dans le Midi

C'est dans la région de Toulon que je décide de m'installer avec ma femme et mes deux filles. Je n'avais pas choisi Toulon par hasard. Je connaissais un ami implanté là-bas qui avait appris mes déboires parisiens. Il m'a proposé de venir le rejoindre car il avait dans l'idée de monter avec moi une petite entreprise d'achat et de vente de fruits et légumes. J'étais un très bon commercial, lui connaissait bien le secteur, il avait des relations, tout était réuni pour réussir.

Nous avons emménagé dans une maison à Carqueiranne. Quand on a su en ville que Pierrot Hernandez, ancien joueur du Carpentras 13, était installé là, le club de rugby est venu me trouver. J'ai donc travaillé quelques semaines avec mon ami, puis, le réseau du rugby aidant, j'ai pris en gérance une carrosserie. Je changeais totalement de métier, mais le défi me plaisait bien.

Les relations avec ma belle-famille ne s'arrangeaient pas. Je ne les voyais plus du tout. Ma femme faisait les voyages entre Carqueiranne et Le Barroux pour garder le contact qu'elle ne voulait pas rompre et pour que mes filles aient des relations suivies avec leurs grands-parents. C'était normal.

Un jour, une autre opportunité s'est présentée. Un ami m'a proposé de rejoindre l'entreprise d'achat et de vente de fruits et légumes Estienne et compagnie, établie à Monteux. Cette société était la plus importante de la région. On m'a proposé de prendre un poste de chef du personnel. Je gérais une bonne quarantaine de personnes. Je connaissais bien le métier, j'avais une excellente réputation de sérieux et de courage au travail. J'étais heureux de pouvoir renouer à un haut niveau avec l'activité qui me plaisait le plus. J'ai donc déménagé une nouvelle fois. Mais ma femme ne m'a pas suivi. C'était presque la fin de notre histoire. Elle est quand même revenue, pour quelque temps, mais le cœur n'y était plus. J'ai rencontré une autre femme, elle l'a su et nous avons décidé, d'un commun accord, de nous séparer. Comment l'a-t-elle su ? Un jour, j'avais rendez-vous avec ma maîtresse. J'arrive à l'heure convenue. Elles étaient toutes les deux à m'attendre. Elles s'étaient entendues pour me piéger. Elles m'ont alors demandé de choisir. Je leur ai répondu que je ne choisirais pas et qu'elles pouvaient aller, toutes les deux, voir ailleurs si je m'y trouvais. Je n'allais pas divorcer pour tomber à nouveau dans un psychodrame. Mais finalement, je suis resté avec ma maîtresse !

Le jour du divorce arrive enfin. Un quart d'heure avant l'entrevue avec le juge, je jouais au rami, dans un café. Un de mes amis nous rejoint et me fait remarquer que l'heure est proche. J'allais oublier de me rendre à la convocation. Je lui emprunte alors son alliance, pour faire plus sérieux, et me voilà en route pour divorcer. J'arrive au tribunal, on me fait rentrer dans le bureau du juge. Il était assisté par une greffière. Le hasard a fait que je la connaissais. Nous avions fréquenté la même école maternelle. Mais, nous avons fait ce jour-là comme si nous ne nous étions jamais vus. Si j'étais venu seul, ma femme, quant à elle, était venue accompagnée : il y avait un avocat ainsi qu'une quinzaine de témoins : mon beau-père en tête, des oncles et des tantes de ma femme, plus des gens que je connaissais bien parce que j'avais travaillé avec eux. D'entrée, les choses ne s'annonçaient pas bien pour moi. Peut-être pour garder une certaine contenance, je me suis assis en croisant les jambes. Le président a alors pris la parole :

— Ça ne vous dérange pas, monsieur Hernandez, de vous tenir correctement ? Vous êtes dans un tribunal ici !

Le ton était donné. Puis, la parole est aux témoins. Les premiers à s'exprimer furent le maire du Barroux et mon beau-père. Ma belle-famille avait imaginé que la voix des notables aurait sans doute plus de poids pour sceller ma perte. Le maire, c'était un homme que je n'avais jamais vu, qui ne me connaissait donc pas. Le président commence par les féliciter tous les deux pour leur action conjointe au service de la communauté, pour les travaux engagés afin d'installer l'eau courante dans le village. Après ce bel hommage, l'édile commence à témoigner. Il affirme, sans rougir, que je battais ma femme, qu'il l'avait vue souvent pleurer. Dire cela devant moi ! Moi qui n'ai jamais levé la main sur elle, c'était un comble !

Le juge donne ensuite la parole aux autres témoins. À ma grande surprise, les employés de mon beau-père déclarent qu'ils n'ont rien à dire. Plusieurs avouent qu'ils n'ont rien de spécial à signaler. Peu à peu, le magistrat se rend compte qu'on tente de l'abuser. Je l'ai su par la suite en discutant de cela avec mon amie greffière. Le traquenard était trop gros. On m'a donné enfin la parole :

— Monsieur le président, je ne vous demande qu'une chose : que mes enfants soient élevées par mes beaux-parents.

J'ai demandé cela parce que, même fâché à mort avec eux, je pensais que mes filles évolueraient dans un milieu social propice à la réussite. En disant cela, j'ai ravalé ma fierté et j'ai pensé en premier lieu à leur assurer un avenir.

Mes beaux-parents avaient de l'argent, ils étaient des notables. J'étais certain en demandant cela qu'on leur donnerait le meilleur. Je ne me suis pas trompé. L'une d'elle est devenue pharmacienne, l'autre a obtenu un diplôme de langues. Je suis très fier de mes filles.

Après cette journée riche en émotions, le divorce était en route, mais pas encore entériné officiellement. Le jour même, tout de suite après être sortis du bureau du juge, mon beau-père et ses beaux-frères viennent me trouver.

— Pierrot, on veut te parler.

— Je vous écoute. Je ne comprends pas ce que vous me voulez. Je vous ai rendu votre fille, j'ai été réglo.

— Pierrot, on voudrait te parler en présence de tes parents.

— Mes parents ? Mais, ils ne sont pas ici ! Ils sont chez eux, à Carpentras.

— Allons-y, maintenant.

Et nous voilà partis. Les voitures se suivent. Nous arrivons chez mes parents qui sont tout surpris de nous voir là, tous ensemble.

— Madame, monsieur Hernandez, je voulais parler à Pierrot en votre présence. Ce que nous avons fait, le jour de la comparution devant le juge, ce n'était pas bien. Nous avons essayé de présenter de faux témoins pour arranger le divorce à notre avantage. Nous avons eu tort. Allez Pierrot, reprends ta place, ne divorce pas.

Ce discours ne m'a fait ni chaud ni froid. Je commençais à bien connaître le bonhomme et je ne me suis pas laissé attendrir. Nous avons tout de même essayé de nous remettre ensemble. L'histoire a duré une semaine. Puis nous avons rompu définitivement.

Mais il y a eu plus grave. Cette période de ma vie constitue pour moi une véritable rupture. J'étais un bon vendeur. Je n'étais pas fainéant. J'avais travaillé de tout mon cœur et de toutes mes forces pour le père de ma femme. Et il m'avait trahi. J'ai commencé à prendre le bourgeois en horreur. Tous ces notables, ces gens bien comme il faut, me dégoûtaient. Je savais de quoi ils étaient capables, puisqu'ils avaient pu imaginer mon élimination pure et simple, produire de faux témoignages dans le bureau d'un juge, détourner des fonds sur le dos de l'Assistance publique. Avant toutes ces histoires, j'aurais dû me méfier davantage. Il se disait, au Barroux, que mon beau-père et son frère avaient détourné de l'argent de la Résistance pour monter leur affaire d'achat et de vente de fruits et légumes. Au départ, je mettais cela sur le compte de la jalousie. Jusqu'au jour où j'ai tenu des preuves de ce détournement dans mes propres mains. C'était à l'époque où j'effectuais mon service militaire, à Orange. Comme j'étais marié et père de famille, j'avais la permission de rentrer chez moi après la journée de travail. Alors, je me rendais dans la belle maison de mes beaux-parents. Là, sans perdre de temps, je me changeais. J'ôtais mon uniforme et j'enfilais des habits de travail pour donner un coup de main aux ouvriers. Un jour, en me changeant, je m'approche du coffre-fort qui se trouvait dans la pièce pour saisir une chaussette ou une chemise qui avait été jetée là : il est ouvert. La curiosité me prend. À l'intérieur, il y a un gros sac en toile de jute. Je l'ouvre. 25 kilos de pièces d'or sont là. Je n'en crois pas mes yeux ! La rumeur était donc fondée. Je plonge ma main à l'intérieur. Je retire une bonne poignée de louis que je glisse dans ma poche. Après tout, voler un voleur, c'est plutôt moral, non ?

Une autre fois, à l'époque où ma femme était sur le point de mettre au monde notre première fille, les choses ne se présentaient pas bien. Elle était hospitalisée et ma belle-mère restait à son chevet toute la journée. Pour remplir une formalité administrative, on me demande de me rendre à la maison du Barroux récupérer un papier. Je rentre. J'entends du bruit. Je m'approche le plus silencieusement possible. J'entends des murmures et des soupirs étouffés. Je pousse une porte : mon beau-père est là, le pantalon sur les chevilles, en train d'honorer une femme qui n'est pas la sienne. Je sors. Mon beau-père me rattrape. Qu'il ne se fasse aucun souci. Je suis un homme. Je lui donne ma parole que je saurai tenir ma langue. Je n'ai jamais rien dit à personne, même au plus fort de nos différends. N'ai-je vraiment rien dit ? Non. Le jour où je me suis retrouvé devant le juge qui instruisait notre divorce à charge, un des témoins venus m'accabler n'était autre que cette femme. Après l'avoir entendue médire de moi, j'ai demandé au juge, non sans malice, s'il était normal d'entendre la déposition de la maîtresse de mon beau-père. Il y eut comme un blanc, et l'on est bien vite passé à autre chose. Je n'ai pas insisté.

Ainsi, l'on peut peut-être tenter d'expliquer le mobile ayant motivé ma condamnation à mort : voulait-on me faire taire ? Voulait-on cacher la réalité du détournement de l'or anglais ? Voulait-on préserver le secret de l'existence de cette maîtresse ? Certains avaient-ils peur que je balance leur petit trafic aux flics ? Je ne le saurai probablement jamais. Ce qui est certain, c'est que, écœuré par la bourgeoisie vertueuse et bien-pensante de province, je me suis tourné vers la nuit, vers la part sombre qui sommeillait en moi depuis l'enfance. Et j'ai tourné le dos à la lumière.

3

Premiers pas dans le trafic

À l'époque où ma femme est partie pour la première fois, au moment où je tenais la carrosserie, nous décidons un soir d'aller faire un tour à Toulon avec des amis. Nous rentrons dans un bar, à la Loubière[1]. Là, mes camarades retrouvent des connaissances. On me présente : il y a là Gaby Saluce, Paulo Luciani et un petit jeune de 15 ans, Jean-Louis Fargette. Ce minot avait perdu son père lors du drame du barrage de Malpasset, en 1959. J'ai tout de suite bien accroché avec ce garçon. Il était tout jeune, mais il commençait déjà à se faire respecter. Il s'était entouré de vieux briscards, et, en leur compagnie, montait sur de jolis coups.

Je suis revenu souvent à Toulon. J'aimais y jouer aux cartes. Tandis que je faisais la partie avec Saluce, une forte amitié s'est forgée entre nous. Et, d'une chose à l'autre, il m'a présenté d'autres amis qui trafiquaient avec lui à l'occasion. Jean-Louis était là, lui aussi. Il était toujours avec moi. Il n'avait plus de père. De mon côté, on faisait en sorte d'éloigner mes filles. Je crois que c'est pour cette raison que la fibre paternelle blessée a trouvé en ce petit

1. Quartier de Toulon dont sont originaires la plupart des figures du milieu local.

un exutoire à ma frustration. Je l'ai pris sous mon aile, on passait beaucoup de temps ensemble. J'aimais chez lui son intelligence, son assurance précoce, son charisme. Déjà à cette époque, on le saluait de bien loin. Souvent on me disait : « Qu'est-ce que tu fais avec ce minot boutonneux ? » Quelques années après, les mêmes qui se foutaient de ma gueule lui mangeaient dans la main. Parce que Jean-Louis, à sa grande époque, il faisait manger tout le monde à Toulon, et même plus loin. Non, Jean-Louis, on voyait tout de suite que ça deviendrait un grand, un très grand.

C'est à cette époque que j'ai vraiment glissé dans le banditisme. Il y avait Jean-Pierre le jour : carrossier, puis chef du personnel d'une grande société, joueur de rugby. Puis il y avait le Gros Pierrot la nuit. Ma face cachée fut d'abord celle du julot. Je connaissais déjà un peu le métier. Je l'avais pratiqué à Paris, à l'imitation de mes deux inspirateurs, Henri Guintrand et François Rolland. J'ai donc repris une fille. Elle travaillait pour moi. C'était un commerce qui rapportait bien. Ensuite, avec les Toulonnais, je suis monté sur quelques belles affaires.

Quand j'ai quitté Carqueiranne pour m'établir à Monteux, j'ai gardé des contacts. J'appelais régulièrement Jean-Louis, on se voyait souvent. Le petit a pris un bar à Toulon, moi j'en ai pris un à Bollène. Je lui passais des affaires. De son côté, il me mettait dans le coup pour quelques-unes des siennes. Peu à peu, il montait les échelons de la pègre. À 25 ans, il était à la tête d'un petit royaume : des bars, des boîtes de nuit. Il impressionnait, il était respecté. Malgré son ascension rapide, on ne s'est jamais quittés. J'allais le voir régulièrement à Toulon. Il me rendait souvent visite à Bollène. Notre amitié était indestructible. On s'estimait, on se faisait confiance. C'était mon fils, j'étais son père. Entre nous, c'était à la vie, à la mort.

En 1962, j'étais déjà bien établi dans la voyoucratie toulonnaise. Un ami de Carpentras, un certain Vincent, m'a présenté à Jeannot Lucchesi à Port-de-Bouc. Je jouissais déjà d'une solide réputation. Les Marseillais cherchaient des hommes sûrs, et comme la nécessité me commandait de m'éloigner de Toulon parce que la police commençait à me surveiller, je suis allé faire un tour du côté de Martigues. Lucchesi m'a présenté au « Bajard[1] », à Bimbo Roche, aux frères Regazzi, à Tany Zampa. J'ai commencé à travailler un peu pour eux. D'abord sur de petites affaires, puis sur des coups plus sérieux. Tous ces gens ont vu que j'étais capable. Ils ont pu apprécier mon sang-froid dans l'action, ma loyauté aussi, qualité très importante. On m'a donc confié d'autres responsabilités, des dossiers un peu sensibles dont je ne peux pas parler. Bref, j'ai pris ma place naturellement dans le système marseillais dont j'ai vite gravi les échelons. Celui qui a cru le premier en mon potentiel, c'est Gaby Regazzi.

Beaucoup de gens imaginent que Tany Zampa était le grand patron de la pègre marseillaise. Il le deviendra, bien entendu, mais beaucoup plus tard. Quand je fais la connaissance des Marseillais, le vrai chef de la bande, c'est Gaby Regazzi. Les tensions étaient déjà très fortes dans le milieu. Les Guérini, Antoine et son frère « Mémé », étaient encore puissants. Ils tenaient la ville, mais commençaient à décliner, ce qui a aiguisé l'appétit des plus jeunes.

Gaby, c'était un personnage ! Toujours en costume impeccable, pardessus noir, cravate, les gants à la main, le chapeau sur la tête : on peut dire que c'était un vrai « monsieur ». Il ne buvait pas, il courait tous les matins pour s'entretenir physiquement, se couchait tôt et ne traînait

1. Surnom du champion de pétanque Gilbert Roux.

pas dans les bars ou les boîtes de nuit. Cette hygiène de vie l'a préservé et de plus, il n'a pas fait un jour de prison. C'était un homme intelligent, prudent, et surtout pas tordu. Le Belge tiendra de lui par certains côtés. Avec Gaby, les affaires étaient rondement menées. Tout était carré et réalisé « proprement ». Il était respecté au point que certains dans l'équipe le vouvoyaient. Quand il avait parlé, les débats étaient clos. Gaby est à l'origine de tous les gros coups de cette période. On écrit souvent que Zampa avait commencé sa carrière par un coup d'éclat : le braquage de la caisse d'allocations familiales. Il y était, c'est certain, mais sous les ordres de Gaby, qui avait imaginé et monté toute l'opération. Il était également à l'origine du gang des Tractions avant. Tany était déjà brave sans doute, il avait un beau tempérament, mais il n'était pas encore un organisateur. Il était totalement sous la coupe de Gaby.

Le patron avait su s'entourer de belle manière : il avait réuni une très belle équipe. Autour de lui, il y avait Zampa bien sûr, mais aussi Jeannot Garcia, Bimbo Roche, Jean-Marie Lucchesi, le Bajard, Raphaël et quelques autres.

À cette époque, les hommes de Gaby se réunissaient aux Catalans, un petit restaurant appartenant à la famille Regazzi que tenaient René et Paulette. Nous y étions comme à la maison. C'est là que nous nous retrouvions autour du patron pour préparer nos affaires. Nos affaires ? La prise en main de Marseille, tout simplement, facilitée par l'aide opportune d'un certain « Mr. Heroin » que l'on retrouvera plus loin et qui avait sur le cœur l'élimination de l'ancien commissaire de la DST, Robert Blémant[1]. Et

1. Robert Blémant, ancien commissaire de police et membre de la DST devenu voyou, assassiné le 15 mai 1965 entre Lançon et Pélissanne sur ordre d'Antoine Guérini par, dit-on, René Mondoloni.

pour parvenir à notre objectif, il n'y avait pas trente-six solutions : il fallait éliminer le clan adverse, en le frappant à la tête. C'est ainsi que nous avons planifié l'élimination du parrain, Antoine Guérini. L'idée, c'était de trancher la tête et de miser sur l'affolement prévisible du clan car nous savions que Mémé aurait du mal à tenir longtemps seul, à la tête des affaires. Le calcul a été judicieux. À cette volonté de puissance s'ajoutait une vieille histoire, un compte personnel que Zampa voulait régler avec Antoine. Quelques années auparavant, Tany travaillait au Méditerranée, une boîte qui appartenait aux Guérini. Et, un soir, en regagnant sa voiture, les flics l'ont serré. Dans son coffre, ils ont trouvé des calibres qui n'avaient rien à faire là et il a plongé pour détention illégale d'armes à feu. Il en a pris pour quatre ans. À partir de ce moment-là, à tort ou à raison, il s'est mis dans la tête qu'Antoine lui avait tendu un piège en glissant des armes dans sa malle et en prévenant les flics. C'est pourquoi, la perspective d'éliminer le parrain le réjouissait. Il tenait sa vengeance[1].

Dans notre désir d'ascension sociale, nous avons été bien aidés par un concours de circonstances heureux. Pendant l'enterrement d'Antoine en Corse, deux petits voyous, de vrais demi-sel, ont eu l'idée géniale de cambrioler sa maison. Ce n'était pas très futé de leur part. Il s'agissait de deux naves, originaires de Besançon je crois. Ils ont consulté la rubrique nécrologique dans le journal et ont lu qu'un certain M. Guérini devait être enterré dans l'après-midi. Certains que la maison serait vide, ils ont

1. Il se dit dans le milieu que Tany Zampa est l'un des deux tueurs à moto qui ont exécuté Antoine Guérini. Mais, à cette date, je crois me souvenir qu'il était en détention. Que ce soit lui ou un autre, je peux dire que la disparition du parrain ne lui a pas tiré une larme… – (Note de l'auteur)

décidé de la cambrioler sans se douter un instant qu'il s'agissait de la résidence du grand parrain de Marseille. Cela donne bien une idée de leur degré de professionnalisme ! Ils entrent, mettent la maison sens dessus dessous, la main sur des bijoux et de l'argent et se retirent, très contents de la réussite de leur coup.

Quand Mémé revient sur le continent, à la maison, accompagné de toute la famille, il entre dans une rage folle ! « Qui a osé nous faire ça, à nous ? » Ce n'était pas là des manières ! Et, du reste, même si nous étions capables de tuer les ennemis qui nous gênaient, il ne nous serait pas venu à l'idée de profiter de l'enterrement d'un homme pour le détrousser. Le milieu a ses principes.

Mémé ne décolère pas. Il envoie ses hommes, les poches pleines de billets, écumer les bars de Marseille, afin d'arroser toutes les petites balançoires que compte la ville. En quelques heures, les hommes du clan ont obtenu les noms des coupables. Ils les ont agantés[1] rapidement et les ont conduits à Mémé. Ils se sont expliqués, se sont excusés même. Ils ne savaient vraiment pas à qui ils s'étaient attaqués. Il n'y a rien eu à faire : les hommes de Mémé les ont embarqués et, près de Cassis, leur ont réglé leur compte, salement.

Les condés n'ont pas tardé à savoir d'où le coup était venu. Ils sont allés sonner chez Guérini et l'ont arrêté. Il est parti direct en taule, nous laissant le champ libre. Il faut quand même dire à sa décharge, qu'il n'était sans doute pas présent lors de l'élimination des deux naves. L'enquête, d'ailleurs, l'a bien montré, car il ne pouvait pas se trouver à Cassis au moment des faits. Mais il a tout de même pris car les flics étaient convaincus qu'il était le

1. Attrapés.

commanditaire de l'assassinat. Il se dit dans le milieu, chez les vieux de ma génération, que rien n'est moins sûr. Je connais peu Mémé, j'ai dû le rencontrer en tout et pour tout deux fois dans ma vie. J'ai le souvenir d'un homme sanguin, impulsif. Je demeure tout de même persuadé qu'il était étranger à l'élimination des deux jeunes. Il y a de gros doutes. Cependant, il a payé pour ça.

Mais ils ne se sont pas arrêtés en si bon chemin. Un peu plus tard, dans ce contexte de guerre des clans, ce qui restait de l'équipe Guérini a voulu s'en prendre à moi. Le coup était bien monté, le plan était presque parfait. C'est encore un petit détail insignifiant qui m'a sauvé la vie.

Ce jour-là, l'envie me prend de passer par Aix. J'avais une petite voiture deux places, une Honda sport, très jolie. Il devait y en avoir trois dans la région. Je m'arrête, comme ça, chez mon ami garagiste.

— Salut Pierrot ! Ta voiture, elle est magnifique ! Tu sais pas que mon petit vient d'avoir le permis ! Je lui cherche une petite caisse, du genre de la tienne. Tu ne la vendrais pas par hasard ?

— Pourquoi pas !

— Écoute, si tu veux, choisis une voiture dans celles que je vends d'occasion et l'affaire est conclue !

Je choisis une belle DS, on boit un café, et je repars au volant de ma nouvelle acquisition. Au passage, je m'arrête à Carpentras, chez des amis d'enfance. Ils sont tous attablés dans un bar. En règle générale, je ne bois jamais. Je n'aime pas ça. Quand les autres boivent six pastis, j'en suis toujours au premier. Mais ce soir-là, je ne sais pas pourquoi, je me laisse un peu aller. Je prends trois ou quatre verres, la joie sans doute de retrouver des figures amies. Enfin, je me décide à rentrer à Bollène en passant par de petites routes de l'arrière-pays. J'arrive enfin dans mon quartier, vers 21 h 30. Devant ma maison se trouvait une petite place où jamais personne ne venait se garer. Mais, contrairement aux habitudes, ce soir-là, j'avise une estafette stationnée. Mes sens se mettent aussitôt en alerte. Je continue à rouler, l'air de rien, je passe devant le véhicule et je m'aperçois qu'une voiture est garée juste à côté. J'avance toujours, comme un passant ordinaire, je fais le tour de Bollène et je laisse ma voiture dans un quartier voisin. À pied, je reviens jusque dans ma rue. Discrètement, je m'approche. Dans l'estafette et la voiture voisine, il y a des hommes qui attendent. Je me faufile alors sous un véhicule en stationnement et, à plat ventre, contre le bitume, je décide d'attendre la tournure des événements. De mon repaire, je peux tout voir : la voiture rangée près du fourgon est une DS 19 qui ne m'est pas inconnue. Je la connais même très bien. Les hommes qui sont à bord m'attendent pour « me les filer », c'est certain. Il y a fort à parier que si j'étais arrivé dans la rue avec ma petite Honda que tout le monde connaissait, ils m'auraient criblé de balles. Ma nouvelle voiture les avait trompés ! Ils ont planqué un moment. Puis, au bout d'une attente très longue, ils décident de partir, vers 2 ou 3 heures du matin. Le lendemain, à la première heure, je prends la direction de Marseille pour prévenir mes amis. Nous nous donnons rendez-vous dans un bar de la Belle-de-Mai. Il y a là Lucchesi, Gaby, ses frères Claude et Mimi, Bimbo, Vincent, tout le monde est là.

— Les gars, ils ont essayé de me flinguer hier, devant chez moi. Il y avait une estafette et une voiture, une DS. Je sais à qui elle appartient.

Aussitôt, nous décidons de régler le problème. Nous partons de Marseille pour une localité que vous me permettrez de tenir secrète. L'automobile appartenait à un jeune photographe, un certain Jacques, qui proposait ses services sur les marchés. Il n'appartenait pas au milieu, ce qui nous a étonnés tout d'abord. Nous allons donc le rencontrer pour qu'il nous fournisse quelques explications.

— Salut Jacques ! Dis donc, tu me cherchais hier soir ?

— Non, pourquoi ?

— J'ai aperçu ta voiture devant chez moi.

— Non, ce n'était pas moi. J'ai prêté la voiture hier à Untel.

À la manière dont il a répondu à nos questions, nous avons tout de suite vu qu'il ne mentait pas. Nous ne lui avons donc rien fait. Forts de ces renseignements, nous avons pu préparer une belle vengeance. Trois jours plus tard, ceux qui avaient essayé de s'en prendre à moi en ont été pour leurs frais. Je crois qu'ils ont fini au fond de l'eau, quelque part, près de Marseille. Je n'ai jamais eu d'autres problèmes de ce genre. Mais je dois avouer que ce soir-là restera dans ma vie comme un moment d'adrénaline intense, un moment où j'ai vraiment senti ma vie en danger.

Après Antoine, le second sur la liste de Gaby fut René Mondoloni, le fils adoptif de Mémé. Mais cela me posait quelques problèmes. J'étais en effet ami avec lui. Quand il est sorti de la centrale de Clairvaux, étant « parisien », il ne savait pas vraiment où aller. C'est pourquoi je l'ai hébergé chez moi, à Bollène, pendant quelque temps. Il vivait à la maison, mangeait dans mon bar, c'était un ami. Cependant, René, c'était aussi un grand fauve. Il n'était pas grand, pas épais, mais c'était un diable, un vrai fou qui n'avait peur de rien. Dans ma vie, j'ai connu deux vrais fous : Lomini et lui. Ils butaient à tout-va comme d'autres boivent un grand verre d'eau. Avant son arrestation, Mondoloni avait mis Paris en coupe réglée. Il contrôlait la capitale. Pendant qu'il était chez moi, il m'a présenté à ses amis, ceux qui marchaient avec Antoine. Nous nous entendions bien au point qu'il voulait me faire entrer dans son clan. Mais j'étais ami avec Gaby Regazzi, j'avais même de l'admiration pour lui et, en amitié, je suis fidèle. Cependant, tout de même, mon amitié avec Mondoloni posait problème parce qu'après la mort d'Antoine Guérini et la mise à l'ombre de Mémé, René était celui qui allait reprendre les affaires. Il fallait donc l'éliminer.

Mondoloni, quelques jours auparavant, avait été victime d'un accident de voiture. Il s'était fracturé le rocher. Autant dire qu'il était condamné. Mais, dans le milieu, il y a des valeurs bizarres, et, pour prendre l'ascendant sur le clan adverse, il faut savoir marquer le terrain et frapper les esprits. C'est pourquoi un commando bien préparé est allé le liquider à l'hôpital. Les hommes de Gaby se sont déguisés en infirmiers. Ils entrent dans la chambre. René n'est pas seul : son cousin est là, le fils d'Antoine Guérini. Ils lui demandent de sortir de la chambre. Alors, on achève le condamné, à l'arme blanche, pour ne pas faire de bruit. Peuchère ! ce petit a assisté au meurtre de son père et de son cousin, Antoine et René.

La réponse ne s'est pas fait attendre : Jeannot Lucchesi, Vincent et moi n'avions pas participé à l'affaire de l'hôpital. Nous avions passé la soirée près de chez Jeannot, dans un bar, Chez Jérôme. Mais, le soir même, les gâchettes de René ont déboulé au bar. Par bonheur, nous les avons entendus venir. Sans bruit, nous avons grimpé sur le toit de l'établissement et, à plat ventre, nous avons attendu qu'ils s'en aillent. Si nous nous étions montrés, je ne serais plus là pour raconter l'anecdote.

J'étais donc très proche de Gaby Regazzi. Rapidement, il m'a pris à la bonne. Dès que j'ai acquis sa confiance, on m'a associé de très près aux gros coups. Regazzi, c'était un peu mon père spirituel. C'était un homme prudent, intelligent, mesuré. Il me conseillait, je l'écoutais. J'ai appris le métier avec lui. Toutes les grosses affaires étaient montées par lui. Et, pour l'aider, il ne voulait que moi. J'étais, à ce moment-là, son homme de confiance. Notre métier, c'était la préparation. On repérait, on prenait des renseignements, on évaluait les hommes et le matériel nécessaires. Les autres ensuite exécutaient.

En parallèle à ces activités bien peu recommandables, je me suis lancé, en compagnie de quelques solides gaillards, dans le trafic de pastis. J'avais créé une marque, le Pescadou, que j'écoulais dans tout le Vaucluse. Ma méthode était simple : nous passions rendre visite, avec mes amis, à tous les débitants de boissons de la région. Nous leur expliquions gentiment qu'ils avaient tout intérêt à acheter notre pastis s'ils ne voulaient pas avoir des ennuis, disons, fâcheux. Bientôt, lorsque l'on souhaitait boire un pastis à l'apéritif dans un des bars du coin, il était presque impossible de consommer autre chose que du Pescadou. Nous étions, il faut bien l'avouer, très convaincants.

Souvent, le dimanche, ceux de Marseille, Zampa, des gars de l'équipe de Gaby et leurs femmes, passaient me prendre pour faire une partie de campagne. On allait du côté du mont Ventoux : on passait l'après-midi ensemble, on cassait la croûte sous les arbres, on jouait à la pétanque. Mais, en règle générale, je restais prudent. Je n'aimais pas me faire voir à Marseille en leur compagnie. J'essayais d'être une anguille, ni vu ni connu. Une de mes erreurs a été de faire la connaissance de quelques-unes des femmes de mes amis. J'aurais préféré rester dans l'ombre. C'est ainsi par exemple que je me suis débrouillé pour ne jamais rencontrer Christiane, la femme de Tany. Ce n'était pas que je ne l'aimais pas, je ne la connaissais pas, mais je me méfiais. On ne sait jamais : un jour quand tout va mal, elles peuvent parler, sans penser mal faire. « Pierrot Hernandez ? Sûrement que je le connais, on le voyait parfois le dimanche. » Et par le fait, les flics remontent jusqu'au Gros Pierrot, ils ont la preuve que l'on connaissait Untel ou Untel. Parfois, il suffit de peu de chose pour atterrir à l'ombre. Finalement, je n'étais pas comme Zampa ou Francis le Belge. Je ne voulais pas que mon nom brille au firmament de la pègre. Je me suis toujours tenu à l'écart des boîtes de nuit, de la lumière. Je me cachais derrière mes activités légales, derrière le rugby et je faisais ensuite mes gros coups en douce. Durant cette période, entre 1967 et 1969, bien avant les embrouilles avec le Belge, j'ai participé à toutes les grosses affaires marseillaises, à de nombreux règlements de comptes dont on a parlé dans la presse concernant la guerre contre le clan Guérini. Parfois, des hommes politiques nous demandaient de faire un peu de nettoyage. Je peux vous dire que j'en ai sorti des mecs de la cave ! Des tas de gens imaginent que le patron donne des ordres et que les autres ensuite exécutent. Dans la bande, ça ne se passait pas du tout de cette manière. Les décisions se prenaient au cours de réunions où, parfois, l'on discutait ferme. Ensuite venait le temps du vote, c'était très démocratique. Puis l'on supprimait ceux qui avaient été condamnés à mort par le jury, si on les avait sous la main. À la fin de ces discussions, je sortais de la maison et je rentrais chez moi. Tany, Mimi et les autres allaient s'amuser dans les boîtes de nuit, buvaient des coups avec le Tout-Marseille. Il fallait qu'ils brillent, qu'on les voie, qu'on sache qu'ils tenaient le haut du pavé. Le dimanche, quand je jouais avec Carpentras, il n'était pas rare qu'il y ait trente ou quarante voyous qui viennent m'encourager dans les tribunes. Mais je faisais comme si je ne les voyais pas. Aux yeux du monde, je ne connaissais *dégun*. Ainsi, on ne pouvait pas faire la connexion entre eux et moi. Si je suis toujours vivant, c'est que j'avais de la mentalité : je me suis toujours bien comporté et je me suis volontairement tenu en retrait, loin des fastes de la renommée et de la lumière sombre des voyous. Intraitable devant les flics, fidèle à la parole donnée, réglo avec les amis, discret comme une fouine, comme aimait à le dire le commissaire Aimé-Blanc, voilà le secret de ma longévité.

Bien entendu, je n'oubliais pas mes parents. Le premier billet de 50 000[1] que j'ai gagné avec mes nouveaux amis a été pour eux. Quand ma mère allait chez le coiffeur, c'est moi qui payais, je m'occupais également de leur remplir le réfrigérateur. Jusqu'à leur mort, ils n'ont jamais manqué de rien.

C'est à cette époque que j'ai présenté Fargette à ceux de Marseille par l'intermédiaire de Jeannot Lucchesi. Ainsi, la jonction s'est faite entre les deux milieux, le toulonnais et le marseillais. Je peux dire que c'est par mon intermédiaire que ces deux mondes se sont rencontrés et appréciés. Il faut dire que mon intégration à Marseille a été peut-être un peu facilitée par l'onction que me donnait Jean-Louis. Quand on parlait de moi, on disait : « C'est Pierrot, tu sais, l'ami de Fargette. » Je ne pouvais pas avoir de meilleure lettre de recommandation. Et puis, surtout,

1. 50 000 anciens francs, soit 500 francs.

j'avais la réputation d'être un homme qui savait se tenir. Savoir se tenir, dans le milieu, cela veut dire que l'on est fiable. Des bouches, à Marseille, on en trouve à tous les coins de rue. Même encore aujourd'hui. Des gens qui parlent de choses qu'ils ne connaissent pas ou qui s'attribuent des faits d'armes auxquels ils sont étrangers. Dans la cité phocéenne, on n'a pas besoin de chercher bien loin pour en trouver. Il m'est souvent arrivé d'en rencontrer qui disaient bien me connaître mais qui, lorsqu'ils discutaient avec moi, ne savaient pas qui ils avaient face à eux. Le plus drôle, c'est qu'un jour, Michel Drucker a été le témoin de ce genre de choses : à l'époque, en 1971, Drucker était journaliste sportif. Nous étions sur le parvis du stade Vélodrome. Nous battions le pavé pour assister à un match comptant pour la Coupe d'Europe de football, Olympique de Marseille contre les Polonais du Gornik Zabrze. Il vient à notre rencontre et justement, ça chauffait un peu avec un type qui prétendait être monté sur des coups avec moi. Il s'approche de nous, sans savoir qui nous sommes, et nous demande un pronostic ou un commentaire sur le match : il y avait là Tany, entre autres, Lucchesi, Regazzi. Nous lui avons répondu n'importe quoi : un pronostic ? 8 à 0, 15 à 0 pour les Blanc et Bleu. Il a vite compris qu'on se foutait de sa gueule ! S'il avait su, Michel Drucker, au milieu de qui il était tombé, il serait parti en courant ! Bref, il a vu le *cacou* venir me faire des excuses. Il était aux premières loges. Il n'a sans doute pas compris. En y repensant, je trouve ça très cocasse.

Il y avait beaucoup de personnes qui prétendaient me connaître mais que je n'avais jamais vues. C'était assez courant à la fin des années 1960. Il faut croire que le fait de me connaître les mettait en valeur, leur donnait une aura ou une certaine respectabilité dans le milieu. Une fois, il m'est arrivé de nouveau ce genre de chose en compagnie de René Mondoloni. Il était dans un bar à filles à Orange, une boîte bien connue à l'époque. En le voyant rentrer, entouré par des amis corses, tous les petits naves du secteur ont voulu se mettre en valeur. Un type est venu le saluer :

— Je m'appelle Untel, je suis de la région, de Carpentras, je suis monté sur quelques belles affaires.

Et René, qui était un malin :

— Ah bon ? Tu dois connaître alors mon ami Pierrot Hernandez ?

— Si je le connais ! On a braqué ensemble ! Le Gros, c'est un type épatant !

Mondoloni, que la conversation amusait beaucoup et qui ne m'imaginait pas un instant m'associer avec un tel demi-sel, me fait appeler par un de ses amis, un certain Paganelli, chez le boulanger qui habitait près de chez moi :

— Pierrot, c'est Paganelli. Tu peux passer une minute, à Orange ? Je discute avec un de tes amis.

J'arrive à la boîte. Je rentre. Je fais la bise à quelques amis et j'aperçois, au fond de l'établissement, mon René attablé avec une cour. Il m'aperçoit, se lève, mais me laisse approcher. Il faut l'imaginer me parler avec cet accent corse si caractéristique, à la fois traînant et incisif :

— Salut Robert ! Tu fais bien d'arriver, je suis en grande discussion avec monsieur, qui est un ami du Gros de Carpentras ! Installe-toi avec nous ! Figure-toi qu'il le connaît bien, ils ont braqué ensemble.

— Ah bon ? Si vous braquez avec lui, c'est que vous ne devez pas avoir froid aux yeux, vous !

— Non ! dans l'action, je suis un vrai dur et Pierrot, si je le connais... C'est un bon ami !

En général, quand mes amis m'appellent Robert, c'est qu'il y a quelque chose de pas très clair qui se trame. Je ne réagis pas, je fais comme si de rien n'était. Je revois encore ce jeune, assis au milieu de nous, avec son air assuré et son costume en serge bleue. René lui fait signe de se lever, comme pour lui glisser une confidence à l'oreille :

— Alors, comme ça, vous connaissez bien le Gros ?

René défouraille soudain et lui assène un coup de crosse avec son calibre, qui lui retourne la tête. Son beau costume était tout taché. Les Corses l'ont ensuite attrapé et l'ont jeté dehors, sur le trottoir.

— Tu te rends compte, Pierrot, cet enculé ! Il nous a raconté toute ta vie !

C'était le fils d'un manouche de Carpentras que je ne connaissais pas et dont j'ai oublié le nom. Son surnom, c'était « Bijou », tout un programme... Bijou, peuchère ! Il voulait se donner de l'importance en se servant de moi. Des comme lui, j'en ai rencontré souvent. Ça ne me dérangeait pas outre mesure, ça m'amusait plutôt même, c'était flatteur, bien que dangereux parfois. Des mythomanes, dans le milieu, il y en a un paquet, vous pouvez me croire ! Et ils sont dangereux, ces gens-là. Imaginez que le Bijou en question aille raconter aux flics (parce qu'il était du genre à se mettre à table avant même qu'on lui présente le menu) qu'il me connaissait, qu'il avait fait des coups avec moi ! J'aurais été joli ! Parfois, il ne faut pas grand-chose pour tomber : un naze, un concours de circonstances, trois fois rien. Ce sont de véritables dangers publics !

C'est par l'entremise de Gaby Regazzi que je suis arrivé à Tany. Zampa est devenu un bon ami. Jusqu'à sa mort, nous sommes restés en bons termes. Quand j'étais en cavale, il m'aidait, il me faisait envoyer de l'argent ou des voitures. Je savais que je pouvais compter sur lui. Et lui savait qu'il pouvait compter sur moi. J'avais une relation à part avec lui. Il faisait peur à beaucoup de monde. Il impressionnait énormément. Chez les voyous, on le craignait. Il avait une sorte de charisme ombrageux. C'était un vrai patron. On voulait souvent le rencontrer parce que c'était une sorte d'icône de la pègre. Un jour, Yves Mourousi a voulu avoir une entrevue avec lui. La rencontre a eu lieu dans la boîte de nuit de Tany, au Krypton, à Aix-en-Provence. Mais le journaliste était si impressionné qu'il n'a pas ouvert la bouche de toute la soirée. Zampa, il était comme ça, il faisait peur. Je ne sais pas pourquoi, mais il ne me faisait pas cet effet. Il ne m'inspirait aucune crainte. Parce que la confiance était sans doute réciproque, je n'ai jamais pensé qu'un jour, il pourrait me faire des misères. Quand on se tient bien, on n'a rien à craindre. Avec Tany, il n'était pas rare que l'on se traite de « cons », pour rire. Il nous est arrivé de nous engueuler pour des conneries, pour des histoires de football par exemple. Il était fou de l'Olympique de Marseille, il suivait les matchs, il était en contact avec des joueurs. Il bandait pour un avant-centre, Joseph[1], qui marquait souvent de la tête. Moi, je suis joueur de rugby et je n'ai jamais vraiment pris au sérieux le football. Alors je galéjais souvent avec lui à propos des « petits rigolos de l'OM », de son Joseph, que je surnommais « le rugbyman » devant lui. Si bien qu'une fois, nous étions en voiture et nous en sommes venus à nous mettre des gifles ! « Alors, le rugbyman, il a encore marqué samedi ? — Ton

1. Joseph Yegba Maya, dit Joseph, attaquant international camerounais qui fit les beaux jours de l'OM de 1962 à 1970.

Zatelli[1], c'est vraiment un pantin ! » Et allez, ça partait aux bouffes, gentiment.

Peu à peu, Zampa est monté en puissance dans l'équipe. Tant que Gaby fut opérationnel, il s'est tenu en retrait. Mais un événement terrible allait bientôt terrasser le parrain : son fils, qui était tout jeune, s'est défenestré accidentellement. La mort du petit a été un drame qui a changé sa vie. À partir de là, Gaby a dérapé. Lui qui avait une hygiène de vie parfaite s'est lentement laissé aller, au point de devenir en quelques mois une véritable loque. Il n'était plus en mesure de diriger. Il avait perdu goût à la vie. Tous les jours, il se rendait sur la tombe de son fils, toujours à la même heure. C'est là qu'il est mort, d'une rafale, tout près de son petit. Mes amis pensent qu'il se savait en danger, mais qu'il faisait exprès de venir visiter son fils de façon réglée. Il est mort d'une sorte de suicide par procuration. À l'époque de sa disparition, les choses étaient tellement embrouillées à Marseille qu'il est difficile de savoir avec précision quelle est l'équipe qui l'a liquidé : à mon sens, je pense que Jacky le Mat est responsable car il y avait de vieux comptes qui traînaient entre eux, notamment celui de la riflade dont le « Matou » avait été victime lui-même[2]. Cependant, comme la guerre était allumée de partout, entre Zampa, le Belge et Jacky, bien malin est celui qui peut dire avec certitude « je détiens la vérité ». Ça ne ressemblait pas beaucoup à Francis de tirer sur un

1. Mario Zatelli, joueur puis entraîneur de l'Olympique de Marseille, avec qui il remporta le championnat de France en 1971 et 1972.

2. Jacques Imbert, dit Jacky le Mat, fut criblé de balles devant son appartement de Cassis en 1977 et laissé pour mort. On pense que le commando était constitué de Gaétan Zampa, Gaby Regazzi et Bimbo Roche.

brave alors qu'il se recueille sur la tombe de son fils. Alors ? Il ne reste qu'une solution au problème puisque Gaby et Tany étaient du même bord. Mais tout est possible à Marseille !

Zampa a alors pris les rênes. Il était logique qu'il devienne le nouveau patron. Il en avait les qualités et le tempérament. J'avais de bonnes relations avec lui, mais Tany, ce n'était pas Gaby. Tany, pour moi, c'était un ami, ni plus ni moins. Je n'ai jamais tremblé devant lui. Cependant, quoi qu'on puisse dire ou écrire, il n'avait pas la classe de Regazzi, de Fargette ou même du Belge. Eux, ils étaient droits, si je peux m'exprimer ainsi, ils n'étaient pas tordus. Bien sûr, ils ont réglé des comptes, bien sûr, leur fonds de commerce, ce n'était pas l'honnêteté et ils n'étaient pas des enfants de chœur, ni l'un ni l'autre. Mais ils savaient se tenir : ils n'ont jamais fomenté d'enculeries sans nom. Zampa, il pouvait être capable de tout, surtout vers la fin. Il était souvent impulsif, mal conseillé, mal entouré. Quand je repense à lui en écrivant, de nombreux souvenirs me reviennent en mémoire. Tany était avide, il voulait avoir la main sur tout, manger sur tout. Il a extorqué de l'argent à de braves garçons, notamment à Albert Spaggiari. Le « Cerveau » a eu les miettes de son « casse du siècle ». Zampa a pris l'argent. Albert, lui, n'a eu droit qu'à la gloire. Je l'ai vu par ailleurs piller de belle manière une sacrée équipe de braqueurs, de vrais durs, cinq types solides, avec de la mentalité. Ces gars avaient fait un joli coup dans une banque du côté de Genève. Ils reviennent à Marseille et, pour être obligeants, ils font passer à Tany une enveloppe pleine de billets. Mais lui, au lieu de se réjouir de ce don gratuit, il commence à se mettre en colère : « Comment ? C'est quoi ces mecs ? Ils pensent que je peux me contenter d'un pourboire ! Allez leur dire que je veux tout ! » Et il a tout pris ! Il était comme ça Tany.

Zampa, c'était mon ami. J'ai toujours été honnête avec lui. Quand il faisait quelque chose qui ne me plaisait pas, je le lui disais. Sans m'opposer à lui, sans m'emporter. Je lui disais simplement : « Tu vois Tany, sur ce coup-là, je crois que tu te trompes. » Il savait que j'étais sincère et que ce que je disais avait pour but de le conseiller, comme l'aurait fait un frère, un ami. Quant à la légende, la fameuse devise de Zampa, « ou tu es avec moi, ou tu es contre moi », excusez-moi de vous le dire, mais c'était de la pure couillonnade ! Pas de ça entre nous. Quand j'avais quelque chose à lui dire, je ne me gênais pas, parce qu'il me faisait confiance et savait que le Gros Pierrot n'était pas tordu. Il n'y avait pas d'arrière-pensées malsaines.

Pour dire combien on le craignait et on le respectait, il faisait la loi, même depuis sa cellule. Dans la soirée, les prisonniers ont l'habitude de bavarder à travers les barreaux des fenêtres. Tout le monde le fait. Mais, à l'heure où Zampa avait sommeil, il s'approchait de la grille et braillait au-dehors :

— Maintenant, tout le monde au lit !

Et le silence se faisait !

Tany, malgré toutes les critiques que j'ai pu lui faire, avait du cœur. Il était généreux avec les petits qui se trouvaient en prison. Il faisait régulièrement expédier des mandats à ceux qui manquaient de tout, trois à quatre cents mandats. Il était comme ça : il pouvait être d'une férocité extrême et dans le même temps d'une grande générosité. C'est pourquoi, en matière de grand banditisme, comme en toute chose du reste, il faut se garder de porter des jugements à l'emporte-pièce. Les hommes ne sont pas tout noirs ou tout blancs. Leur personnalité est complexe, mêlée de grandeur et d'ordure. Cette réflexion peut également s'appliquer à mon cas et à tous ceux que j'ai pu approcher dans ma carrière criminelle.

En revanche, quand Zampa est mort, certains qui frissonnaient en silence à l'époque, qui n'osaient pas critiquer ouvertement ses décisions, même quand le bon sens l'aurait réclamé, qui se taisaient quand il était l'heure d'aller dormir, se sont permis des choses ignobles. Ils ont commencé à l'appeler « la Marraine », par dérision, parce qu'il ne supportait pas la prison. Une fois mort, il ne pouvait plus se défendre. Ils n'auraient pas dit cela de son vivant, ils n'auraient pas fait 10 mètres ! Je n'aimais pas ça et je peux vous dire que ceux que j'ai entendus dire de telles choses en ma présence s'en souviennent.

4

Au cœur de la French Connection

Les choses étaient déjà sérieuses. J'étais un vrai voyou, rompu à tous les coups de main, quand, à Bastia, je rencontre Jean-Baptiste Croce, que ses amis surnommaient « Jean-Bati ». C'est à ce moment, en 1967, que je fais la connaissance également de « Zé Mari ». À partir de là, je franchis une étape, une vraie. Jean-Bati, son secteur, c'est la drogue. Il n'est pas homme à prendre des risques. En termes clairs, c'est un parrain, un organisateur, un donneur d'ordres. Je l'ai bien connu, il est même devenu un ami. Mais nous n'étions pas sur le même barreau de l'échelle hiérarchique. Et au-dessus de lui, il y avait du monde, du très beau monde, « Mr. Heroin » comme le surnommaient les Américains. Chut, c'est un secret que je compte bien garder, pas si secret que ça d'ailleurs, puisque quelques livres publiés il y a bien longtemps associent son nom au trafic de drogue. Mais il ne pourra pas être dit que j'aurai révélé son identité.

La jonction s'est faite naturellement avec mes amis anciens, les Regazzi, les Lucchesi, les Mosca. Nous sommes devenus des exécutants. Pour bien saisir la French Connection, il faut comprendre que nous pénétrons là dans le crime organisé. C'était une machine redoutable. Chacun avait son rôle et tout était cloisonné. Pourquoi ? Tout simplement parce que cette mécanique avait été imaginée par des gens qui avaient appartenu à la Résistance et que ce sont les méthodes utilisées alors qui ont été mises en pratique dans notre organisation. Sans compter qu'un des initiateurs historiques du projet était un certain Lucky Luciano[1]. L'ordonnancement était donc impeccable, les tâches découpées et les contacts entre les membres du réseau limités. Pour faire simple, il y avait le grand patron, « Mr. Heroin », qui trouvait les fonds, achetait la matière première en Turquie ou au Moyen-Orient et qui la faisait parvenir jusqu'à la cité phocéenne par des filières sécurisées. Le chimiste entrait ensuite en action. Son rôle était de transformer la morphine-base en poudre blanche. Enfin, des hommes comme moi étaient chargés de convoyer la poudre de Marseille aux États-Unis.

Pourquoi Marseille ? Tout simplement parce qu'elle offrait au moins trois avantages. En premier lieu, la ville était un port. Son histoire était liée au commerce. Elle était ouverte sur le monde entier. Marseille, c'est la porte de l'Orient. C'est pour cette raison principalement que le trafic de la drogue a pu s'y organiser et se développer. Avant la guerre, la cité avait des liens très étroits avec l'Indochine par exemple, un protectorat où il était facile de s'approvisionner en opium. D'ailleurs, ce n'est pas par hasard que Paul Doumer, futur président de la République, alors gouverneur général de l'Indochine, a l'idée de créer un monopole d'État de l'opium : il fonde, à Mar-

1. Charles « Lucky » Luciano (1897- 1962) était un membre éminent de la mafia italo-américaine au cours des années 1930 et 1940. Il a été le véritable créateur du trafic international d'héroïne.

seille, une régie générale dont la fonction est d'acheter de l'opium, de le transformer et de le revendre. Pour approvisionner Marseille, en dehors de toute illégalité, il faut le rappeler, Doumer fait même construire une raffinerie d'opium à Saigon. Mais, en 1906, un accord international vient mettre fin à ce commerce, du moins officiellement. En réalité, le gouvernement général a besoin de cette manne et ne peut pas s'en priver car elle fait partie intégrante de son budget de fonctionnement. Le point culminant du trafic se situe dans les années 1940. François Spirito et Paul Carbone[1] organisent une première filière de revente aux États-Unis. Le régime de Vichy amplifiera même le trafic : de 7,5 tonnes en 1940, on passera rapidement à un volume de 60 tonnes en 1944. À la fin de la guerre, les vainqueurs poursuivent dans cette voie, nécessité oblige : le péril communiste est tel que l'argent de la drogue est utilisé pour contrecarrer le Vietminh. Ce plan d'action mené par les services secrets français sera mieux connu sous le nom d'« Opération x ». L'idée était simple : il s'agissait de revendre l'opium à des trafiquants de Saigon pour financer la guerre. Les volumes s'élèvent alors à plusieurs milliers de tonnes. L'argent généré servait également à financer des maquis anticommunistes au Laos. À cette époque, et même un peu avant, le gouvernement français cesse officiellement la vente de l'opium, mais ce sont les services secrets qui s'en emparent et l'organisent. En cela, ils sont grandement aidés par le retour opportun de Lucky

1. François Spirito et Paul Bonnaventure Carbone, liés au leader syndical puis premier adjoint municipal Simon Sabiani, furent les parrains de Marseille dans les années 1930, avant de participer à la collaboration pendant la guerre. Carbone décèdera en 1943 dans un attentat. Spirito terminera sa longue carrière en ouvrant un bar au quartier de la Loubière à Toulon.

Luciano en Europe. Emprisonné en 1936 pour fraude fiscale, le parrain new-yorkais est incarcéré et commence à purger une peine de trente ans de prison. Mais l'homme est très puissant. Du fond de sa cellule, il veut frapper un grand coup, montrer aux autorités américaines entrées en guerre qu'il peut, sur un ordre, frapper où il le veut, quand il le veut. Le 9 février 1942, le paquebot *Normandie* brûle opportunément dans le port de New York. Officiellement, les nazis sont tenus pour responsables. Mais aux États-Unis, chacun sait que Lucky Luciano est le vrai commanditaire de l'incendie. On traite donc avec lui. Il négocie âprement. On décide de le relâcher à condition qu'il contribue à l'effort de guerre : il est à la tête d'une organisation capable de porter des coups terribles à l'ennemi. Il accepte. C'est ainsi, que sur un simple coup de téléphone, dit-on, il demande à la mafia sicilienne de faciliter le débarquement des Alliés en Sicile. Et effectivement, la pègre contribue au succès de l'opération en harcelant l'ennemi, en coupant ses moyens de communication et en l'attaquant par ses arrières, en servant de guide aux soldats. Rien de mieux qu'un gang de voyous pour mener des actions de guérilla, je peux vous le dire !

Après la guerre, c'est donc tout naturellement que Luciano organise le trafic avec l'aide indirecte, semble-t-il, des services secrets et de la toute jeune CIA. Pourquoi donc ? Parce que les syndicats qui tiennent les docks représentent une menace sérieuse. Noyautés par le Parti communiste, ils apparaissent, à tort ou à raison, comme un relais puissant du Vietminh sur le territoire national capable de mettre en échec la mise en œuvre du plan Marshall. Des grèves éclatent en 1947. Elles seront brisées violemment par l'intermédiaire de la pègre qui, avec l'argent de la CIA, sera payée grassement pour faire le coup de poing et terroriser les dockers.

La même technique bien éprouvée sera encore utilisée lors des grèves de 1950. Émus et révoltés par le nombre de cercueils revenant d'Indochine, les dockers de Marseille se mettent en grève. On tente de faire pression sur eux. On annonce même le licenciement de 800 personnes. Les conséquences de cette décision ne se font pas attendre : le port sera bloqué pendant quarante jours. Ce blocage gêne tout le monde : les politiques tout d'abord, les Américains ensuite, la pègre enfin. Quand le commerce est arrêté, l'argent ne rentre plus. Alors, avec l'aide de la CIA, dont le représentant en France est un certain Irving Brown[1], ancien syndicaliste bien connu, on fait sortir des truands de prison. C'est presque l'amnistie générale. La meilleure preuve, c'est que dans le même temps, les Américains financent et organisent la création du syndicat Force ouvrière pour affaiblir la CGT. Il y a là un plan concerté et l'affaire réussit au-delà de toute espérance. Dans ce contexte de guerre froide, de croisade anticommuniste, le trafic reprend de plus belle, au plus haut niveau et bénéficie même de protections politiques : le rétablissement du commerce à Marseille se paye, on ferme donc les yeux à cette époque sur beaucoup de choses troubles. Et Marseille devient le grand laboratoire de l'organisation.

C'est en second lieu tout l'intérêt que représente la cité phocéenne pour le système. La ville a un passé, une culture particulière, un commerce déjà bien structuré. Sa plus-value,

1. Irving Brown (1911-1989), syndicaliste américain et membre de la CIA, il aida à la formation de syndicats non communistes en Europe.

c'est qu'elle détient un savoir-faire inégalé. La transformation de la morphine-base en héroïne est une spécialité chez nous. On raconte que la recette a été trouvée dans les années 1930 quand on organisait la vente du pastis de contrebande. Ceux qui connaissaient les recettes ont, paraît-il, découvert par hasard la méthode en appliquant les procédés utilisés alors pour l'alcool. En ce qui me concerne, je n'y crois pas trop. Cette histoire fait partie de la légende. Les premiers chimistes ont passé la recette aux plus jeunes. Et fort de ce savoir-faire, on parvenait à fabriquer de l'héroïne pure à près de 98 %. Personne ne savait faire cela en dehors de Marseille. À cette pratique s'ajoutent les réseaux naturels déjà existants : la communauté arménienne est nombreuse à Marseille et elle a gardé des contacts étroits avec le pays, mais aussi et surtout avec la Turquie, plaque tournante de la culture du pavot dont la résine donne la « noire », la morphine-base.

Le secret des chimistes était bien gardé. On se le transmettait de père en fils. Il s'agissait de parvenir « au point de fusion, à 229 ° », comme l'explique Dominique Rizet[1], le plus lentement possible, patiemment. Comme pour cuisiner une bonne bouillabaisse, il fallait savoir attendre et surtout, il fallait avoir le tour de main, paramètre inexplicable mais bien réel au demeurant. Une fois qu'on avait recruté un chimiste, il fallait lui trouver un laboratoire. Le plus souvent, on choisissait un lieu isolé, discret, pour éviter d'attirer l'attention par nos allées et venues, limitées le plus possible. Certains ont prétendu qu'il n'était pas rare de repérer une famille dans le besoin. Les parrains leur achetaient alors une maison répondant à nos critères

1. In *Faites entrer l'accusé* consacré à la French Connection, diffusé sur France 2 en 2007.

et en échange, ils nous laissaient faire nos petites affaires. Pour ma part, cela m'étonne beaucoup car je ne m'imagine pas un chimiste travailler au milieu d'une famille avec des enfants. Cela me paraît totalement hors de propos. Mais finalement, je n'ai jamais été associé à ce genre de décision car ce n'était pas de mon ressort. Peut-être a-t-on procédé ainsi finalement. Malgré tout, je demeure sceptique. Ensuite, il fallait que le laboratoire soit bien pourvu en eau, parce qu'il en fallait beaucoup pour tourner la « noire ». Des installations ont été démantelées, comme celle de Pastore, à la villa *Clotilde*, par exemple, parce que l'attention de la police avait été attirée par une consommation inhabituellement élevée. Les extérieurs de la ville n'étaient pas toujours privilégiés. On avait installé des laboratoires en ville, c'était quelque chose de courant.

Au début des années 1970, Marseille compte environ cinq ou six grands chimistes. Comme je me suis engagé à parler de ce que je connais, je n'évoquerai ici que la mémoire de Joseph Cesari[1]. « Monsieur Jo », je l'ai bien connu, et pour cause, j'étais son contact direct. Une fois que la marchandise était prête, c'était moi qui étais chargé de la réceptionner. Quand j'arrivais au laboratoire, à la fameuse villa *Suzanne* où il a été arrêté plus tard, à Aubagne, il portait souvent un masque sur le nez et la bouche. Il n'était pas rare de le voir avec de la poussière blanche sur ses cheveux noirs et son visage émacié. Jo était sans doute ce qui se faisait de mieux dans le *business*. Sa production était très appréciée parce qu'elle présentait un taux de pureté record. Il ne perdait presque pas de marchandise, 1 à 2 % tout au plus. C'était un artiste. Certains racontent que pour

1. Né à Bastia en 1915, le grand chimiste de la French Connection mourra pendu dans sa cellule en 1972.

que l'on puisse reconnaître sa poudre, il apposait des petites pastilles de couleur sur les sachets. C'était en quelque sorte sa signature, ce qui permettait de revendre plus cher sa production. Les autres chimistes auraient fait la même chose, avec des couleurs différentes. À les entendre, nous aurions inventé la traçabilité avant l'heure ! En ce qui me concerne, je peux affirmer que je n'ai rien vu de tel, et pourtant, des sachets d'héroïne, j'en ai transporté dans ma vie, vous pouvez me croire ! Tous ces détails qu'on affirme véridiques font partie de la légende fantaisiste de la French Connection. Ces histoires de pastilles feraient rire un fossoyeur ! Non, tout ça ne me semble pas très sérieux.

Jo était un homme extrêmement discret, une vraie anguille. On pouvait dire qu'il appliquait rigoureusement les règles imposées par la clandestinité. C'est ainsi qu'il a réussi à déjouer les pièges tendus par la police pendant plusieurs années. Quand il partait pour rejoindre son laboratoire, il s'assurait bien toujours qu'il n'était pas suivi. Il tournait, il virait, il faisait demi-tour, il revenait. Pour se défaire de ses poursuivants, il aimait utiliser une autre technique : il se garait. Il commençait à marcher pendant plusieurs minutes sur les trottoirs de la ville. Quand il s'apercevait que les flics lui emboîtaient bien le pas, il grimpait dans une autre voiture qu'il avait préparée par sécurité, ou bien il se faisait embarquer par un ami. Le temps que les condés regagnent leur véhicule pour reprendre la filature, il avait disparu définitivement.

Cesari était un grand chimiste, le plus grand sur la place de Marseille. Il était si fort qu'il servait tous les réseaux de la French Connection. Tout le monde voulait revendre sa production. Ceux qui avançaient les fonds en avaient donc pour leur argent. Je peux rajouter aussi sans me tromper que Cesari a formé plusieurs générations de chimistes qui parvenaient, par la suite, en appliquant ses méthodes, à produire une came pure à presque 99 %.

La troisième et dernière raison ayant motivé le choix de Marseille comme atelier de fabrication, c'est que la région n'était pas un marché. Il ne se vendait pas de drogue sur place. C'était là une décision très intelligente parce que la toxicomanie à cette époque n'était pas un problème pour la France. La police nous laissait donc à peu près tranquilles. Au moment où je prends ma place dans la French Connection, les stups à Marseille se résument à six fonctionnaires et une voiture. Les stupéfiants n'intéressent pas les flics. Pour eux, c'est un domaine secondaire. Quand on est un grand flic, on veut du lourd, l'antigang, la traque des braqueurs. Mais la drogue ! C'est pourquoi il faut replacer les choses dans leur contexte pour bien les comprendre : quand je suis passé en 2011 dans une émission de télévision célèbre, j'ai conscience que j'ai pu choquer pas mal de gens en déclarant que je me foutais d'avoir tué par mon action pas mal de jeunes Américains. Mais je le répète, nous ne mesurions absolument pas les conséquences de nos agissements. La drogue était si peu importante que la police elle-même assurait le service minimum. On ne voyait pas de drogués. Nous étions jeunes, nous menions une vie exaltante, nous avions des billets plein les poches. On ne se rendait pas compte !

Car le marché était ailleurs. Les têtes pensantes de l'organisation, les parrains, avaient noué des contacts de longue date avec les États-Unis. N'oublions pas que Lucky Luciano a porté en personne le projet après la guerre. Ses successeurs sont donc restés sur le même marché qui offrait des débouchés énormes. Nous avions des hommes sur place. Comme à Marseille, tout était prévu, organisé, huilé. Les filières étaient multiples. Il y en avait qui empruntaient les voies du Canada, d'autres de Cuba et de la mer. La nôtre passait par le Mexique. Je ne peux bien parler que de ce que je connais. Je ne me risque donc pas à commenter les filières canadiennes ou maritimes. Je ne sais même pas si elles ont une réalité car un seul passage ne saurait constituer une vraie route régulièrement empruntée. On a beaucoup parlé par exemple de la saisie record effectuée par les douanes sur le *Caprice des temps*[1]. 425 kilos d'un coup. Ah, bien sûr, c'était une belle prise, une grande réussite pour les douaniers ! Mais la vérité, c'est que ce bateau a été fait marron lors de sa première tentative. J'en connais beaucoup qui expliquent dans les journaux que le fameux crevettier a convoyé des tonnes et des tonnes de drogue avant d'être démasqué. Je pense que c'est un mensonge. Son premier essai a été le plus beau fiasco de toute l'histoire de la French Connection. Je peux en parler, car le propriétaire, Louis Santoni, est un de mes amis, un ami qui a pris cher pour en couvrir d'autres. La seule filière dont je peux attester l'existence avec certitude, c'est la nôtre, celle de l'équipe dirigée par Jean-Bati Croce.

Comment les choses se passaient-elles, à mon niveau ? On confiait tout d'abord de la morphine-base à tourner au chimiste. Lui ne connaissait que son livreur, en vertu du cloisonnement imaginé en haut lieu. Il travaillait dans son laboratoire, seul ou avec un aide, un apprenti, pendant environ quinze jours ou trois semaines. On lui livrait tout ce dont il avait besoin, les produits et le matériel. Quand l'héroïne était prête, il fallait faire très vite, pour des rai-

1. Crevettier dont la cargaison est saisie par les douanes en février 1972. Il était lié au réseau proche du Belge dirigé par Laurent Fiocconi et Jean-Claude Kella.

sons évidentes de sécurité. Il me faisait signe et je venais récupérer la came. Une fois la marchandise chargée, je prenais la direction d'un garage marseillais, rue Loubon, dans le quartier de la Belle-de-Mai, en utilisant des ruses de Sioux pour éviter de me faire prendre. Le dimanche matin, toutes portes fermées, nous farcissions les planchers des DS. Comment opérions-nous ? C'était un peu toujours la même chose. On rentrait la voiture, on baissait le rideau métallique et on se mettait au travail, toute la journée. Nous étions sept ou huit personnes, toujours les mêmes : Jeannot Lucchesi, Mimi et Claude Regazzi, Raphaël et quelques autres. Nous disposions de plans techniques des voitures avec des cotes précises. Nous avions recruté un ferronnier qui marchait avec nous, « le Grec ». Cet homme était un orfèvre. Il préparait des plaques de métal dans la semaine, taillées à la bonne dimension, qui servaient à refermer le dessous des DS une fois le garnissage terminé. Ces plaques étaient moins épaisses que celles d'origine, ce qui nous permettait de disposer d'un volume utile plus grand entre le plancher et le bas de caisse. Tout était ajusté au millimètre près. Ces plaques étaient fixées par des rivets et le tour était joué. Dans l'habitacle, on enlevait la moquette du plancher pour ranger les sachets de drogue. Ensuite, on remettait une nouvelle moquette taillée proprement au cutter. C'était un travail de professionnel, indétectable tant les hommes travaillaient bien.

Une fois enfermés dans le garage, nous y restions le temps nécessaire à l'opération, sans sortir. Les femmes nous préparaient le casse-croûte et on mangeait, tous ensemble, au moment de midi, dans la bonne humeur. Ensuite, il ne fallait pas laisser traîner les affaires. La voiture devait partir pour les États-Unis le plus rapidement possible. Mais, là encore, nous essayions de faire les choses de manière intelligente. Nous nous entendions avec l'équipe de Francis le Belge pour ne pas nous retrouver en partance au même moment. Inonder le marché d'un seul coup aurait été une prise de risque énorme. Alors, nous alternions les départs, il y avait donc une sorte de tour que l'on devait respecter. C'est pourquoi nous ne commandions au chimiste que ce qui était nécessaire. Nous ne stockions jamais la drogue, elle ne devait pas rester sur place plus de quarante-huit heures. Entre deux passages, nous laissions donc le champ libre au Belge qui avait son propre réseau, ses hommes, ses passeurs. Nous ne voulions rien savoir de ses affaires. Nous étions juste informés qu'il allait faire partir de la marchandise. Cela nous permettait de fournir au chimiste de la « noire » afin qu'il la tourne en vue du passage suivant. Les équipes fonctionnaient donc en bonne intelligence, tout était coordonné.

Chaque voiture contenait entre 70 et 80 kilos de came. C'était là la contenance maximum. Mais c'était déjà énorme. Ensuite venait le temps de l'expédition. Le choix des passeurs m'a été souvent dévolu. Pour préparer un départ pendant que la schnouff était en fabrication, mon travail consistait à recruter un homme qui serait capable de faire traverser la voiture, de la conduire jusqu'à New York et surtout de revenir avec l'argent de la vente. Il fallait choisir des hommes aguerris qui n'avaient pas froid aux yeux, en qui on pouvait avoir confiance. Passer 80 kilos d'héroïne pure n'est pas une sinécure, vous pouvez me croire sur parole ! Je préfère braquer une banque tous les jours pendant une année que de réaliser une seule livraison outre-Atlantique. Nerveusement, il faut être très solide. J'en ai connu plusieurs qui ont craqué, qui n'ont pas pu faire le voyage retour tant ils avaient eu peur à l'aller. Il n'était pas rare d'attendre une livraison ultérieure pour récupérer le fric d'une précédente. C'était donc difficile de trouver le bon candidat. J'ai tout de même réussi à recruter deux personnes capables. Mais ne comptez pas sur moi pour révéler leurs noms, j'ai promis de ne rien dire. Jeannot Lucchesi recrutait aussi. Il l'a fait à deux reprises également, mais je n'étais pas d'accord avec son choix et l'histoire m'a donné raison. Son choix s'était porté sur des « rigolos », dont l'un d'entre eux est devenu par la suite un de mes grands amis. Mais Mimi Regazzi était un peu une tête de con. Il a insisté et a donné raison à Jeannot. Mimi, il était tranquille, il ne partait pas. Quand les choses tournaient mal, après on y était, il fallait trouver une solution. Seulement, la solution, ce n'était pas lui qui devait la trouver ! Jeannot a également fait un voyage en personne, seul, contrairement à nos habitudes.

Pour ne pas éveiller les soupçons, nos équipages étaient constitués généralement d'un couple. Officiellement, ils étaient en voyage et allaient passer du bon temps en Amérique, pour des vacances. Pendant la phase de préparation, on prenait les mensurations du bonhomme et on lui faisait confectionner chez un tailleur un ou deux costumes, un smoking, on lui achetait des chemises, toutes les affaires nécessaires au bon déroulement du voyage. On s'occupait ensuite des papiers d'identité, des démarches administratives pour que tout soit bien en règle. Ensuite, on lui donnait pas mal d'argent pour couvrir les frais jusqu'à New York. Il prenait enfin possession de la DS au garage de la rue Loubon avec sa compagne et l'aventure commençait.

De Marseille, la voiture gagnait l'Espagne, pour brouiller les pistes. Les Américains n'étaient pas bien malins ou bien ils nous sous-estimaient en nous prenant pour des caves. Ils étaient parfaitement informés que de la came parvenait à New York à bord de véhicules trafiqués. Ces imbéciles s'imaginaient que nous étions assez stupides pour expédier les voitures directement à Manhattan. De nombreux policiers scrutaient tous les jours les arrivées des cargos ou des paquebots en provenance de France. Ils perdaient un temps précieux à fouiller les véhicules français qui débarquaient, en vain. Pendant qu'ils nous attendaient à New York avec leurs gros sabots, nos voitures descendaient tranquillement des bateaux dans le port de Veracruz, au Mexique. Le périple reprenait en direction de la frontière. L'entrée aux États-Unis s'opérait à Monterrey-Laredo. C'était une étape délicate à franchir. Les douaniers contrôlaient peu les frontaliers au volant de voitures mexicaines ou américaines qui empruntaient un couloir spécial. Les véhicules étrangers devaient emprunter une file où les contrôles étaient plus pointilleux. Mais en général, le passage se déroulait bien tout de même. Il était donc facile ensuite de rouler jusqu'à New York, où une équipe nous attendait pour prendre en charge la cargaison. Le déchargement avait lieu dans une villa, à l'abri des regards. On démontait la plaque du Grec, on récupérait la came, on glissait à la place l'argent de la vente, on revissait le tout avec de nouveaux rivets. Pas vu, pas pris. La voiture repartait, de New York cette fois ou bien d'ailleurs, cela dépendait de l'inspiration du moment. De retour à Marseille, on déchargeait le fric, on payait le passeur, 30 millions d'anciens francs[1] et chacun repartait de son côté.

Les passages se sont enchaînés, treize au total, une tonne d'héroïne en tout ! Parfois, il arrivait de se tromper sur le choix d'un passeur. C'est arrivé à Jeannot Lucchesi, mais j'ai aussi connu ce genre de déconvenue.

---

1. Soit 300 000 francs (environ 45 000 euros, compte non tenu de l'inflation).

5

Cap sur New York

Le troisième passeur que j'avais choisi a fait défection au dernier moment, quelques jours seulement avant le départ. C'était un ami de longue date de Carpentras. Il avait une affaire qui ne marchait pas très bien. C'est pourquoi je lui ai proposé de convoyer une voiture pour nous. C'était un beau mec, du genre voyou, le candidat idéal pour le travail que je voulais lui confier. Nous nous sommes rencontrés dans une pizzeria et je lui ai mis le marché en main :

— Je sais que tu as des problèmes. Si tu veux, je te paye des vacances en Amérique, deux ou trois mois, tous frais payés. Tu viens me voir avec deux valises vides, je te fais faire des costumes, je t'achète des chemises etc. De ton côté, tu devras passer une voiture. Tu te doutes bien qu'elle contient quelque chose de pas très légal. Ne dis rien à ta femme au sujet de la contenance et, au retour, je te donne 30 millions[1].

Au début, il est conquis. La somme promise lui fait entrevoir l'avenir avec sérénité. On tombe d'accord. Une semaine avant le départ, il m'appelle. On convient d'un rendez-vous.

1. 30 millions d'anciens francs, soit 300 000 francs.

— Pierrot, il faut que je te parle. Ce voyage, je ne le sens pas. Et puis, ma femme pose des questions. Elle connaît notre situation financière, elle se demande comment on va faire.

— Dis-lui qu'elle va passer deux mois de vacances, que vous allez traverser le Mexique, visiter les États-Unis, voir New York !

— Non, Pierrot, ce n'est pas possible, je ne pars pas.

— Mais enfin, tu te rends compte, j'ai avancé beaucoup d'argent pour te faire fabriquer des costumes et des chemises, je t'ai présenté mes amis…

Bref, il refuse de partir. Mais il fallait tout de même trouver une solution. La came était presque prête et il fallait absolument la faire partir au moment prévu, en vertu des accords que nous avions passés avec le Belge. N'ayant personne sous la main, j'ai donc décidé de partir moi-même. Sans attendre, j'ai demandé à Marie, mon petit tapin, de m'accompagner. Elle a accepté tout de suite, trop contente de voir du pays. Cependant, nous n'avions pas rempli les formalités nécessaires. Heureusement, je connaissais un ami qui travaillait à la sous-préfecture, à Carpentras. Par son intermédiaire, de manière accélérée, nous avons pu obtenir des passeports en règle, en cinq jours. Par la magie de l'administration, je suis devenu « directeur commercial » et Marie « étudiante ». Pour ne pas éveiller les soupçons, je me suis empressé d'accrocher des rubans de tulle sur les portières de la DS pour faire croire au plus grand nombre que nous étions des jeunes mariés, en voyage de noces. Ce petit subterfuge nous a permis de nous sortir de bien des situations qui auraient pu devenir préoccupantes et de franchir les frontières presque sans encombre.

Nous sommes partis un matin de novembre 1969 de Marseille. J'avais décidé avant de rejoindre l'Espagne de faire une halte à Carcassonne chez mon ami Jean-Jean. Après le déjeuner, nous avons repris la route pour Bilbao où le bateau, le *Guadalupe*, nous attendait. À cinq minutes près, il ne nous attendait plus et nous aurions été obligés d'embarquer dans le navire suivant, ce qui nous aurait fait courir des risques inutiles. Par chance, nous avons pu embarquer immédiatement, l'inscription de nos deux noms ayant été faite quelques jours auparavant. Le *Guadalupe* était un tout petit cargo, ce qui ne m'arrangeait pas vraiment. J'aurais préféré un bâtiment plus imposant où il aurait été plus facile de se noyer dans la foule des voyageurs. Parmi les quarante-cinq passagers dont nous faisions partie, les jeunes mariés que nous étions supposés être ne passaient pas inaperçus. On m'a demandé de vider le réservoir d'essence, par mesure de sécurité, et nous avons regagné notre cabine. Pendant la nuit, nous avons fait plusieurs escales pour embarquer des marchandises à Santander, à Vigo, à La Corogne. Puis enfin ce fut le grand large et avec lui un vrai soulagement. La voiture était sur le pont, bien à l'abri sous une bâche, la traversée s'annonçait sous les meilleurs auspices.

Tout se passa bien jusqu'à la Jamaïque, mais la tranquillité dont nous jouissions était trop belle. Soudain, un premier incident se déclare. Le bateau tombe en panne. Nous voilà immobilisés en pleine mer. Trois jours durant, nous avons attendu fébrilement le moment de repartir. De temps en temps, j'allais rôder autour de la voiture pour m'assurer que mon précieux chargement était en sécurité. Tout allait bien. Pendant la traversée, nous nous sommes liés d'amitié avec un groupe de jeunes étudiants qui venaient de terminer leurs études à l'université de Barcelone ou de

Bilbao, ma mémoire n'est pas très sûre à ce sujet. J'avais tellement d'argent dans les poches que je ne savais pas quoi en faire. Je leur payais à boire, je leur offrais des cigarettes, nous passions du bon temps ensemble. J'étais jeune, j'avais 35 ans, ma femme, Marie, était belle, j'étais sportif, nous avions tout pour nous entendre. Un jour, un de ces jeunes me dit : « Si tu as un problème un jour, au Mexique, n'hésite pas à m'appeler. » Et il me donne ses coordonnées. Bien.

Finalement, le bateau redémarre. Mais, au large de Porto Rico, le feu se déclare à bord. Il ne manquait plus que ça. *Fuego ! Fuego !* De toutes parts, les gens se ruent hors de leur cabine, en culotte ou en slip. On court, on se bouscule, on s'interroge. Pour ma part, je n'ai pas l'envie de poser des questions. Je sais très bien ce qui se passe. J'empoigne le premier extincteur venu, et ainsi équipé, je me précipite vers la DS. Là, des marins m'aperçoivent. Ils m'appellent, me font signe de leur donner l'extincteur. J'obtempère. C'est ainsi qu'ils ont vaillamment protégé ma voiture et sa précieuse cargaison. Tout autour, les autres véhicules sont en flammes. Seule la mienne en réchappe. Mais nos angoisses ne prennent pas fin tout de suite : l'incident nous oblige à faire une escale à Porto Rico, en territoire américain. Au port, on procède au débarquement des carcasses calcinées et par malheur, dans l'une d'elles, les policiers trouvent de la drogue ! Une fouille en règle commence. On me demande de descendre la DS à quai : fouille, contrôle. Pendant que l'on ausculte ma voiture, je me tiens prêt à tout. S'ils découvrent quelque chose de suspect, je me suicide. L'attente est longue, éprouvante pour les nerfs. Le plus discrètement possible, je m'esquive vers l'arrière du bateau, bien décidé à me jeter par-dessus le bastingage à la moindre alerte. Pendant ce temps, des flics montent à bord, quatre ou cinq, de vraies armoires à glace, et installent deux grandes tables sur le pont pour procéder à la vérification des identités. Marie s'avance vers eux, avec nos passeports. Elle prend la file qui se forme. Enfin, son tour arrive. Je l'aperçois de loin. Les policiers ouvrent les papiers, ils les regardent, tournent les feuilles. L'attente est longue. On lui rend les passeports, tout est en règle. Elle me fait un petit signe et je m'approche pour la retrouver. Tout va bien.

L'escale à Porto Rico dure trois jours. Après la vérification de nos identités et la fouille de notre véhicule auquel on ne trouve rien à redire, nous avons le droit de descendre à terre. Nous en profitons pour faire un peu de tourisme. Nous visitons San Juan, comme des amoureux en goguette. Ne sommes-nous pas jeunes mariés ? Le troisième jour, nous repartons et après une petite traversée sans histoire, nous gagnons sans problème nouveau le port de Veracruz.

Le Mexique, enfin, et à nouveau l'angoisse. Sur le quai, un millier de personnes attend le *Guadalupe* qui a six jours de retard. Des familles entières sont venues accueillir leurs enfants de retour au pays après la fin de leurs études en Espagne. Il y a de la musique, de la joie. Notre voiture est la seule à trôner encore sur le pont. Et il va bien falloir la débarquer. Un marin, juste avant que je quitte le navire, me demande si j'ai encore un peu de monnaie. Je lui tends ce que j'ai dans la poche. Il s'approche du poste de douane, donne les quelques pièces au contrôle. On nous fait signe d'avancer. La barrière s'ouvre. Le planton nous salue. Nous avons réussi à rentrer au Mexique.

Mais le répit est de courte durée. Dans la précipitation de notre départ, j'avais obtenu un visa pour entrer au Mexique, mais pas aux États-Unis. Nous voilà donc partis pour l'ambassade à Mexico afin de faire viser nos passeports. Je me gare à proximité. J'envoie Marie procéder aux formalités administratives tandis que, de mon côté, je reste dans la DS. Je la dépose à 8 heures. À 9 heures, personne ; à 10 heures, personne ; à 11 heures, toujours rien. Je suis tellement anxieux que je fume cigarette sur cigarette. Les cigarettes, je les mange ! À midi, Marie sort enfin. Mais elle fait mine de ne pas me voir. Elle part sur le trottoir en sens inverse. Je ferme la voiture, je la suis et, dans une petite rue, je la rattrape. « Il y a un problème. Ils ont fait des recherches : ils savent que tu es connu des services de police, mais tu n'es pas recherché. Ils ont tamponné les visas. Cependant, nous devons prendre garde. »

J'appelle Marseille. Jeannot et les autres savent que nous avons eu des problèmes pendant la traversée. Quand je leur explique ce qui se passe, ils me conseillent de me débarrasser de la voiture et de rentrer en France. « Bazarde tout, tire-toi ! » Je ne suis pas d'accord. Je veux poursuivre l'aventure. On verra bien. Et je me rappelle mon ami rencontré sur le bateau qui m'avait dit qu'en cas de problème, il ne fallait pas hésiter à le contacter. Je lui téléphone. Il est agréablement surpris de m'entendre. On se donne rendez-vous dans un restaurant français, le Normandie. Et il ajoute : « J'envoie une voiture pour te chercher. » Quelques heures plus tard, nous voyons arriver une voiture américaine. Nous montons et le chauffeur nous conduit jusqu'à notre ami. Il est là, avec toute sa famille. Je lui offre une bouillabaisse et à la fin du repas, il nous propose de finir la soirée ailleurs. Où veut-il aller ? À la résidence privée du Premier ministre, voyons ! Celui que j'avais pris pour un clochard toute la traversée était en réalité le fils d'un ministre ! Nous avons passé une soirée inoubliable. Pour l'occasion, j'avais revêtu un beau costume avec un nœud papillon. Moi, le Gros Pierrot, venu à bord d'une voiture bourrée de came, j'ai joué à l'homme du monde entouré de ministres et de dames bien comme il faut ! Il y a des jours où l'on se dit que le bon Dieu est bien gentil ! Mais le plus beau reste à venir. Nous décidons de terminer la soirée dans une boîte de nuit. Mon ami aime les voitures françaises. Il veut prendre le volant de la DS. Qu'à cela ne tienne ! Sur la route, nous tombons sur un barrage de police. Il présente ses papiers. Aussitôt, on le salue et deux motards nous escortent jusqu'au dancing ! C'est plus fort que l'histoire de la sardine qui a bouché le port de Marseille !

Nous avons passé ensemble une belle soirée, festive, bien arrosée. Puis, nous nous sommes séparés, en nous promettant de nous revoir dès que l'occasion se présenterait. Je n'ai jamais revu ce garçon. Je repense souvent à cette rencontre inespérée qui nous a permis de reprendre, l'âme apaisée, notre longue route pour les États-Unis.

Sur les conseils de Jeannot Lucchesi, j'avais eu la prudence d'emporter avec moi deux nourrices d'essence afin de couvrir le trajet Mexico-Laredo sans avoir besoin de m'arrêter. En effet, il n'est pas rare dans cette région d'être contraint par des bandits de grands chemins, les *Tupaderos*, de payer un droit de passage. Nous n'avons rencontré personne de cette espèce-là, et c'est le réservoir presque vide que nous arrivons à Laredo, un dimanche. Nous passons sans problème le contrôle mexicain, puis nous nous arrêtons dans un restaurant routier de la frontière afin de fêter ce petit succès : entrecôtes, deux bouteilles de vin, de quoi nous ragaillardir après de longues heures de route.

Après ce repas bien arrosé, confiants dans notre bonne étoile, nous décidons de tenter le passage en territoire américain. À nouveau l'angoisse, cette angoisse terrible qui tord le ventre à le broyer. Avant de tenter le coup, j'observe. On peut accéder à la frontière par deux files distinctes. La première, la plus fluide, est réservée aux frontaliers. La seconde, déjà imposante, semble plus contrôlée : elle est aménagée pour les voitures comme la nôtre, qui viennent d'Europe ou d'autres pays situés au-delà du Mexique. Nous n'avons pas le choix, nous devons nous résoudre à emprunter cette voie. Je prends donc mon tour dans la file. L'attente est longue, nous avançons au ralenti. Au bout de plusieurs dizaines de minutes, longues, éprouvantes, nous nous retrouvons devant la barrière. C'est le moment de vérité. Les douaniers s'approchent. Ils observent la DS avec attention. Ils ont des mines d'inquisiteurs. Je sens bien que quelque chose se passe. J'attends.

— Monsieur, madame, sortez de votre véhicule. Vos papiers.

Le flic regarde nos passeports. Visiblement, il a des doutes. Cette voiture française ne lui inspire pas confiance. De notre côté, nous faisons de notre mieux pour conserver une contenance. Nous jouons les jeunes mariés, insouciants, amoureux, mais dans nos poitrines, nos cœurs, à l'unisson, battent au rythme de la même peur. Nous sommes jolis ! Cette fois-ci, nous y sommes, c'est certain. L'ambassade de Mexico a dû les prévenir. Dans ma tête, mon plan est clair. S'ils trouvent la came, je jouerai les étonnés, je suis bien décidé à nier, à crier mon innocence.

— Veuillez nous suivre, monsieur.

Je descends. Il est 14 h 45. On me fait entrer dans le bâtiment des douanes et on m'installe dans un bureau. Et on commence à me questionner :

— D'où venez-vous, où allez-vous ?

— Nous arrivons de Mexico. Nous sommes en voyage de noces. Nous allons rendre visite à une vieille tante qui habite Los Angeles.

Les questions fusent. Je réponds calmement. Pendant ce temps, une équipe commence à démonter la voiture. Les ailes, le pare-chocs, tout est ausculté. C'est à ce moment qu'ils me permettent de revoir Marie. Ils nous laissent seuls, j'en profite :

— On est au courant de rien ! On ne sait rien ! S'ils trouvent quelque chose, on dira que c'est un ami de Marseille qui nous a payé le voyage pour notre mariage et on ne démord pas de ça !

Marie est une brave fille. Je sais qu'elle ne parlera pas. Finalement, le flic qui m'a interrogé revient. Sa mine a changé. Je vois tout de suite qu'il est embarrassé. Il me demande de le suivre. Il est 21 h 30. Parvenu à l'extérieur, d'un signe, il me désigne la voiture. Deux ou trois flics s'affairent pour tenter de remettre en place une des ailes. Ils n'y arrivent pas.

— Nous sommes désolés, monsieur. Tout est en règle. Je vous prie de bien vouloir accepter nos excuses pour ce contretemps. Nous ne parvenons pas à remettre votre voiture en l'état.

— Je vous en prie, c'est normal. Laissez-moi faire, je vais vous aider.

Et là, sous les yeux d'une Marie médusée, j'aide les douaniers à remettre l'aile récalcitrante. En silence, je bénis le ferronnier génial de la rue Loubon, Dieu, sainte Rita et tous les saints patrons des voyous. Sur ce, on se quitte. La barrière s'ouvre, nous entrons aux États-Unis. Nous roulons, soulagés, mais toujours sur le qui-vive. Avant de m'engager sur l'autoroute en direction de New York, je m'arrête dans la première petite ville que nous traversons et j'envoie un télégramme à Marseille pour les prévenir du succès de notre passage. « Marie est bien inscrite à l'université. » Puis, nous roulons afin de nous éloigner le plus possible de la frontière. Il y a peu de chose à raconter concernant notre voyage jusqu'à New York. Nous nous arrêtons pour dormir dans des motels, nous nous efforçons d'être le plus discrets possible.

La Terre promise, enfin. J'ai rendez-vous avec mes contacts américains au Novotel. Nous sommes convenus d'un jour et d'une heure précise. Quarante-cinq ans plus tard, je me dois de rester encore évasif sur l'identité de ces hommes, je n'ajouterai donc rien de plus à leur sujet. Au Novotel, en plein Rockefeller Center, nous disposons d'un code pour nous reconnaître : je dois placer sur ma table un paquet de Gitanes avec un briquet Dupont posé au-dessus. Je suis un homme organisé. La ponctualité, chez moi, est une règle sacrée. C'est pourquoi, afin de repérer les lieux et de me préparer à toute éventualité, j'arrive une heure en avance. J'en profite pour faire un petit tour, j'observe, j'analyse les lieux. Je décide également d'acheter quelques journaux français. C'est là que je repère deux hommes. Ils parlent français. Je les suis durant environ un quart d'heure, puis je prends place à une table, le paquet de cigarettes et le briquet bien en évidence. Et j'attends. Au bout de quelques minutes, je vois arriver les hommes que j'ai suivis. Parmi eux, une figure familière, un ami toulonnais.

— Putain, Pierrot, comment vas-tu ?

— Je vais bien mais, les gars, vous pourriez être un peu plus discrets, je vous ai repérés et suivis pendant un moment. Faites gaffe !

Nous buvons un café et nous partons tous ensemble. Direction le parking d'un petit hôtel voisin où j'ai laissé la DS. En convoi, escorté par mes amis qui ont pris place dans deux voitures, une devant, une derrière la mienne, nous gagnons une petite villa tranquille. Toutes portes closes, une équipe enlève les rivets, la tôle du Grec et décharge les 80 kilos de came. À la place, on range soigneusement le fric de la transaction, plus le montant de deux autres livraisons que les passeurs, morts de trouille, n'ont pas voulu rapporter en France. Ces passeurs ont été exécutés par la suite. Par qui ? Ne comptez pas sur moi pour vous le dire. Toujours est-il que je récupère un trésor considérable. On peine à faire tenir l'ensemble des billets dans la cache. Finalement, on y parvient, en tassant bien. On remet la plaque en place, on la visse au moyen de nouveaux rivets. La voiture est enfin prête pour le voyage retour.

— Maintenant, les gars, *ciao* ! je ne veux plus vous voir ! Vous vous barrez et je veux plus entendre parler de vous.

— Mais Pierrot, comment tu vas faire ?

— Ça, ça ne vous regarde pas. Cassez-vous. Je vais me débrouiller tout seul. Bonne chance !

Et on se sépare. Je ne voulais pas d'aide de mes amis par mesure de sécurité, mais il faut bien l'avouer, je me retrouvais comme un con. Comment faire pour repartir ? Le Canada ? Impossible. C'était l'hiver et les ports canadiens étaient fermés pour quatre mois. Le Mexique ? Trop risqué. Il ne faut jamais passer deux fois au même endroit. Alors, que faire ?

Pendant quelques jours, c'est l'angoisse. Nous tournons, nous virons dans la ville en cherchant une solution. Un jour, nous passons par hasard devant la vitrine de la Compagnie transatlantique italienne. Une publicité propose une croisière, à l'occasion des fêtes de fin d'année, jusqu'en

Italie. Banco ! Ça, c'est une idée ! Nous entrons dans l'agence. Un homme est là. Nous lui expliquons que nous sommes intéressés par le voyage qu'il propose. Il est aimable, souriant et je m'aperçois qu'il est très sensible au charme de Marie. Elle, minaude, le charme. Il est ensorcelé.

— Ne vous inquiétez pas ! Je vous trouverai une place sur le *Michelangelo* [ou sur le *Rafaelo*, deux bateaux jumeaux, la mémoire flanche sur ce point]. Permettez-moi de vous inviter à dîner avant votre départ.

— Écoutez, monsieur, j'ai encore à faire avant de partir, mais ma femme Marie se fera un plaisir de vous accompagner.

La proposition est bien intéressée. J'ai remarqué son attirance pour Marie et j'ai pensé tout de suite que, les charmes de la belle aidant, notre retour en serait grandement facilité. Restaurant donc. Marie n'est pas farouche et donne volontiers ce qu'on lui demande poliment. Hôtel, caresses, plaisir. Marie est une professionnelle et le directeur de l'agence est comblé, au-delà de toutes ses espérances.

À Marseille, personne n'avait de nouvelles. Personne ne savait où j'étais. C'était mieux ainsi. Le directeur, ravi de sa soirée et de la journée passée avec ma femme, nous a obtenu facilement les billets. J'ai dû conduire la DS sur le quai deux jours avant le départ. Elle est restée sur un parking des docks un jour entier. Je ne suis pas tranquille. Je passe mon temps à la surveiller, mais rien ne se produit. La veille du départ, elle est embarquée dans les soutes, sans problème. Sur le bateau, nous menons la grande vie. Tout est prétexte à la fête. Nous dansons avec les uns et les autres, nous buvons du champagne. Nous sommes beaux, moi dans mes costumes ou mes smokings, elle dans ses belles robes de soirée. Nous sommes mêmes élus plus beau couple du bateau, sur 1 500 personnes. Nous débarquons à Gênes, peu après le nouvel an 1970.

Après un périple sans entrave jusqu'à Marseille, j'arrive enfin à la Belle-de-Mai. Je place la voiture sous les fenêtres de l'appartement d'un des patrons, Mimi Regazzi. Je klaxonne ! La fenêtre s'ouvre. Quand il voit la DS, il manque de passer par la fenêtre ! C'est la joie. Personne ne m'attendait plus ! Cela faisait trois ou quatre mois qu'on n'avait plus de nouvelles. Mimi a alors appelé tous les membres de l'équipe, il a même téléphoné en Corse ! Je ne sais pas comment ont fait les Corses, s'ils sont arrivés en vélo ou par un autre moyen, mais le lendemain, ils étaient tous là ! On a fait une bonne nouba.

— Comment tu as fait Pierrot ? Où tu étais ? Tu nous as rendus fous !

Le champagne coule à flots, on s'embrasse. C'est comme le retour de l'enfant prodigue, mais en mieux. Au bout d'un moment, je leur dis :

— Maintenant, vous allez déballer la caisse, vous allez me faire tomber 10 ou 20 millions, une nouvelle voiture, et bonjour bonsoir, je me tire.

C'est ce que j'ai fait. Je suis parti avec Marie à la montagne, pour décompresser. J'étais totalement lessivé. Mais j'étais fier de moi : j'avais réussi à surmonter tous les pièges. J'étais parvenu à me sortir de toutes les situations périlleuses. J'avais livré la came comme convenu. J'avais rapatrié le pognon de trois livraisons. Mission accomplie ! J'avais bien le droit de prendre des vacances.

6

La fin d'une grande aventure

Le trafic a continué ainsi de nombreuses années, toujours suivant la même méthode, sûre, éprouvée, intelligente. Mais assez rapidement, j'ai décidé de prendre du champ. Jean-Louis Fargette n'avait pas approuvé mon voyage aux États-Unis : il avait horreur de la drogue, c'était même un commerce qui le dégoûtait. « Oh ! Gros ! Tu te fous de la gueule du monde ? Quand même, tu te rends compte ? Tu pars trois mois, comme ça, sans donner la moindre nouvelle ! Je me suis fait du mauvais sang pour toi ! Et puis, j'avais besoin de toi ! Ne recommence jamais un truc pareil, tu m'entends ? Tu as pris des risques pour rien ! Pour rien, Pierrot ! » Jean-Louis était remonté. « Qu'est-ce que tu fabriques avec ces mecs ? Suis mon conseil, Gros, arrête ça tout de suite. » Ce ne sont pas les remarques de Fargette qui m'ont décidé. Bien entendu, son avis était important, mais j'étais un grand garçon et je savais ce que je faisais. Non, il y avait surtout des choses qui ne me plaisaient pas : lors de mon passage en Amérique, j'avais pu observer la filière de près et éprouver ses faiblesses. À mon retour, je m'en suis ouvert à Jean-Bati. J'en ai même parlé à des gens placés bien au-dessus de lui : le talon d'Achille principal de notre organisation résidait dans notre persistance à vouloir faire entrer des DS en territoire américain. Fort de mon expérience, j'ai expliqué qu'il faudrait prévoir une étape supplémentaire au Mexique, dans un lieu sûr où l'on aurait pu transvaser la marchandise à bord de voitures immatriculées au Texas par exemple, conduites par des frontaliers. Ainsi, le problème du contrôle douanier pointilleux à Laredo aurait été résolu. Les véhicules auraient emprunté la bonne file, celle qui bénéficiait d'un contrôle allégé. Mais on ne m'a pas écouté, on a continué à faire entrer des DS, bien voyantes. C'était stupide. À New York, les seules Citroën en circulation, c'étaient les nôtres à cette époque ! Bonjour la discrétion ! Je ne m'explique toujours pas comment nous avons fait pour durer si longtemps !

Je suis parti de Marseille pour m'établir à Paris un peu aussi en raison de cet amateurisme qui m'exaspérait. Cependant, j'ai vraiment franchi le pas au moment de l'affaire Lomini. Quand on est un brave garçon, il y a des choses qu'on ne peut pas accepter. Les gens s'imaginent que Tany et le Belge ont toujours eu des relations orageuses. Ce n'est pas vrai : à la Belle-de-Mai, les deux bandes avaient des sièges sociaux différents, c'est vrai, situés l'un en face de l'autre. Ceux qui marchaient avec Zampa se retrouvaient Chez Lucie, un petit bar discret appartenant à Raphaël, où l'on faisait la partie, où l'on buvait l'apéro en parlant des affaires à l'abri des oreilles indiscrètes. La bande de Francis avait choisi un autre café, de l'autre côté du garage de Mimi, Chez Jeannot le Sourd. Moi, je traversais souvent pour boire un verre avec les uns et les autres, avec Lamberti, avec Albert Franconi, avec Bonello. Nous faisions tous la même chose. Il y avait des gens que j'aimais beaucoup dans l'équipe du Belge. Le meilleur exemple de cette entente cordiale entre les clans, c'était Victor Funénia : un vrai chic type, tout le monde l'aimait bien. Il avait dix enfants. Quand il s'est retrouvé en prison, de temps en temps, on lui envoyait un mandat. Chez Lucie comme chez le Sourd, la scène était identique : « Qui veut donner quelque chose pour Victor ? » Et aussitôt, tout le monde mettait la main à la poche, même Zampa. Et pourtant, Funénia était un homme du Belge.

C'est pourquoi, quand Bébert Di Russo a été assassiné par Lomini de chez Zampa, c'est quelque chose que je n'ai pas accepté. De les voir tous s'entretuer pour couvrir un vrai connard, ça m'a décidé à mettre les voiles. J'ai discuté de tout cela bien plus tard, en décembre 1999, avec Francis le Belge, dans un restaurant parisien. C'était quelques mois avant qu'il ne meure sous les balles, lui aussi. Ce jour-là, il m'a dit : « Pierrot, je voulais tous les flinguer un par un, Zampa le premier. Ils m'ont tué Di Russo, mon meilleur ami, et tous les autres ensuite. Je peux te dire que j'avais donné des consignes, j'avais dressé une liste. Mais j'avais été très clair : on ne touche pas à Pierrot, c'est le seul qui s'est bien tenu dans cette histoire. » Francis savait que l'affaire Di Russo m'était restée en travers de la gorge. On lui avait raconté également que j'avais, plus tard, condamné la décision de flinguer Jacky le Mat. Quant à l'élimination de Serge Cassone[1], ça avait été le bouquet !

Bref, j'aimais beaucoup le Belge. Bien sûr, c'était un vrai fauve, mais un bon voyou, droit, avec des principes. C'est pourquoi nous n'étions pas fâchés. Ni avec lui ni avec Zampa. D'ailleurs, on se voyait de temps en temps.

1. Le 21 avril 1978, Serge et Roland Cassone, deux figures du milieu proches de Jacky le Mat, sont victimes d'une fusillade près de Simiane. Serge est tué. Roland survit et reste l'une des dernières figures du milieu marseillais aujourd'hui.

Quand Tany était de passage à Paris, il venait me voir. Il m'a même téléphoné une nuit, pour que je lui obtienne des places pour assister à un match de boxe, ce qui a occasionné une soirée mémorable au cours de laquelle les voyous de Zampa ont tellement emmerdé Guy Lux, qui avait pris place à côté de nous, qu'il a été obligé de quitter le stade avant la fin du spectacle. Je leur rendais parfois de petits services également. Un jour, Jeannot Lucchesi m'appelle :

— Pierrot, nous avons besoin de toi.

— Je t'écoute.

— Il faudrait qu'on récupère une voiture. Elle a été vendue à un garagiste de Carpentras qui l'a revendue ensuite à un particulier. On a perdu sa trace. On voudrait la récupérer pour la faire disparaître. Comme tu connais du monde là-bas, on a pensé à toi.

Je suis descendu quelques jours plus tard, à Lyon. À la gare, c'est Regazzi qui est venu me chercher. Dans la voiture, en route pour Carpentras, il m'a reparlé de l'épisode du garage de la rue Loubon où, quelques mois plus tôt, j'avais convoqué tout le monde pour mettre les choses au clair : « Putain, Pierrot, tu as été gonflé sur ce coup-là ! On en parle souvent tous ensemble. Mais tu sais, on savait tous que Lomini te cherchait des trailles. On savait tous que tu avais raison. » À Carpentras, il me dépose. Il a été très facile de retrouver la trace de cette voiture puisqu'elle avait été vendue par un garage dont je connais bien le patron. Je suis donc allé le voir, et il m'a donné l'adresse de l'acheteur, un type qui habitait près du mont Ventoux. On s'est arrangé avec lui et une nuit, on est allé récupérer la voiture. Cet épisode met bien en lumière, une fois de plus, l'amateurisme dans lequel mes amis se complaisaient parfois. Pour gagner quatre sous, alors qu'on avait du fric plein les poches, on revendait les véhicules qui avaient été utilisés lors des passages en Amérique. C'était du grand n'importe quoi. Nous aurions dû faire écraser les DS après utilisation. Mais voilà, par pingrerie, on prenait des risques inutiles.

Ma couverture, à cette époque, c'était donc mon bar, Le Sorbier, à Ménilmontant. Je travaillais bien. Tous les midis, la salle était pleine. Marie, mon petit tapin, était aux cuisines. Notre affaire tournait bien.

J'évitais de recevoir des voyous chez moi car je voulais demeurer discret. À cette époque pourtant, le Belge et Zampa séjournaient longuement à Paris. Je les voyais assez souvent, séparément bien entendu. Je crois même que j'ai plus fréquenté Tany à Paris qu'à Marseille. En revanche, je voyais tous les jours au Sorbier un ancien bagnard, Maurice, qui vivait dans le quartier et qui était réduit à l'extrême mendicité. Tous les jours, il passait me voir et je lui demandais de promener mon chien pour 10 francs. Je le faisais manger également, presque tous les midis. Il était abandonné de tous et vivotait comme il pouvait.

Un après-midi, je me rends au bar que tenait la femme d'Henri Guintrand, rue Sainte-Apolline. Elle avait besoin d'un coup de main et Marie l'aidait à servir. J'allais donc la retrouver. Je rentre, Henri me salue :

— Tu tombes bien Pierrot ! Reste un peu, tu vas bien rigoler !

À intervalles réguliers, un par un ou par petits groupes, des hommes entrent dans le bar : François Rolland, Tony l'Arménien, qui avait perdu une jambe en s'évadant d'une prison suisse, Maurice des Deux Portes, Roger Borgef, quelques Lyonnais. Je suis étonné de voir tant de figures du milieu réunies. Manifestement, il va se passer quelque chose. Pour finir, je vois entrer Henri Charrière, que le grand public connaît mieux sous le nom de « Papillon ». Le récit de sa vie au bagne de Cayenne et de son évasion a fait le tour du monde. Son livre a été un best-seller et le film tiré de son histoire a fait les beaux jours d'Hollywood. À peine rentré, le Charrière ramasse une paire d'emplâtres comme j'en ai rarement vu ! C'était une drôle d'entrée en matière !

— Oh ! les gars, qu'est-ce qui se passe ?

— Un petit compte à régler avec un bel enculé !

J'ai appris ce jour-là que le fameux Charrière s'était approprié l'histoire de la vie de Maurice, mon clochard de Ménilmontant, et s'en était servi pour devenir millionnaire. Voyant ce pauvre vieux dans la misère et connaissant la vérité, ce petit syndicat du crime avait donc voulu réparer l'injustice. Charrière a présenté ses excuses et, sous bonne escorte, est rentré chez lui afin de donner à Maurice une grosse somme d'argent : ses droits d'auteur finalement. Puis, le vrai-faux Papillon est parti sous les quolibets de l'assistance. Des mythomanes, il y en a beaucoup dans le banditisme. Cela fait malheureusement partie du métier.

Je continuais bien entendu à jouer au rugby, en national, dans l'équipe du Paris 13. J'étais insoupçonnable, du moins le croyais-je. Le dimanche, je jouais un peu partout en France. À la veille d'un match, un de mes coéquipiers, qui était commissaire de police, m'explique qu'il ne participera pas à la partie car il travaille actuellement sur une grosse affaire de drogue. Aussitôt, mes oreilles se dressent. Je joue les naïfs curieux : « Ah bon ? Dis donc, tu as une vie agitée ! Poursuivre des trafiquants de drogue, c'est pas donné à tout le monde ! — Eh oui, répond l'autre, nous sommes en planque depuis plusieurs jours devant Le Laetitia. Nous avons installé un échafaudage pour surveiller discrètement les lieux. Tous ceux qui sont dessus sont des flics déguisés en peintres. Il y a même un chantier de démolition en face où travaillent des gars de chez nous ! C'est pour cette raison que je ne jouerai pas avec vous demain parce qu'on doit serrer toute la bande. — Comme je te comprends, mon vieux, mais tu sais, tu vas nous manquer, le match ne sera pas facile sans toi ! » Je ne connaissais pas les actionnaires du Laetitia, les frères Panzani[1], mais, dès que l'entraînement est terminé, je saute sur le premier téléphone venu. J'appelle l'un des deux types qui m'ont mis le pied à l'étrier, Henri Guintrand, et je lui explique l'affaire. Henri connaît bien les Panzani. Il les prévient de l'imminence de la descente des flics et grâce à mon tuyau, ils passent entre les mailles du filet.

Voilà. À Ménilmontant, je mène une vie à peu près rangée. Je suis un honnête commerçant le jour, doublé d'un bon joueur de rugby. Marie est belle, elle est bonne cuisinière, notre affaire marche, nous sommes amoureux. Mais rapidement, les choses vont se gâter. Mon passé trouble est en passe de me rattraper.

En haut lieu, aux États-Unis, on s'agite en effet. La drogue est devenue un véritable fléau. Des centaines de milliers de jeunes Américains meurent de notre trafic, si bien que Richard Nixon en personne pique une grosse colère. Les choses ne peuvent plus durer ! Il décide d'employer les grands moyens pour s'attaquer au problème. Mais pour être efficace, l'effort de guerre doit être porté sur le sol français.

1. Situé rue Notre-Dame-de-Lorette, Le Laetitia était le rendez-vous des Corses de Paris et les Panzani étaient considérés comme des « juges de paix » du milieu. Le 2 janvier 1975, un commando à la solde des frères Zemmour fit irruption dans le bar, tuant deux clients et en blessant quatre autres, dont Jo Panzani.

Tout le monde sait que Marseille est LE laboratoire de fabrication d'héroïne des États-Unis. Ainsi donc, si l'on souhaite arrêter le flux mortel, on doit frapper à la racine du mal. Dès le mois de février 1971, un rapprochement entre les services de police américain et français est initié : l'*attorney general* des États-Unis, John Mitchell, et le ministre de l'Intérieur Raymond Marcellin signent un protocole d'accord établissant une vraie coopération entre les services spécialisés de lutte contre le trafic de stupéfiants dans les deux pays. Mais la collaboration des services n'est pas tout de suite effective. Les six flics de Marseille à bord de leur unique voiture font un peu pitié. La priorité française n'est pas là, d'autant plus que les patrons du système sont très puissants et qu'ils bénéficient de soutiens politiques solides. Ce n'est pas un secret, tout le monde le sait.

Deux choses vont décider le gouvernement français à agir vraiment. La première est la conséquence directe de l'amateurisme dont j'ai été le témoin tristement privilégié. À partir de cette période, Jo Cesari, entre autres, prend des risques. Alors que le marché de la came excluait formellement Marseille, il se met à vendre sur place ce qu'on appelle dans le milieu « les queues », c'est-à-dire les restes d'héroïne que l'on obtient en nettoyant le matériel, quelques grammes tout au plus. Mais un peu de came circule tout de même dans la région, on commence à voir quelques drogués, entre 2 500 et 3 000 jeunes. Cette délinquance commence à être visible et le gouvernement n'aime pas ça. Tant que le problème de la drogue ne concernait pas la jeunesse de France, nous bénéficiions d'une certaine mansuétude. Mais, manifestement, les choses changent. La seconde viendra de l'énervement du gouvernement américain : le protocole d'accord, jusqu'à l'été, est de pure forme. Si bien que John Cusack, alors directeur pour l'Europe du Bureau of Narcotics and Dangerous Drugs, lâche une véritable bombe dans un article du *Méridional* du 25 août 1971. Son titre ? « Marseille, objectif n° 1 du Narcotic Bureau ». Sous-titre ? « John Cusack : les gros bonnets de la drogue sont à Marseille et nous les démasquerons ». Ses déclarations produisent un tollé, un incident diplomatique même, qui lui coûtera sa place. Mais le directeur du BNDD n'est pas un franc-tireur. Il agit sur ordre de la Maison Blanche, il l'avouera plus tard. Pour la première fois, de manière officielle, le grand public est informé de l'ampleur du trafic. « Le rôle des agents du Narcotic Bureau qui seront ou sont à Marseille, explique-t-il, est un rôle de coordination et de renseignement. Notre action sera toujours concertée avec la police française. Si nous sommes à Marseille, c'est parce qu'au cours d'interrogatoires, à l'issue d'au moins cinq affaires, nous avons acquis la certitude que des laboratoires sont dans la ville ou dans les alentours. Chaque fois, que ce soit à Porto Rico, à Barcelone ou à New York, toutes les grandes enquêtes nous ramènent à Marseille. [...] Leurs patrons sont des gens de Marseille. Ils sont même très importants ; nous savons qu'ils traitent d'égal à égal avec la Mafia, peut-être même en position de force vis-à-vis d'elle, car ils bénéficient d'installations et du travail d'excellents chimistes. L'organisation est en place depuis longtemps. Certainement une vingtaine d'années. Elle bénéficie d'une connaissance du pays et de beaucoup d'argent. » Les journaux s'arrachent. L'homme de la rue s'intéresse à l'affaire. Cusack ne croyait pas si bien dire. Un des bailleurs de fonds de « Mr. Heroin » était à la tête d'une des plus grosses entreprises de France. C'est lui qui avançait les fonds nécessaires à l'achat de la morphine-base. Il n'était pas rare qu'il mette 2 milliards de francs[1] sur la table. Après fabrication et revente, on lui rendait 2 milliards et 400 millions.

L'Américain a cependant agi avec une certaine retenue dans la mesure où il ne citait pas dans la presse les noms des grands parrains. Il aurait pu car il savait tout, mais n'avait pas de preuves tangibles pour étayer ses déclarations. Je peux vous dire que cette histoire a fait du bruit. Au plus haut niveau, dans les cabinets ministériels, à l'Assemblée nationale, dans les conseils généraux et les mairies, certains commençaient à sentir le vent du boulet. Le 29 août, dans *France-Soir*, le cousin de ma mère, Joseph Comiti, alors secrétaire d'État à la Jeunesse et aux Sports, demande « des noms » ! S'il avait pu se douter que dans la liste qu'il réclamait, il aurait sans doute trouvé le mien, il se serait abstenu de formuler une telle demande ! Des noms ? Cusack ne les donnera pas. Pourtant, les identités des parrains n'étaient plus secrètes depuis qu'un rapport parlementaire, rédigé au printemps 1971 par deux députés de la Chambre des représentants, Morgan Murphy (Illinois) et Robert Steele (Connecticut) les avaient rendus publics. C'est ainsi que les pedigrees des « gros bonnets », de notre grand patron et de celui de mon ami Nique, entre autres, commencèrent à circuler. (Nique, aligné comme les autres, dans le garage de la Belle-de-Mai, vous vous souvenez ?) Et si les Américains savent parfaitement à qui ils ont affaire, c'est que, depuis l'épisode de la grève des docks, ils travaillent main dans la main avec ces gens, les responsables qui ont jadis brisé les mouvements syndicaux. Ils avaient besoin de leurs services autrefois pour endiguer le communisme et assurer la réussite du plan Marshall en France. Avec la CIA, c'est toujours un peu

1. 2 milliards d'anciens francs, soit 20 millions de francs.

la même chose : pour contrer un péril immédiat, on crée des monstres qui se retournent un jour contre leur créateur. C'est souvent avec eux le mythe de Frankenstein revisité. Des bricoleurs, quoi ! Ce fut le cas pour la French Connection. En 1979, les mêmes procédés seront utilisés en Afghanistan. Pour lutter contre les Soviétiques, ils armeront des nationalistes fondamentalistes, les futurs Talibans, et financeront la guerre au moyen des fonds issus de la culture du pavot. On sait maintenant quelles furent les conséquences de cette politique à courte vue.

Un des premiers à révéler que la CIA était liée à notre trafic est un certain Alfred McCoy, un universitaire de Yale dont les révélations vont provoquer une onde de choc importante dans l'opinion publique américaine. Cet homme, déposant devant le Sénat des États-Unis, explique qu'il vient de passer dix-huit mois dans le Sud-Est asiatique et qu'il s'est rendu compte que de hautes personnalités dirigeaient le trafic de l'opium sous le contrôle d'agents locaux de la CIA luttant contre le péril communiste au Vietnam. Il ajoute que ces agents travaillent de concert avec des hommes de la Mafia américaine ainsi que des gangsters corses. Ces allégations rejoignent celles des deux parlementaires de la Chambre des représentants qui citaient les noms, au moins, de quatre familles originaires de l'île de Beauté.

Dans les jours suivants, le même Cusack donne conjointement des interviews dans *Le Provençal* et *Le Méridional.* Il met directement en cause la capacité d'action de la police française et sa mollesse pour mettre en œuvre une politique efficace contre le crime organisé. La réaction des autorités françaises ne se fait pas attendre. Le démenti est cinglant, on s'indigne, mais au plus haut niveau, on sait bien que ce ne sont pas les six fonctionnaires et leur unique voiture qui pourront venir à bout d'une telle organisation criminelle. Marcellin décide donc de réagir. En premier lieu, il nomme un homme d'envergure, le commissaire François Le Mouël, à la tête de l'office central de répression des stupéfiants. Le flic n'est pas un rigolo. Ancien de l'antigang, il prend immédiatement la mesure du problème. Dans ses bagages, il emporte le commissaire Marcel Morin ainsi que nombre de ses hommes, des anciens de la BRB ou de la BRI.

Le ministre Marcellin donne ensuite à ces flics d'élite des moyens importants pour agir et obtenir des résultats. En quelques jours, les effectifs de la brigade des stups passent de six à soixante-dix fonctionnaires, une petite révolution. On leur fournit du matériel pour les écoutes téléphoniques et des voitures banalisées munies de fausses plaques. Autrefois, il était facile de repérer les véhicules des flics : leurs plaques étaient peintes au pochoir et sur le toit, elles laissaient voir des antennes gigantesques en fibre de verre, on les voyait arriver de bien loin. Mais surtout, à l'imitation des Américains, on débloque des fonds secrets pour financer les informateurs, on met en pratique la politique dite des « repentis » qui assure aux balances un raccourcissement des peines, de meilleures conditions de détention, une fausse identité à leur sortie de prison. Les hommes et les méthodes changent. Pour finir, l'Assemblée nationale durcit la législation : de cinq ans, la peine encourue pour trafic de drogue passe à vingt ans et même à quarante, en cas de récidive. Gaston Defferre demande même dans la presse l'application de la peine de mort pour les trafiquants de stupéfiants. Heureusement pour nous, sa demande restera lettre morte. Parfois, il me vient des démangeaisons, une irrépressible envie de révéler ce que je sais. Par bonheur pour certains de ces beaux messieurs, j'ai de la mentalité et je parviens tout de même à me taire. Mais je peux vous dire qu'il en est qui sont plutôt gonflés de se répandre dans les journaux en jouant les pères-la-pudeur. Ils feraient bien de ne pas faire trop les malins dans la presse. Parce que si les voyous se mettent à table, j'en connais qui seront bien inspirés de demander, d'ores et déjà, des améliorations concernant le cadre de vie des prisonniers. Ça pourrait peut-être leur être utile, qui sait ?

La nouvelle police des stups, formée à l'école de l'anti-gang, va en importer les pratiques les plus courantes. L'infiltration des réseaux en sera une particulièrement efficace. Pour rendre crédible un informateur par exemple, elle n'hésitait pas à couvrir un transport d'héroïne, avec la complicité des services de police américains et celle de la douane. Lorsqu'elle possédait assez de renseignements sur le réseau, elle intervenait. Ces méthodes de basse police étaient devenues celles de la police tout court. Tous les coups étaient permis. Pour porter un coup fatal à l'organisation, les services secrets américains décident, dans le même temps, d'assécher totalement nos moyens d'approvisionnement en matière première en Turquie. Ils y parviennent dans le courant de l'année 1972, ce qui va contraindre les grands patrons à se tourner vers d'autres fournisseurs, au Moyen-Orient en particulier. Cette lutte contre les producteurs turcs va avoir pour conséquence de ralentir la production d'héroïne et de créer, pour un temps, une certaine pénurie. Une demande en hausse constante, une offre en baisse, les prix explosent. Les règles du libéralisme sont simples, finalement.

C'est en raison de toute cette réorganisation en profondeur des moyens de lutte contre le trafic des stupéfiants que nous allons tomber les uns après les autres. Tout commence en 1970 avec l'arrestation aux États-Unis d'Edmond Taillet[1], un chanteur à la mode que nous avions recruté pour transporter la came. Quand il est arrêté, il ne coopère pas. Il se tait. Tout chanteur qu'il était, il s'est bien tenu. On l'enferme, dans une cage, à la dure, comme les Américains savent si bien faire. Il reste muet. Au bout de quelques mois, le pauvre mec manque de tout en prison. Il n'a pas un franc pour améliorer son ordinaire. Il se tourne alors vers son avocat. Il le charge de se rendre à Marseille pour demander aux uns et aux autres de l'aider financièrement. Veut-on encore un exemple de l'amateurisme dont j'ai si souvent parlé ? Au lieu de l'aider, mes amis contactés soit ne répondent pas, soit adressent une fin de non-recevoir à l'avocat. Eux, qui étaient capables de dépenser des sommes folles en une soirée au casino ou aux courses, n'ont pas jugé bon d'aider un comparse dans le besoin. Avec 100 000 francs, il aurait eu de quoi tenir le coup moralement, il se serait senti soutenu. C'était quoi pour eux 100 000 francs ? Pas grand-chose ! L'avocat rentre donc bredouille auprès de son client. Taillet est écœuré et on le comprend. Il était prêt à passer trente ans en taule dans des conditions extrêmes, à Rikers Island ou ailleurs, pour couvrir des types qui ne sont même pas foutus de mettre la main au portefeuille. Alors il s'est mis à table. En vertu de la politique des repentis, le deal était alléchant : tu te tais et tu passes trente ans de ton existence dans une cage, au péril de ta vie, ou bien tu t'allonges, tu balances tout ce que tu sais et tes trente ans de réclusion se réduisent par magie à trois ans, non plus dans une pri-

1. Second couteau de l'époque yéyé, le Marseillais Edmond Taillet est surtout connu pour son titre *Taillé dans le Rock* (1956). Il publiera en 1977 ses souvenirs, *Real Connection*, inédits en français.

son peuplée de bêtes féroces, mais dans une *farm*, où l'on peut recevoir sa petite amie, manger du homard, jouer au golf ou au tennis, selon les goûts de chacun. Et en prime, à la sortie, on t'offre une nouvelle identité et les conditions d'un nouveau départ aux États-Unis. Le calcul était vite fait et ce fut pour nous le début de la fin.

Avec les informations que donne Taillet, les flics n'ont plus qu'à tirer le fil qu'il leur a tendu pour démanteler l'ensemble du réseau. L'un des premiers tuyaux qu'il confie au Narcotic Bureau, c'est qu'il est en relation avec Étienne Mosca. Mais Étienne se sent en danger. Il se cache un temps, c'est pourquoi il ne sera pas arrêté tout de suite. À partir de là, le château de cartes va lentement s'effondrer : Mimi Regazzi, le garagiste de la rue Loubon, est aganté le premier par la police. Puis, en mars 1971, Jean-Marie Lucchesi et Fernand Chaffard sont arrêtés avec une voiture bourrée d'héroïne en Espagne. Quelques mois auparavant, avant que les arrestations ne commencent, Jeannot Lucchesi avait recruté un type qui ne me plaisait pas pour convoyer de la came, un certain Jean-Pierre Pilato qui est devenu par la suite un très grand ami. Pourquoi je ne sentais pas ce mec ? Tout simplement parce que lorsque j'ai vu la photo de son passeport, j'ai dit à Mimi Regazzi qu'au lieu de le faire passer en Amérique, on ferait mieux d'appeler de suite la prison du coin : il avait une tête d'apache ! Il était basané, il avait vraiment une sale gueule ! J'ai ensuite regardé plus en détail les papiers qu'on lui avait fait fabriquer : à profession, ils avaient marqué « navigateur ». « Navigateur » de quoi ? C'est une blague ? Avec la tronche qu'il a votre gonze, vous auriez pu mettre « repris de justice », direct ! Navigateur ! Effectivement, on voyait bien qu'il naviguait en eaux troubles, le type ! Quand j'ai vu le travail, j'ai dit aux autres : « Votre candidat, il est sans doute brave, mais ce n'est pas possible. Comme on lui a promis du fric, on va tous sortir quelque chose de notre poche pour le dédommager. Mais on ne le fait pas partir. Avec sa gueule de métèque, il fera pas 10 mètres. » Mais bien entendu, personne ne m'a écouté ! « Mais non, mais si, mais là... » Mimi, quand il s'y mettait, c'était une vraie tête de con ! Bref, ils le font partir quand même. Il s'embarque à Barcelone. Mais, pendant ce temps, Jeannot Tonatelli, le cousin de Mimi Regazzi, qui était parti quelques semaines plus tôt, est arrêté à Porto Rico. Et, comme Pilato, qui avait bien la tête de l'emploi, devait suivre le même chemin, l'équipe des malins de la rue Loubon lui a fait parvenir un télégramme disant que sa fille était malade pour le stopper et le faire débarquer à Porto. Finalement, avec sa gueule de truand, il a été repéré rapidement : il faut pas croire que les flics sont tous des cons ! Ils l'ont arrêté en Espagne, au mois de juin 1971.

C'est à l'occasion de l'arrestation de Jean-Pierre que j'ai commencé à me méfier sérieusement de Lomini. De l'autre côté des Pyrénées, Pilato est dans une belle merde, par la faute de Mimi et des autres qui l'ont laissé tout de même partir, contre tout bon sens. Tomber pour trafic international de stupéfiants, ce n'est pas rien, l'affaire est sérieuse. Nous nous mettons donc en rapport avec un avocat, un ténor du barreau de Barcelone, parce que nous voulons éviter le pire à Jean-Pierre. Cependant, le talent se paie, et cher, 15 millions d'anciens francs. L'argent, pour nous, n'est pas un problème. Nous décidons, à cinq, de mettre 3 millions chacun sur la table. Et nous confions le soin à Lomini et à Lucchesi de porter l'acompte. Ils chargent le fric et, sans tarder, foncent vers l'Espagne. Pendant ce temps, Pilato dérouille. Les Ibères ne sont pas des tendres. Il ramasse sévèrement. Les violences physiques sont telles qu'il songe au suicide. Quand je pense qu'il a réellement voulu se supprimer, lui, un garçon solide avec du tempérament, je me dis que les flics y sont allés vraiment très fort avec lui.

Quelques jours plus tard, nos deux émissaires reviennent à Marseille. À la gueule qu'ils font, on commence à imaginer le pire.

— Alors ?

— Alors rien. On n'a pas remis le pognon au baveux. On s'est fait braquer en route !

Des conneries, j'en ai entendu dans ma vie, mais des comme celle-là, jamais ! Quelle mentalité ! Le plus vexant, c'est qu'en plus d'être malhonnêtes, ils nous croyaient assez cons pour croire leur histoire ! Il devait en falloir du cran pour oser braquer Lomini, un fou, capable de tout, qui faisait trembler tout Marseille ! Si d'aventure un écervelé avait braqué une arme sur lui, par mégarde, il ne lui aurait fallu que deux secondes pour recevoir du plomb dans la tête. Si j'ajoute un petit détail insignifiant, la présence de Lucchesi, qui était au moins aussi allumé que le premier, j'ai beaucoup de mal à croire leur histoire. La vérité est plus simple. Ils ont gardé le pognon pour eux, voilà !

Les choses en sont restées là. On n'a pas trop gratté parce que lorsqu'un brave garçon vous donne sa parole qu'il dit la vérité, on le croit. En tout cas, comme il y avait un doute et qu'en plus Lomini était très baraqué, on en est resté là.

Pilato a donc dû se passer des services de son ténor et se rabattre sur un avocaillon, commis d'office. Finalement, il a pris quatorze ans, mais n'en a fait que cinq, parce qu'il a bénéficié de la loi d'amnistie consécutive à la mort de Franco et à l'avènement du roi Juan Carlos. Quand je le dis qu'il y avait dans l'équipe un certain amateurisme !

En juillet 1972, la police loge Étienne Mosca. Depuis qu'il se sait recherché, il se cache dans le quartier de la Croix-Rousse, à Lyon, chez sa maîtresse, gérante d'un hôtel de passe où avait travaillé Marie. Presque au même moment, Jo Cesari est arrêté à son tour à la villa *Suzanne*. Puis, vient le tour de Croce et de Mari : le 19 janvier 1973, les deux hommes boivent un verre avec Ange Bistoni au Gondolier, quai du Port, un établissement qui appartient à Mari. Croce sort en compagnie de Bistoni et ils montent dans une Renault 10. La voiture démarre. Elle est interceptée rue de la Loge quelques minutes plus tard. Zé Mari s'attarde un peu dans son bar. Quand il en sort, quelque temps après, il est arrêté à son tour. Bistoni est relâché quelques heures plus tard. C'est normal : il était ami de longue date avec Jean-Bati Croce, mais il n'avait rien à faire avec notre trafic, les flics le savaient bien. Mais comme il s'est fait descendre au mois de mars suivant dans l'affaire du Tanagra, il a commencé à se dire dans une certaine presse – pas chez les voyous – que Bistoni avait été éliminé parce qu'il avait balancé Jean-Bati et Zé Mari. Toute cette histoire, c'est de la pure couillonnade ! Bistoni est mort parce qu'il s'est trouvé au mauvais endroit au mauvais moment. Au Tanagra, la cible, c'était cet enfoiré de Lomini que le Belge a bien fait de couper en deux ! Ce qui est arrivé à Ange ce jour-là, c'est un regrettable dommage collatéral.

Quand les flics ont commencé à nous porter de sérieux coups, que l'on sentait que les choses allaient mal tourner, nous avons organisé une réunion à Port-de-Bouc. Ce soir-là, c'était après l'arrestation de Jeannot Tonatelli, il était question de supprimer toutes les femmes qui étaient au courant du trafic afin de les empêcher de parler, le cas échéant. J'étais formellement opposé à cette idée. Et me tournant vers celui qui avait formulé cette brillante proposition :

— Tu vas commencer par tuer la tienne déjà, puis ta fille ensuite. Après, je tuerai la mienne. Puisque tu es si malin, tu vas dégainer le premier, on verra bien si tu as le cran de le faire. Mais permets-moi de te le dire, j'en doute !

Gaby Regazzi était contre, moi aussi. Nous avons réussi à en entraîner d'autres et finalement, nous avons voté et nous nous sommes opposés, à une écrasante majorité, à cette entreprise meurtrière. Finalement, au moment du procès, les femmes se sont mieux tenues que celui qui voulait les éliminer !

Avec les premières arrestations, j'aurais dû me méfier. Mais à cette époque, j'étais à Paris, loin de Marseille, et je pensais que personne ne pourrait me relier aux affaires de la French Connection. Cependant, au moins deux personnes ont tenté de me prévenir de l'imminence de mon arrestation, mais je n'ai pas voulu y croire, trop sûr de moi peut-être. Un jour, un petit avocat, familier de mon bar et qui avait l'habitude de prendre le matin un petit vin blanc avec du kirsch, s'approche de moi et, sur le ton de la confidence :

— Pierrot, il faudrait que je vous parle en tête à tête.

— Ah bon ? Eh bien, venez-donc un peu plus tôt, demain matin, nous serons tranquilles pour bavarder.

Le lendemain, il était là dès l'ouverture, à 6 heures.

— Pierrot, vous allez aller en prison ! Vous êtes impliqué dans une affaire internationale de drogue. Cependant, je peux vous sortir de ce mauvais pas.

— De quelle manière ?

— C'est très simple : je suis lié aux réseaux gaullistes et je travaille pour des gens extrêmement puissants. Si vous acceptez de rejoindre l'organisation secrète de la rue des Saints-Pères[1], vous échapperez à la justice.

Ce que cet avocaillon me proposait c'était ni plus ni moins l'impunité en échange de services « spéciaux », pour le dire avec pudeur.

— Écoutez, Christian, je vois que vous êtes très bien informé. Mais, tout voyou que je suis, j'ai certains principes : participer à des règlements de comptes, avec des gens de mon espèce, je veux bien. Ça fait partie des règles du jeu en somme. Mais la barbouzerie, tuer des innocents pour le compte de politicards, vous voyez, ce n'est pas mon fonds de commerce. Je ne suis pas un tueur à gages et je ne le serai jamais, jamais.

Et nous en sommes restés là. Dès qu'il a le dos tourné, aussi sec, je fais toucher Jean-Bati qui n'avait pas encore été arrêté à Marseille. Je lui raconte l'affaire et lui conseille de disparaître gentiment dans la nature tant qu'il en est encore temps. Mais au lieu de prendre au sérieux ce que je disais, tout Marseille a éclaté de rire ! Ils n'ont pas ri bien longtemps…

La deuxième alerte de ce genre a eu lieu dans le Vaucluse. J'avais en effet décidé de quitter Paris pour quelques jours parce que la clientèle se faisait plutôt rare. L'occasion était bonne pour retrouver quelques amis dans le Sud. Je me fais donc prêter une MG décapotable et j'arrive à Car-

1. Au sous-sol du cabaret le Don Camillo se tenaient les réunions des anciens des services « action » de la France libre, dont fut notamment issu le SAC (service d'action civique), une sorte de police parallèle créée en janvier 1960 pour soutenir l'action du général de Gaulle.

pentras dans la journée. Je suis accueilli comme le Messie. Je fais le tour de mes connaissances et, un après-midi, je me rends à l'hôtel de l'Univers pour y faire la partie. En arrivant, on me saute dessus, chaleureusement :

— Oh Pierrot ! Tu tombes bien, il nous en manque un pour faire la belote !

Et je m'installe à une table avec de vieux habitués. Nous jouons avec acharnement et soudain, le serveur m'apporte un whisky.

— Je n'ai rien commandé !

— C'est ce monsieur qui vous l'offre.

Et il me désigne un homme installé au bar. Je le remercie en payant ma tournée. L'après-midi se passe au milieu des amis, dans la bonne humeur. Le petit moustachu, qui était le commissaire de police de la ville, semblait se sentir à l'aise avec nous. Il remettait sa tournée plus souvent qu'à son tour si bien qu'à l'heure du repas, je lui ai proposé de l'inviter au restaurant. Après le dîner, pour ne pas nous séparer trop vite parce qu'il était bien sympathique, nous l'avons embarqué avec nous dans une toute nouvelle boîte de nuit que tenaient deux jeunes. À notre arrivée, là encore, je suis accueilli comme une star : il y avait là cinq amis, cinq gros commerçants de Carpentras que je n'avais pas vus depuis longtemps. Et le whisky a commencé à couler à flots. Quelle fête ! Mais nous n'en sommes pas restés là ! Mon ami Gérard, qui n'était pas le dernier pour faire la fête, nous indique qu'une nouvelle boîte vient d'ouvrir ses portes à une vingtaine de kilomètres de là, dans la montagne.

— Qu'à cela ne tienne, allons-y !

Pendant le trajet, le commissaire qui avait la lucidité bien entamée, commence à me faire des confidences :

— Pierrot, vous avez un drôle de papier ! Je pense que vous n'allez pas tarder à être arrêté pour une grosse affaire de drogue. Et puis à Carpentras, vous pouvez vous méfier d'Untel ou d'Untel, parce que ce sont de petites balançoires !

C'était la deuxième alerte sérieuse. Mais, dans cette ambiance de fête, j'avais finalement la tête ailleurs et je n'ai pas tenu compte de son avertissement comme j'aurais dû le faire. Une fois sur place, le même manège reprend : et vas-y que les bouteilles tombent, les unes après les autres ! Une vraie beuverie. Mon commissaire n'avait pas l'habitude de boire autant. Il était complètement ivre et commençait à perdre le contrôle de la situation.

— Commissaire, vous allez me faire plaisir : je ne vous crois pas capable de vous déshabiller et d'aller vous trémousser au milieu des filles.

Ni une ni deux, il commence à se déshabiller. Le voilà même qui finit complètement à poil ! Il se trémoussait comme un dingue, oubliant toute dignité. Au petit matin, le commissaire était raide défoncé. Il ne tenait plus debout. De mon côté, fidèle à mes habitudes, je buvais modérément et j'avais donc toute ma tête. J'installe le flic dans la MG. Au passage, je lui subtilise son calibre ainsi que sa carte professionnelle et, sur le parking, je commence à tirer quelques coups en l'air, histoire de rigoler un peu. Puis je prends la tête du petit convoi de voitures, roulant très lentement afin que tout le monde parvienne à bon port sans problème. Comme nous arrivons à Carpentras, sur la place du Théâtre, mon commissaire, à qui j'avais restitué son matériel, rend ses tripes dans la belle MG. Malheur ! Une voiture qui ne m'appartenait pas ! Je vais chercher un seau d'eau chez « Pompom » et nous nous mettons à nettoyer à deux ou trois tandis que mon poulet roupille sur la place.

Dans la journée, alors que je buvais un petit verre au Voyageur, je vois passer mon condé, le visage visiblement brouillé, avec une bouteille d'eau de Seltz dépassant de la poche de son veston :

— Alors, commissaire ?

— Pierrot, j'espère que je ne vous en ai pas trop raconté hier soir ?

— Pensez-vous ! Mais on ne va pas continuer à se vouvoyer quand même, après la belle nuit que nous avons passée !

Fort des renseignements que j'avais pu obtenir, je me rends à Marseille quelques jours plus tard et je raconte ma soirée épique à Mimi et à Tany. Au lieu de me remercier pour les renseignements, ces deux cons ne trouvent rien de mieux que de m'engueuler parce que j'avais rendu la carte et le calibre du flic !

— Vous commencez à me plaire tous les deux avec vos raisonnements !

Et je suis rentré à Paris en me disant que je passerais sans doute entre les mailles du filet. Mais je me trompais lourdement.

7

La chute

Au moment où Croce et Mari étaient serrés, le même jour de janvier 1973, j'étais dans mon bar de Ménilmontant. Il est 13 h 45. La salle est pleine à craquer. Tout à coup, je vois entrer treize types. En moi-même, je me dis que je vais avoir droit à un contrôle pour l'alcool :

— Bonjour monsieur, le patron, s'il vous plaît.

— Cher monsieur, ici, il n'y a pas de patron, c'est une patronne.

— Allez, assez joué Pierrot, on va pas y aller par trente-six chemins, c'est toi qu'on vient chercher.

— Ah bon, et pourquoi ?

— Tu verras bien. En attendant, sers-nous un café.

Alors, je leur ai servi treize cafés.

— Tu peux en rajouter un quatorzième. Sers aussi notre ami.

Et le chef me désigne un homme, assis à une table, en bleu de travail, avec une casquette. Il venait tous les jours depuis trois semaines pour déjeuner. Il était là en fait pour me surveiller, mais je ne me suis rendu compte de rien.

Les flics ont été corrects avec moi, sympathiques même. Parmi eux, j'ai reconnu un de mes amis, originaire de mon village en Corse. Nous avons bu le café ensemble. Ils se sont fait passer pour des clients ordinaires. Nous avons parlé du match de rugby de la veille.

— Tu as fait une belle partie hier, Pierrot.

— Vous m'avez vu jouer ? À Villeneveuve-sur-Lot ?

— Je comprends qu'on t'a vu jouer ! Ça fait trois semaines qu'on te suit partout ! Tu étais un vrai lion sur le terrain !

— Oui, les gars, c'était le plus beau match de ma carrière !

— Et sans doute le dernier, Pierrot !

Ils ont attendu que le dernier client sorte pour m'embarquer. Je ne me souviens même pas s'ils m'ont passé les pinces. Et ils m'ont emmené rue des Saussaies. Là, ils me font entrer dans un bureau où m'attendent deux flics américains du BNDD. Sept jours complets de garde à vue commencent. On me présente des photos. J'ai l'impression de feuilleter un album de famille : Jean-Bati, Zé Mari, Jeannot Lucchesi, Joseph Marro[1], les frères Regazzi, Étienne et Ange Mosca, Nique, Tany Zampa, ils sont tous là.

— Tu connais ces hommes ?

— Non, je ne connais personne !

— Tu mens ! On sait que ce sont tes amis !

— Je ne les connais pas ! D'ailleurs, je n'ai jamais mis les pieds à Marseille ! Je suis de Carpentras.

Ils comprennent que je sais tout mais que je ne dirai rien. Ils sortent ensuite les photos des grands patrons.

— Tous les mecs qu'on t'a montrés, on s'en fout. Ce qui nous intéresse, c'est que tu nous dises si tu connais ceux-là, les parrains.

---

1. Patron d'une florissante entreprise de papier peint, il a été surnommé « le financier de la French Connection ». On lui prête l'idée d'avoir utilisé des artistes comme le chanteur Edmond Taillet pour passer la drogue.

— Les parrains ? Les parrains de quoi ? Connais pas ! Jamais vu !

Je prends la photo de Pilato, celui que je ne voulais pas laisser partir, le fameux « navigateur ».

— Vous pensez que mes amis ont des gueules d'apache comme la sienne ? Mais moi, messieurs, je suis un honnête commerçant ! Faites-moi voir des photos de Lucien Mias, de Just Fontaine, d'Arthur Ashe, ceux-là je les connais, mais les autres ! Parlez-moi de joueurs de rugby, de Jean Barthe ou de joueurs de foot ou de tennis !

— Tu vas nous expliquer également que tu ne connais pas Zampa ?

— Zampa ? Sûrement que je le connais ! Il m'a réveillé l'autre jour en pleine nuit pour avoir des places pour assister à un match de boxe ! Mais c'est tout, je ne peux rien vous dire de plus à son sujet.

— C'est bien Pierrot, tu n'es pas un menteur. Tu étais sur écoute et on était au courant que Zampa t'avait appelé.

— Vous voyez bien que je dis la vérité, je ne suis pas un menteur ! Regazzi ? Vous me posez des questions sur des types que je sais même pas qui c'est !

— Tu es quand même allé en Amérique ?

— Je comprends que j'y suis allé en Amérique ! J'ai fait le voyage avec une fille que j'ai retiré du tapin. J'étais amoureux d'elle. D'ailleurs, je vais l'épouser !

— On sait cela, Pierrot. Marie, elle nous a déclaré la même chose.

— Tu étais où en Amérique ?

— J'ai visité le Mexique, les États-Unis. On faisait un peu de tourisme.

— Du tourisme ? Et la drogue ? Tu l'as donnée à qui ?

— La drogue ? Quelle drogue ?

— La drogue que tu as transportée dans ta DS en Amérique ?

— Il n'y avait pas de drogue dans ma voiture ! Tiens, de la drogue, je ne sais même pas à quoi ça ressemble ! Je suis barman, pas gangster !

Ils m'ont interrogé ainsi pendant sept jours, à partir de 8 heures jusqu'à midi et de 13 heures à 18 heures. Les questions fusaient de toute part, toujours les mêmes. Les flics se relayaient. Le soir, quand on me mettait en cellule, je me couchais sur ma paillasse en béton et je m'endormais directement tant j'étais épuisé par les interrogatoires. Mais j'ai tenu bon, je n'ai rien dit. Un jour, ils m'ont proposé de me donner une nouvelle identité, de pratiquer sur moi de la chirurgie esthétique pour modifier les traits de mon visage en échange de renseignements. J'ai vite compris que ce qui les intéressait vraiment, c'était que je balance le nom du grand patron.

— Mais je vous dis que je ne le connais pas votre « Mr. Heroin » ! Je ne connais personne !

Et j'ai persisté à nier. Pendant cette semaine d'interrogatoire, je peux dire que les flics se sont bien tenus. Je mangeais correctement et ils n'ont jamais essayé d'obtenir des renseignements par la violence. Au bout de quelques jours, la garde à vue étant terminée, ils m'ont conduit devant le juge Saurel[1]. Un drôle de type celui-là. Je rentre dans son bureau. Ni bonjour ni bonsoir. Il pointe son doigt dans ma direction :

— Hernandez, vous allez en prendre pour vingt ans !

— Ah bon ? Je vous remercie, monsieur le juge.

Et je suis sorti. L'entrevue avait été courte, mais riche en promesses d'avenir. En partant du Palais de justice, je pensais

1. Le juge René Saurel a dirigé l'instruction contre la French Connection.

sincèrement qu'ils allaient me relâcher. Je n'avais pas parlé et Marie était restée muette. Cependant, je me trompais. Les flics m'ont emmené à la prison de la Santé. Nous avons rempli les formalités d'usage et on m'a conduit en cellule. La porte s'ouvre. Deux types sont là. Deux Yougoslaves.

— Salut ! Tu es là pour quoi ?

— Je ne sais pas. On m'accuse d'avoir transporté de la drogue. J'ai été interrogé pendant une semaine par les condés. Ils ont arrêté aussi ma femme. Je vous jure, je suis innocent. Je ne comprends rien à toute cette histoire. On me parle de gens que je ne connais pas !

— Tu sais qu'ici, il y en a quelques-uns qui sont tombés pour de la drogue. Tu connais pas Regazzi, Untel, Untel ?

— Mais qui c'est ce Regazzi ? Tout le monde m'en parle de ce Regazzi ! Tu me cites des noms, mais je ne connais personne, je te le jure.

Finalement, j'ai su par la suite qu'on les avait mis dans ma cellule pour me faire parler à mon insu et me faire reconnaître ce que je n'avais pas voulu dire devant les flics. Deux espions à la solde du juge Saurel. Ces Yougoslaves, quelque temps plus tard, ont été retrouvés dans la mer. Je ne sais pas ce qui leur est arrivé. Ils ne devaient pas savoir nager sans doute, et ils se sont noyés.

En promenade, il m'arrivait de croiser toute la bande. Alors je tournais la tête. Nous faisions tous comme si nous ne nous connaissions pas.

Mon avocat me rendait souvent visite. À cette époque, j'avais pris maître Coupon[1]. Je l'avais choisi sur les conseils

1. Henri Coupon, ancien bâtonnier du barreau d'Avignon et auteur de romans policiers.

de Félix Olivié, un pauvre vieux que les flics avaient serré dans sa maison de Lambesc dans la nuit du 24 au 25 janvier. Olivié, c'était un paisible joueur de boules. Je n'ai jamais compris pourquoi ils l'avaient arrêté. Je connaissais bien Coupon parce qu'il était président du club de rugby Carpentras 13 dans lequel j'avais longtemps joué. L'avocat m'explique qu'il a vu mon dossier et qu'il n'y a rien dedans. N'ayant reconnu personne, ayant nié les faits pour lesquels j'étais inculpé, on ne pouvait pas grand-chose contre moi. Quant au dossier de Marie, il était comme le mien. Selon lui, la justice la relâcherait rapidement et, en ce qui me concernait, ce serait sûrement l'affaire d'une paire de mois.

Comme je n'avais rien avoué, Saurel n'avait que des présomptions de culpabilité contre moi, il sentait que je pourrais peut-être, au moment du procès, échapper à la justice. Il a alors voulu me coincer pour proxénétisme. C'est pourquoi un de mes avocats, Guidicelli, Coupon ou Pollak[1], ma mémoire n'est plus très sûre aujourd'hui, m'a conseillé de me marier avec Marie le plus vite possible. Nous n'avons bien entendu rien dit au juge et nous avons rempli les formalités d'usage sans en rajouter. Nous nous sommes donc mariés aux Baumettes. Quand le juge l'a appris, il était fou de rage car cette cérémonie remettait en question une partie de son accusation et mettait en péril sa stratégie.

Mon mariage n'était cependant pas de pure forme : Marie était belle. Elle était intelligente, bachelière et aurait pu se destiner à une belle carrière. Mais elle avait une vraie mentalité de voyou. Quand nous avons commencé à nous fréquenter, il n'était pas question pour moi de la mettre sur le trottoir. Je n'ai d'ailleurs jamais contraint

1. Émile Pollak, ténor du barreau de Marseille, mort en 1978.

personne. Toutes les femmes qui ont travaillé pour moi l'ont fait de leur propre initiative. Je n'étais pas du genre à leur demander des comptes. Je profitais de leur argent comme elles profitaient du mien. Je n'ai jamais fixé d'objectifs ni relevé les compteurs, comme on dit dans le métier. Je n'étais pas le « mac-pantoufle », pas plus que le « mac-casse-croûte ». Le tapin m'arrangeait dans la mesure où il me laissait beaucoup de liberté d'action. Quand on est un voyou et que l'on a en permanence sa femme sur le dos, ce n'est pas une vie. Tout d'abord parce que chez nous, on ne parle pas aux femmes. Ma philosophie en la matière, c'était un peu celle du Mexicain dans *Les Tontons flingueurs*[1] : « Quand les hommes parlent, les gonzesses se taillent ! » C'était tout à fait ça et les autres, du reste, pensaient et faisaient la même chose. Croyez-vous que le Belge ou Zampa tenaient informées leurs femmes de leurs affaires ? Le tapin c'était un bon moyen d'être libre, de travailler tranquillement sans subir les questions ou les reproches de la femme avec qui l'on partage sa vie.

Marie, au départ, n'était pas prédisposée pour le métier. Elle aurait pu devenir professeur. Mais elle a préféré le trottoir. Quand elle a vu que les femmes de mes amis tapinaient et qu'elles avaient la vie facile, elle a voulu embrasser la carrière. Et je peux dire qu'elle était douée ! C'est ainsi que les choses se sont passées en réalité. Pour toutes celles qui ont travaillé pour moi par la suite, ça a été la même chose. Et elles m'ont toutes quitté en emportant qui une maison, qui un magasin, qui de l'argent. Je n'étais sans doute pas un mac comme les autres, du genre

1. Célèbre film de Georges Lautner sorti en 1963 avec Lino Ventura, Bernard Blier et Francis Blanche, dialogues de Michel Audiard.

tranquille, confiant et désintéressé d'une certaine manière. Seule comptait en définitive ma liberté.

Puis Marie est tombée malade. Elle souffrait d'une sorte de leucémie. À Paris, on n'arrivait pas à en venir à bout. Mimi Regazzi a contacté un grand médecin de Marseille pour qu'il la prenne en charge. Ce médecin a fait des miracles. Mais le juge s'est servi de cette histoire pour essayer de nous confondre :

— Il y a des choses que je ne comprends pas, Hernandez ! Vous affirmez ne pas connaître Regazzi. Or, le sieur Regazzi intervient auprès du docteur X afin qu'il soigne votre femme. Comment expliquez-vous cela ?

— Je ne sais pas, monsieur le juge, il a peut-être eu pitié d'elle ?

— Pitié d'elle ? Votre femme et Regazzi étaient-ils amants ?

— Je ne sais pas, monsieur le juge, peut-être ?

Cette histoire a affaibli ma version des faits et j'en ai voulu longtemps à Mimi. On s'est empaillés comme il faut à la prison :

— Pourquoi tu es allé dire que tu me connaissais, que tu connaissais Marie, que tu t'étais arrangé pour la faire soigner par le professeur X ?

— T'inquiète pas Pierrot, ils vont bientôt me relâcher et une fois dehors, je m'arrangerai pour vous faire sortir aussi.

Tu parles ! Il n'a rien fait du tout et le résultat de ses petites confidences sera désastreux.

Une autre fois, on m'a confronté à Jean-Marie Lucchesi. Le pauvre Jeannot, qui était mon meilleur ami, avait des problèmes de reins. Il était hospitalisé et se déplaçait au moyen d'une canne. Dans le bureau, face au juge, nous étions assistés par une dizaine d'avocats :

— Alors, Hernandez, vous vous connaissez avec Jean-Marie Lucchesi ?

— Non, monsieur le juge, je ne le connais pas. D'ailleurs, toute cette histoire commence à m'énerver sérieusement. J'étais venu dans votre bureau pour l'enclosquer[1], mais dans l'état où je le vois, je préfère ne pas y toucher !

— Vous ne connaissez pas ce monsieur ?

— Non !

— Et vous, monsieur Lucchesi, vous ne connaissez pas non plus M. Hernandez, je suppose ?

— Non, je ne l'ai jamais vu !

Lucchesi s'est mordu la langue pour ne pas rire et, grâce à mon entêtement, le juge a été contraint de le relâcher. Quant à moi, je suis retourné en prison après cette confrontation parce que Mimi Regazzi avait avoué me connaître.

Le juge s'est rendu quelque temps après aux États-Unis en compagnie du substitut Auméras et du commissaire Morin. Là, ils ont entendu Edmond Taillet, le chanteur repenti. Et Edmond m'a mouillé sans le vouloir vraiment. Il avait déclaré connaître Étienne Mosca. Or en Amérique, Mosca se faisait appeler « Pierre » ou « Pierrot » parce que c'était un prénom français très répandu. Pour comble de malheur, la femme d'Étienne était blonde, comme Marie. Quand le juge Saurel a demandé à Taillet s'il avait rencontré aux États-Unis un Pierrot qui avait une femme blonde, il a acquiescé, et le juge a cru qu'il s'agissait de moi ! À son retour en France, il m'a convoqué pour m'expliquer que j'étais cuit et que ma femme allait rester sous les verrous pour un bon moment. Alors mon sang

1. Lui casser la figure.

n'a fait qu'un tour. Toutes les femmes de mes amis avaient été élargies. Il n'y avait que la mienne qui restait incarcérée, je trouvais ça injuste. Alors je me suis levé, j'ai sauté sur Saurel et je lui ai mis une gifle. À partir de ce moment-là, il n'a plus voulu me voir et m'a laissé tranquille. J'ajoute que je n'ai pas été puni pour cet outrage, je n'ai jamais compris pourquoi. Quelque temps après, le juge a prétexté qu'on avait trouvé dans ma voiture des traces d'alcaloïdes. C'était un mensonge, mais ce subterfuge lui a permis de me garder sous les verrous et j'ai été transféré à la prison des Baumettes, à Marseille, où j'ai retrouvé mon ami Louis Santoni, du *Caprice des temps*, et toute la bande de la Belle-de-Mai.

À Marseille, voyant que Marie était toujours maintenue en détention, j'ai décidé d'entamer une grève de la faim pour la sortir de là. Quand je décide quelque chose, je fais preuve de ténacité, je ne lâche rien. J'ai évoqué mon projet avec Jean-Bati et Étienne Mosca. « Si je commence, j'irai au bout ! » Étienne a décidé de me suivre, par solidarité. Je l'ai bien prévenu : « Je suis prêt à mourir, je ne m'arrêterai pas en chemin. » Seulement, Mosca était déterminé lui aussi. Je peux vous dire que c'était un brave garçon. Je ne sais pas pourquoi on dit ou écrit à son sujet qu'il a craqué, qu'il a fini par avouer. Ce sont des mensonges. Étienne, ce n'était pas une balançoire, vous pouvez me croire ! Il n'a rien dit, il s'est bien tenu devant les flics et devant le juge. La preuve, c'est qu'il en est mort. Il est allé au bout de sa décision, et personne ne l'a contraint.

Nous avons cessé de nous alimenter. Au début de ma grève de la faim, je pesais 103 kilos. À la fin, quand Marie a été mise en liberté par le tribunal de révision des peines d'Aix-en-Provence, au bout de soixante-cinq jours, je ne pesais plus que 53 kilos. Un vrai stoquefiche[1] ! Tout le monde pensait que j'allais mourir, les médecins étaient formels, pour eux, j'étais condamné. Mais contre toute attente, je me suis refait. J'ai survécu. Perfusé pendant de longs jours, j'ai progressivement recommencé à m'alimenter. J'avais gagné mon pari. Marie était libre désormais, et j'étais vivant. Faible et anémié, j'étais parvenu jusqu'aux portes de la mort, mais la Faucheuse n'avait pas voulu de moi. Elle avait pris Étienne, il avait tenu parole, il était allé jusqu'au bout de son engagement, comme un homme. Alors quand je lis ce qu'on peut raconter à son sujet, je prends la rage. J'ai assisté à son agonie, je l'ai vu s'éteindre. Je lui disais d'arrêter, qu'il avait gagné, que tout ça ne servait plus à rien. Mais il avait promis. Il avait donné sa parole, il n'a rien voulu savoir.

Peu de temps avant le procès, je croupissais dans ma cellule quand la porte s'ouvre. Un homme est là, sur le seuil, accompagné par un gardien.

— Vous pouvez nous laisser seuls, je vous prie ?

Le maton le laisse entrer, privilège unique. La porte se referme, nous sommes seuls. L'homme, incarcéré lui aussi, était un des grands patrons, placé bien plus haut que Croce dans la hiérarchie de notre organisation. Parce qu'il était complètement chauve, on le surnommait affectueusement « le Chevelu ».

— Pierrot, assieds-toi. Je suis venu pour te parler.

— Parler ? À moi ?

— Oui, Pierrot. Je sais ce que tu as été capable de faire. Je sais que tu es resté inflexible devant les flics. Je sais

1. Sorte de poisson plat qui ressemble à une limande et qu'on consomme séché.

tout. Je voulais que tu saches quelque chose : avant que le réseau soit décapité, je te connaissais un peu. Mais ma conviction, c'est qu'on aurait dû te donner les commandes, à toi et à personne d'autre. On ne serait pas là à l'heure qu'il est !

— Vous savez, monsieur, après mon passage aux États-Unis, je voulais améliorer le système parce qu'il y avait des choses qui ne fonctionnaient pas bien.

Et je me mets à lui parler de la file des frontaliers à Laredo, des risques encourus inutilement par les chimistes qui revendaient les « queues » d'héroïne, le clinquant des trains de vie de certains, l'abandon de Rimbaud[1] et de Taillet après leur arrestation, la pingrerie des gars, peut-être la sienne, incapables de débourser quelques dizaines de milliers de francs pour soulager la peine de nos frères prisonniers aux États-Unis alors qu'ils dépensaient des sommes folles au casino ou aux courses, la rapacité des Lucchesi ou des Regazzi qui, voulant faire profit de tout, revendaient les voitures utilisées pour gagner quatre sous de plus. Ce jour-là, j'ai tout dit !

— Je sais tout cela, Pierrot, on aurait dû t'écouter, te confier les commandes. Mais il est trop tard.

Il s'est levé. Nous nous sommes embrassés, et il est sorti.

1. Il s'agit d'Édouard Rimbaud, ancien flic et libraire devenu passeur puis repenti. Il écrira son premier roman en prison (*Les Pourvoyeurs*, Presses de la Cité, 1974). Deux autres suivront.

8

Le procès de la French Connection

17 juin 1974. Le grand jour arrive, enfin. La grande salle du palais de justice de Marseille est pleine à craquer. Toute la presse est là. On va juger huit types qui sont soupçonnés d'avoir participé à l'un des plus grands trafics de l'histoire du grand banditisme international. Qui pouvait croire sérieusement que les instigateurs, les parrains, les vrais, capables de mettre au point un tel système, se trouvaient dans le box des accusés ? Jean-Bati acceptait d'endosser un habit bien trop grand pour lui. Quant à nous !...

Il manque du monde : Taillet et Rimbaud sont aux États-Unis, prisonniers ou déjà libérés en vertu du programme des repentis. Qui peut encore les blâmer d'avoir osé dire ce qu'ils savaient ? Seuls, en Amérique, dans des conditions d'incarcération épouvantables, abandonnés de tous, ils ont sans doute bien fait de sauver leur peau. Pour passer un accord, il faut être deux, et lorsque l'un des partenaires s'affranchit de ses obligations, le pacte devient caduc. Je ne sais pas ce qu'ils sont devenus, ni sous quelle identité ils se cachent, mais je leur souhaite sincèrement de finir leur vie paisiblement. Joseph Mari, « le Frisé », est mort d'un cancer en août 1973, un peu après le pauvre Étienne Mosca. Joseph Marro est en cavale. Barthélemy

Regazzi, Jean-Marie Lucchesi et Félix Olivié ont produit des certificats médicaux affirmant qu'ils avaient besoin de soins, à l'hôpital ou à l'asile psychiatrique. Ange Mosca comparaît sur une civière. Le pauvre a sans doute payé la mort de son frère. Il était innocent de ce qu'on lui reprochait. Je peux affirmer qu'il ne marchait pas dans la combine avec nous. Mais Étienne avait échappé à la justice en mourant. Elle allait se payer le frère, et elle ne le raterait pas ! C'était un peu comme dans la fable de La Fontaine, *Le Loup et l'Agneau* : « Si ce n'est toi, c'est donc ton frère. » Et Ange a donc chargé.

À côté de moi, assis, les uns à côté des autres : Jean-Bati Croce, Fernand Chaffard, plus deux types que nous ne connaissions pas mais que la justice avait inculpé avec nous : Jacques Bec, l'ancien attaché de presse du groupe de chanteurs fantaisistes Les Charlots et un écrivain, Jean Mariolle[1]. Je n'ai jamais compris ce qu'ils faisaient là, parce que je peux affirmer qu'ils n'ont jamais trafiqué avec nous. Plusieurs fois, pendant les pauses, on nous mettait tous ensemble dans une pièce. À plusieurs reprises, Jean-Bati leur a demandé ce qu'ils foutaient dans le box. Moi-même, je ne les avais jamais vus avant le procès, ni à Marseille ni en Amérique. Par quel hasard se sont-ils retrouvés là ? Mystère. Il y avait également deux hommes assis sur le même banc que nous, deux passeurs, dont j'ai promis de taire le nom dans ce livre, plus nos femmes, Marie en tête, celle de Croce et celle de Zé Mari. Marie a été très forte. Elle ne s'est jamais allongée. Même devant Mimi Regazzi qui, lors d'une confrontation, affirmait la connaître :

1. Ancien braqueur, Jean Mariolle publia un seul livre, *Les Louchetracs*, à la « Série noire » en 1969.

— Vous êtes qui, monsieur, pour oser dire que vous me connaissez ? Je ne vous ai jamais vu !

Marie s'est montrée grossière devant Mimi, ordurière même, mais elle n'a jamais flanché. En règle générale, les femmes se sont mieux tenues que certains d'entre nous. Elles ont été courageuses, vous pouvez me croire. Dans toute cette histoire, je suis persuadé que pour que l'on nous ait gardés en prison si longtemps, il faut que quelqu'un ait parlé, ce n'est pas possible autrement. L'attitude de Mimi n'a pas été nette. J'ai de gros doutes sur lui. C'est trop facile de faire porter le chapeau à Étienne Mosca. Le vrai responsable, celui qui a parlé, ce n'est pas lui, j'en suis certain.

Dès le début, les choses sont mal engagées. Nos avocats, dont certains sont déjà ou deviendront par la suite des ténors du barreau, Jean-Louis Pelletier, Filippi, Émile Pollak, Jean-Claude Guidicelli, Jacques Isorni[1], se battent comme des lions pour nous défendre. Ils tentent d'opposer des requêtes, des annulations, demandent la prescription de certains faits ou bien l'audition du juge Saurel au sujet de son voyage aux États-Unis après lequel, entre autres choses, il décide de me maintenir en détention en évoquant des traces imaginaires d'alcaloïdes dans ma voiture. Le président de la septième chambre d'accusation, M. Bezombes, refuse de donner suite à leurs demandes. Les avocats, par l'entremise du bâtonnier Jean Chiappe, décident de se retirer de l'audience en signe de protestation. Les interrogatoires se poursuivent quand même en l'absence de nos défenseurs. Nous nous défendons pied à pied. Nous ne reconnaissons rien. La mauvaise foi est notre bouée de sauvetage. Jean-Bati par exemple, crie son

1. Jacques Isorni fut par ailleurs l'avocat du maréchal Pétain.

innocence. Il affirme que toute cette histoire est un coup monté, une machination contre lui, contre nous, un véritable complot fomenté par la police américaine désireuse de régler des comptes par l'intermédiaire de ses homologues français.

— Vous êtes innocents, mais comment expliquez-vous votre fortune soudaine et celle de vos amis ?

— Monsieur le président, ce que nous possédons est le fruit de nos économies et d'une dure vie de labeur et de privations. Et puis, nous avons fait des envieux, vous savez ce que c'est, la médisance !

— Et les coups de téléphone que vous avez passés depuis les États-Unis, c'était aussi de la médisance ?

— Nous étions en vacances, monsieur le président, nous appelions Marseille pour donner des nouvelles à la famille et aux amis.

— Sans doute... Vous avez dû beaucoup travailler pour amasser un tel empire ?

— Oui, sans doute. Nous avions des clubs à Cuba et ailleurs. Cela rapporte beaucoup. Il faut ajouter qu'un de mes amis a touché le gros lot à la Loterie nationale, ça compte ça, monsieur le président !

— Et à quel titre cet ami vous aurait-il donné de l'argent qu'il avait ainsi gagné ?

— Au titre de l'amitié ! Cela se fait entre amis !

— Vous avez des amis bien généreux, monsieur Croce.

— Monsieur le président, je veux bien reconnaître que j'ai mené une vie d'aventurier, mais celle d'un trafiquant de drogue, jamais !

Et c'est ainsi, tout à l'avenant. Quand vient le moment des plaidoiries de la partie adverse, l'avocat des douanes demande une amende, par personne, d'un milliard de francs. Alors je n'y tiens plus. Les journées sont longues, éprouvantes pour les nerfs comme pour le corps. Vers la fin des débats, ayant les pieds gonflés par l'immobilité, je comparais avec des espadrilles aux pieds. À l'énoncé de cette requête faramineuse, je retire une de mes sandales, et me tournant vers l'avocat, je la lui tends, ostensiblement :

— Prenez déjà mon espadrille, ça vous fera un acompte !

Finalement, sans aucune preuve tangible, se fondant uniquement sur des présomptions, les condamnations tombent, les unes après les autres. Jean-Bati prend vingt ans. Il est condamné comme parrain du réseau. Chaffard et Lucchesi (qui est absent) prennent quatorze ans. Marie et moi nous en sortons plutôt bien. Nous prenons cinq ans pour notre passage aux États-Unis. La justice ignore ou bien n'a pas la preuve de mes activités au sein du groupe, c'est pourquoi le verdict est clément. Mais on peut parier que si je n'avais pas effectué ce passage, personne n'aurait retrouvé ma trace et je n'aurais pas été inquiété. Certains qui trempaient dans la combine avec nous ont échappé à la justice parce qu'ils n'ont pas fait la traversée jusqu'en Amérique et donc n'ont laissé aucune trace, ni sur les bateaux ni dans les hôtels : le fils Regazzi et Tany Zampa par exemple, n'ont pas payé le coup, parce qu'ils sont restés tranquillement à Marseille sans se faire repérer.

D'autres ont eu beaucoup de chance également car la police aurait pu les relier à notre trafic, même s'ils n'y étaient pas réellement mêlés ou alors impliqués de loin. Nique, en l'occurrence, c'est son âpreté au gain, sa pingrerie, qui l'ont sauvé. Il voulait vendre sa voiture, une belle Rover propre, bien entretenue. Un jour, je lui donne rendez-vous et je lui propose de la lui racheter. On discute un peu mécanique, il me loue les performances du bolide, sa fiabilité et on en vient à parler d'argent. Mais Nique est très gourmand, il demande une somme qui me semble considérable pour un tel véhicule. J'essaie de marchander un peu, mais il demeure catégorique : ou la voiture me plaît et je l'achète au prix qu'il a fixé, ou elle ne me convient pas et on en reste là. « Oh ! Nique, t'es pas à 20 000 francs près ! On peut discuter, non ? » Non, on ne pouvait pas discuter. Nous n'avons pas parlementé bien longtemps ! En affaires, il était terrible, c'est pour cette raison d'ailleurs qu'il a si bien réussi. Et il a gardé sa Rover. Heureusement pour lui. Souvent, je me dis que les voyous sont les amis du bon Dieu. Si nous avions fait affaire, s'il s'était montré moins radin, les flics auraient pu établir le lien entre nous et ils l'auraient coincé. Quand j'y pense, j'ai des sueurs froides : si j'achète la voiture à cette époque-là, Nique est fait marron, c'est une certitude. Je peux vous dire qu'ils en rêvaient de le coincer, le Nique ! Ils me l'ont collée sa photo sous le nez, rue des Saussaies, pendant ma garde à vue, je peux vous le dire, et plus souvent qu'à mon tour ! Plusieurs fois par jour, ils me la sortaient de l'album.

— Qui c'est ça Nique ? Vous commencez à m'emmerder avec votre Nique ! Tous les jours, Nique par-ci, Nique par-là ! Mais je ne le connais pas moi ce type ! Nique, Nique, Nique, allez vous faire tous niquer avec votre Nique !

Devant les flics, j'ai le verbe haut et l'ordure facile. J'ai toujours dit que je ne l'avais jamais vu ! C'est vrai qu'ils commençaient à me fatiguer avec leurs questions, toujours recommencées. Et à force de mentir, on finit par se persuader que ce qu'on déclare est vrai. Le mensonge devient La vérité ! C'est incroyable. Parfois, la vie peut basculer pour rien.

Nous faisons appel de la condamnation. L'affaire est rejugée au tribunal d'Aix-en-Provence. Les débats ont à peu près la même teneur. Nous nous vautrons dans la mauvaise foi, question de survie. Les condamnations en première instance sont confirmées. Seul Jean-Bati parvient à gagner deux ans.

Après la fin du deuxième procès, nous passons quatre ou cinq mois aux Baumettes avant de partir en centrale. L'affaire est jugée, il n'y a plus rien à craindre. Alors, nous recommençons à nous parler. Le petit manège qui consistait à feindre de nous ignorer n'a plus lieu d'être. C'est à cette époque que je me rapproche sérieusement de Jean-Bati. Avant la prison, nous étions amis, bien entendu. Mais, enfermés tous les deux, l'un au-dessus de l'autre, nous avons eu du temps pour mieux nous connaître et nouer des liens d'affection très forts. Nous nous rencontrions au parloir ou au cours des promenades. Souvent, le dimanche, les matons me permettaient de monter dans sa cellule ou bien il venait me rendre visite dans la mienne. En théorie, c'était une pratique rigoureusement interdite, mais les gardiens savaient à qui ils avaient affaire. Nous n'étions pas des demi-sels, nous nous comportions bien. À quoi cela aurait servi de faire les rebelles ? Parfois, le dimanche, nous nous faisions livrer un bon repas, préparé à l'extérieur et apporté à la prison par des amis de la bande à Zampa. Cela améliorait notre ordinaire. Après le déjeuner, nous passions des heures à discuter. Jean-Bati, du fait de sa position, était le seul détenu à ma connaissance à posséder une radio. Nous nous tenions ainsi informés de la vie du dehors, du monde qui continuait à tourner sans nous. Nous avons passé de bons moments ensemble et cette amitié sincère, profonde, nous l'avons entretenue jusqu'à la fin.

Bien des années plus tard, nous nous sommes retrouvés en Corse, dans un bar de Bastia. Cela faisait très longtemps que nous ne nous étions vus. Bien entendu, nous avons évoqué nos souvenirs, le bon vieux temps de la French Connection. Soudain, il est devenu grave. Il y a eu comme un blanc, il s'est tourné vers moi :

— Pierrot, tu lui en veux encore à Mimi Regazzi ?

Je l'ai alors bien regardé dans les yeux :

— Oui, Jean-Bati, beaucoup !

— Je crois, Pierrot, que tu ne te trompes pas beaucoup.

Quelque temps plus tard, il est mort, peuchère ! d'une infection incurable des reins. Je ne l'oublierai jamais.

Pendant ma détention aux Baumettes, j'ai retrouvé également Francis le Belge. Mais, par mesure de sécurité, nous feignions de ne pas nous connaître parce que Lomini avait agité une telle merde que nous avions peur d'être éclaboussés. Il me faisait passer le bonjour discrètement, par un de ses hommes et par le même canal, je le lui renvoyais. J'ai rencontré un après-midi Tony Cossu, dit « l'Anguille[1] », le beau-frère du Belge, en compagnie d'un autre de ses hommes, Méu Lastraiolli. Ensuite, je ne les ai plus revus. Je passais beaucoup de temps également avec Bébert Franconi, le premier lieutenant de Francis. On me le montait souvent dans la cellule pour passer l'après-midi. Et pourtant, on était en pleine guerre des gangs ! Bébert, c'était un monsieur, un vrai ami. Je peux vous dire qu'il

1. Surnommé l'Anguille pour ses capacités à échapper à la police, Cossu a publié en 2009 un roman, *Taxi pour un ange* (Plon), avant d'être à nouveau interpellé fin juin 2014 pour un projet de braquage supposé en Autriche. Il attend d'être jugé.

en voulait à mes amis de la bande à Tany. Il ne leur pardonnait pas d'avoir éliminé Di Russo. On évoquait sa mémoire, on se remémorait de petites anecdotes le concernant, son mariage auquel nous avions assisté, sa générosité aussi. Di Russo, un jour, m'avait donné son billet pour que j'assiste à un match de l'OM à sa place. J'ai raconté la même chose au Belge, en décembre 1999, lors d'une de nos entrevues à Paris, avant qu'il soit tué. Francis n'a jamais digéré que l'on tue son meilleur ami. Franconi aussi avait la rage !

Les autres, qui savaient que je passais du temps avec Bébert Franconi, ont commencé à me faire des reproches :

— Tu sais avec qui tu te la fais ? Tu sais qui c'est Franconi ? Tu sais ce qui se passe dehors ?

— Et alors, j'ai plus le droit de parler avec un ami ? J'ai toujours été clair avec tout le monde. Vos histoires, vos massacres, tout ça pour couvrir un enculé, j'en ai rien à foutre !

Un jour, nous nous sommes tous retrouvés dans la salle d'attente du dentiste des Baumettes. Franconi s'était placé face à eux, car la haine était telle qu'on ne se mélangeait plus. Ce type-là, il n'avait peur de personne :

— Je vous tuerai, tous, je vous mangerai, bande d'*encatanés*, les uns après les autres !

Il s'adressait à tous, sauf à Jean-Bati. Il avait du respect pour Croce et il ne le mettait pas dans le même sac que les autres. Sa cible privilégiée, en revanche, c'était Regazzi :

— Toi Mimi, pour commencer, tu es un bel enculé ! Tu seras le premier de la liste ! Après, je m'occuperai de ton fils, puis de tes frères !

Dans cette salle d'attente, personne n'a bougé, je peux en témoigner. Finalement, c'est la bande à Zampa qui l'a eu le premier. C'est Jeannot Lucchesi qui l'a allumé, en Italie.

Pendant ces quelques mois passés aux Baumettes, je me suis progressivement éloigné de mes anciens comparses. Peu à peu, ils m'ont oublié. Et je leur en ai beaucoup voulu pour leur indifférence. Lucchesi, entre autres, n'a jamais été capable de me faire parvenir un mandat. Pourtant, j'avais perdu deux dents, et il s'était engagé à régler les frais auprès du dentiste. Il ne l'a jamais fait. Marie, quant à elle, est sortie de prison sans le sou ! C'est le curé de Carpentras qui l'a prise en charge et s'est occupé d'elle. On nous avait oubliés, un peu comme on l'avait fait pour Edmond Taillet. Je me suis en revanche rapproché de Jean-Bati et j'ai mis de la distance avec les autres.

Paradoxalement, le seul qui ait pensé à moi en prison, peu après mon arrestation, ce fut Jo Lomini. Ce devait être en février ou au début du mois de mars 1973, quelques jours seulement avant l'affaire du Tanagra. Il m'envoie un mandat, 100 000 francs. Après l'histoire de la mise au point du garage de la rue Loubon, il est parti écœuré par l'attitude de ses « amis » qui, face à moi, désarmé et en colère, l'ont totalement désavoué. Il faut croire que ce jour-là, il a eu une prise de conscience, ou bien, tout simplement a-t-il eu peur de Fargette et de moi ? C'est pourquoi il m'a envoyé cet argent en me faisant dire que dans toute cette histoire, il n'y en avait qu'un de brave, c'était Pierrot Hernandez, c'était le Gros. Mais moi, qui étais au courant de tout, qui savais que Lomini avait buté Robert Di Russo comme un chien, qu'il avait allumé la guerre entre les hommes du Belge et de Tany, je lui ai renvoyé son fric. Je préférais crever en taule sans un sou que d'accepter un franc de cet *endolfi*[1] !

Les quelques mois à Marseille se sont écoulés ainsi, en compagnie de vraies figures amies. Puis on m'a transféré en centrale. Ma mère avait pris contact avec son cousin ministre, le professeur de médecine Joseph Comiti. Elle lui avait fait part de mes problèmes judiciaires. Il lui avait expliqué qu'avant le procès, il ne pouvait pas faire grand-chose, mais qu'après, grâce à son entregent, il ferait en sorte de me rendre la vie plus facile. Je ne sais pas ce qu'il a trafiqué, s'il a même intercédé pour moi. Toujours est-il que je me suis retrouvé à Toul, dans la centrale la plus pourrie de France.

1. Abruti, en provençal.

9

La reconquête de la liberté

Quand je suis arrivé à la centrale de Toul, ma réputation m'avait précédé. D'une cellule à l'autre, on se disait que Pierrot Hernandez, de la French Connection, était entre les murs.

Cependant, avec l'administration pénitentiaire, le directeur ou les gardiens, je me suis toujours bien comporté. À quoi cela aurait-il servi de jouer au rebelle ? Quand on est enfermé, on a perdu une bataille. Vous voulez en rajouter ? Faire le beau en se disputant avec un gardien ? Pour quoi faire ? Tout le monde savait qui j'étais, ce que j'avais fait, je n'avais absolument rien à prouver à personne. Je me suis donc appliqué une règle simple : quand on est en prison, son orgueil, on le laisse à l'entrée, on le reprend en sortant. C'est ainsi que j'ai entretenu, au moins pendant trois ou quatre ans après ma dernière incarcération, une correspondance suivie avec un ancien maton. Les vrais durs en prison sont ceux qui sont vraiment respectés, par les autres détenus comme par les gardiens.

Il y a trente-six façons de vivre la prison. Soit on la fait simple, soit on la fait double, soit on la fait triple ! C'est un vieux voyou qui m'a enseigné cette règle, Méu

Salvati[1], assassiné par Lomini au Panier, alors qu'il était en permission de sortie pour assister à l'enterrement de sa mère ! « Si tu es marié, avec des gosses et que tu penses à ta femme et à ta famille tous les jours, me disait-il, tu peux multiplier ta peine par trois. Si tu as des enfants, mais plus de femme, tu en prends pour le double. » De mon côté, fort de cet exemple, je m'efforce de faire le ménage dans ma vie quand je rentre en taule : *exit* les femmes surtout, afin de ne pas penser à ce qui m'attend dehors. Il faut avoir l'esprit libre pour bien vivre l'enfermement.

Le premier jour est très important : c'est le moment de l'installation. On range ses petites affaires, on met en place son nouveau cadre de vie. Passé la première journée, je me demande même s'il ne faudrait pas me mettre un pied au cul pour que je ressorte. Je me suis toujours senti bien. Je veillais à la propreté de ma cellule, à mon hygiène de vie, à prendre soin de mon linge. J'ai un petit côté maniaque qui me vient de mon éducation par une mère corse, de ma grande sœur aussi, pour laquelle ce chapitre était important. Quand j'étais jeune et que je sortais pour danser le samedi soir, ma sœur ne supportait pas que je m'en aille de la maison avec une chemise mal repassée par exemple. Toutes ces petites choses, je les ai intégrées dans ma vie quotidienne, même encore aujourd'hui. Je m'astreins à une certaine discipline, toute naturelle. La prison, c'est véritablement l'école de la vie et ce que j'y ai appris m'a beaucoup servi par la suite. Il fallait par exemple être levé à 5 heures du matin puis faire son lit au carré, avec défense absolue de s'asseoir dessus. Nous n'avions pas droit à la douche tous les jours, mais il fallait être d'une propreté impeccable. Me laver à l'eau froide,

1. Marius Salvati, ancien chef du gang des Blouses grises.

glacée même, ne m'a jamais fait peur. Aujourd'hui, les choses ont bien changé, heureusement.

Au moment de l'entrée en prison, le directeur est bien entendu informé du pedigree de son nouveau pensionnaire. Il donne ensuite des consignes à son personnel : « Attention à celui-ci, attention à celui-là. Quant à Hernandez, c'est un homme qui sait se tenir. » C'est pourquoi, à Toul, j'étais le roi : je buvais mon petit whisky, mon petit verre de rouge et de blanc, j'ai fumé mes cigares, je ne manquais de rien, j'avais tout ce que je désirais. J'avais toujours 3 ou 400 000 francs dans la poche car je faisais un peu de commerce : je revendais à certains détenus, les enculés du Nord, des mignonnettes d'alcool que les matons me donnaient gratuitement pour ma consommation personnelle ou bien des cartouches de cigarettes. J'établissais les prix en fonction de la tête du client, à l'aune de leur degré de connerie. Un jour, le directeur qui était parfaitement au courant de mon petit *business* m'a dit : « Alors, vous Pierrot, ici, vous êtes le vrai mac ! » C'était bien ce que j'étais. Je n'ai jamais souffert en prison, même pas un seul jour.

Entre les murs, il y a une hiérarchie : au bas de l'échelle, les « pointeurs », ceux qui sont enfermés parce qu'ils ont agressé des enfants. Ils constituent la lie de notre univers. Ceux-là ont intérêt à se faire oublier et à se tenir tranquilles. Ce sont des cibles de choix, conspuées par tous ! Moi, j'appartenais à la caste supérieure, celle des vrais voyous, des braqueurs, de ceux qui étaient fichés au grand banditisme. Nous formions une société à part, respectée et crainte par tous. Nous ne nous mélangions pas avec les autres, le menu fretin de la pègre ordinaire et des escroqueries minables. Mon appartenance à la French Connection et ma position au sein du clan Zampa me conféraient une sorte d'aura presque surnaturelle. C'est ainsi que j'ai partagé la vie, pendant les promenades ou au parloir, de quelques types condamnés à perpétuité, des grosses peines, étiquetés comme moi « DPS », c'est-à-dire détenu particulièrement surveillé. J'ai croisé en particulier Antoine Martinez du gang des Lyonnais. Quand on vous voit, en promenade, marcher avec un Jean-Bati par exemple, vous inspirez le respect à tout le monde. Vous devenez intouchable. Le Belge m'a raconté qu'un jour, aux Baumettes, un jeunot s'est approché de lui dans la cour :

— Monsieur Francis, je m'excuse de vous déranger. Je suis un ami de Pierrot Hernandez. Je peux faire quelques pas avec vous ?

Le petit disait vrai. Je le connaissais. Et le Belge, sachant ce que cela voulait dire, l'a autorisé à marcher avec lui. J'aime autant vous dire que le minot, ensuite, a été tranquille pour tout le temps de sa détention : il était considéré comme un homme du Belge et malheur à qui s'en prendrait à lui ! Les règles sont ainsi faites en prison.

Une journée en prison est longue, très longue, ponctuée par quelques rituels : le petit-déjeuner, le déjeuner, la demi-heure de promenade, le dîner. Pour combler le vide entre ces moments qui rythment la vie carcérale, je lisais beaucoup. En taule, il vaut mieux être en bons termes avec le bibliothécaire qu'avec le gamelleur ! Des livres, j'en ai dévoré à cette époque, et des gros : *Les Misérables* de Victor Hugo en particulier, que j'aimais beaucoup parce que le personnage central était un bagnard en rupture de ban, un bagnard qui avait changé son cœur et qui employait sa cavale à faire le bien. Dans ce roman, le héros était un type comme moi et le salaud, un flic bien dégueulasse à force d'intégrité. C'était un délice ! J'aimais beaucoup aussi *Alain Decaux raconte l'histoire de France*. Ces livres constituaient pour moi une bonne occasion de m'évader de la routine à moindre frais. Quand j'étais fatigué de lire, je faisais des mots croisés, histoire de garder l'esprit en alerte. J'ai ressenti un vrai changement dans notre existence après l'élection du président Giscard d'Estaing. J'ai pu acquérir une radio et me tenir ainsi informé de la vie dehors. Mais l'argent que je possédais pour améliorer mes conditions de vie, je ne le devais pas à mes amis du milieu. Ils m'avaient complètement oublié. Mes parents se saignaient aux quatre veines pour me permettre d'améliorer mon ordinaire. Je pense qu'ils se sont souvent privés pour que je puisse avoir la vie un peu plus douce. Mon petit commerce m'a bien aidé également. Mais en ce qui concerne la pègre, elle n'a pas levé le petit doigt pour moi.

Comme j'avais une conduite irréprochable, on m'a autorisé à sortir pour me rendre aux obsèques de ma pauvre mère. Sa disparition a été très douloureuse pour moi. C'était une femme exceptionnelle que j'aimais passionnément. Par bonheur, grâce à la générosité du directeur, mais aussi peut-être parce que l'on savait que j'étais un homme d'honneur, j'ai obtenu l'autorisation d'aller lui rendre un dernier hommage. Je suis parti seul, sans escorte. J'avais promis de revenir et je suis revenu. Quelque temps plus tard, j'ai obtenu une nouvelle autorisation de sortie. Là encore, m'étant engagé, je suis rentré comme convenu. Mais à la troisième, comme on n'a pas pris la peine de me demander de revenir, je me suis fait la belle, au mois d'octobre 1975, en passant par la grande porte.

Je me suis débrouillé pour gagner Paris où j'avais quelques amis capables de m'aider à organiser les débuts de ma cavale. Parmi eux, il y avait un garçon qui était lui-même en cavale, mais qui avait une couverture en or. Il avait transformé son nom, parce qu'il était recherché par toutes les polices d'Europe et avait trouvé un travail, tout à fait légalement, au ministère... de la Justice. Il ne pouvait pas rêver d'une meilleure couverture. Il a travaillé là, tous les jours pendant trente ans, au nez et à la barbe de ceux qui le traquaient et il a pris tranquillement sa retraite, comme un honnête citoyen. Ce pourrait être encore une belle histoire marseillaise comme on aime à les raconter sur le Vieux-Port. Mais celle-là, en plus, elle est vraie ! Les meilleures couvertures sont souvent les plus visibles. J'ai pu l'éprouver moi-même. Cet ami m'a mis en relation avec une avocate qui par la suite me voulait du bien. De temps en temps, je l'accompagnais au Palais de justice, portant sa robe noire sur mon bras et sa serviette à la main comme le font les assistants. J'ai ainsi assisté à de nombreux procès d'assises, dans le public, sans que personne se rende compte de rien.

Un autre jour, après une audience, j'aperçois un de mes avocats. Je vais à sa rencontre :

— Pierrot ! Mais qu'est-ce que tu fais là ? Tu es dingue ou quoi ? Dépêchons-nous, ne restons pas là !

Il me jette sa robe sur le bras, me donne son cartable, et nous sommes sortis tous les deux du Palais de justice, sans encombre.

Mon ami fonctionnaire en cavale du ministère de la Justice m'a mis en relation avec une belle équipe de braqueurs. Pour tenir, lorsqu'on est en fuite, il faut de l'argent, beaucoup d'argent. Il n'y a donc pas trente-six solutions : le fric, il faut aller le chercher là où il se trouve, c'est-à-dire dans les banques. Pendant ma permission, j'étais passé à Carpentras pour préparer mon début de cavale. Là, je rencontre Serge Monge, mon frère de lait.

Mon amitié avec lui commence au berceau : sa mère Agnès fut en effet ma nourrice. Nous avons ensuite fréquenté la même école maternelle et partagé nos premiers jeux d'enfant. Ce jour-là, Serge est ennuyé, il a de gros soucis avec son fils :

— Pierrot, j'ai un service à te demander. Mon fils Marc part complètement en vrille ici. Je sais que tu prépares quelque chose. Ce serait bien que tu le prennes avec toi. S'il reste ici, il ne vivra pas longtemps.

— Ne t'inquiète pas. Je ne vais pas rentrer en prison et je vais le prendre avec moi.

Pendant ma permission de sortie de quinze jours, j'avais eu le temps de préparer ma cavale. J'étais passé par Lyon pour obtenir des faux papiers qui tenaient la route, j'avais pris des contacts avec des amis, en France et à l'étranger. Je savais où j'allais, il n'y avait pas d'improvisation. Me charger de Marc, ce n'était pas rien, mais je savais qu'il me serait utile. Je le connaissais bien, trop bien ! Je l'avais vu naître, le seul accouchement auquel j'ai assisté de toute ma vie. Je savais qu'il était capable, qu'il avait les qualités nécessaires pour faire un bon voyou. Cependant, je connaissais bien également ses défauts. Marc Monge, c'était un dingue ! Imprévisible, très fort dans sa partie, mais incontrôlable : un chien fou ! Le Marc, il était capable de flinguer des amis et d'adresser ensuite une couronne de fleurs à la famille du défunt ou de l'argent pour payer l'enterrement ! C'était du grand n'importe quoi ! Il avait monté une société nommée JDT. Traduction : « J'ai de tout. » Il vendait du shit, du carrelage, des melons… C'était un fou ! En attendant, il en a passé des tonnes de drogue avec sa société qui ne ressemblait à rien ! Bien plus tard, quand Monge apprenait que je passais par Carpentras, il me faisait dire qu'il voulait me voir. Mais je le fuyais car il était vraiment trop dangereux pour un homme en cavale comme moi !

Je l'embarque donc avec moi à Paris. Mon ami du ministère de la Justice nous met en relation avec une belle équipe composée de garçons expérimentés et sérieux. Nous avions tous une spécialité dans le gang. Marc nous servait de chauffeur. C'était un excellent pilote capable de se sortir de toutes les situations délicates un volant entre les mains. D'autres étaient des orfèvres dans l'art de voler des voitures. D'autres encore nous fournissaient des armes : des 11-43, des Smith et Wesson, des Cobras, des Mat 49, des pistolets-mitrailleurs, les fameuses « titines », le même modèle que celles qui avaient servi par exemple dans le règlement de comptes du Tanagra. J'avais un faible pour les armes à barillet. J'étais armé jusqu'aux dents, mais je peux l'avouer aujourd'hui, je ne me serais jamais servi de mon arme à feu au cours d'un braquage. Nous les emportions avec nous pour impressionner les employés, nous n'allions quand même pas débarquer avec des pistolets à eau dans une banque, mais nous les emportions plus pour compléter notre panoplie que pour en faire usage réellement. Bizarrement, je suis encore inculpé en Belgique pour une histoire de meurtre survenu au cours d'un braquage, mais ce n'était pas du tout mon style. Je n'ai jamais fait usage de mon arme dans ce genre de situation. L'auteur, le vrai, s'appelle également « Pierrot ». C'est encore par mon prénom que les flics ont établi le contact avec moi, comme l'avait permis de le faire Edmond Taillet en Amérique. Mais, sur ce coup-là, je suis innocent, vraiment innocent. Pour comble de malchance, ce braquage sanglant s'est déroulé pendant la deuxième permission de sortie dont j'avais bénéficié, alors que j'étais incarcéré à la centrale de Toul. Allez comprendre ! Marc Monge était accusé lui aussi d'avoir fait le coup. Un jour, Marc est arrêté à Orange pour défaut de permis de conduire. On organise un tapissage et on fait venir un témoin du meurtre. L'homme est formel, Marc Monge n'est pas un des braqueurs de Belgique. Et Marc, sachant que l'on pensait que j'étais impliqué :

— Monsieur ne me reconnaît pas, malgré votre insistance. Si Pierrot Hernandez était là, dans cette pièce, le témoin ne le reconnaîtrait pas non plus. Je sais que vous le pensez impliqué dans cette affaire. Je peux vous certifier qu'il est innocent de ce qu'on lui reproche. J'en ai souvent parlé avec lui. Pierrot, quand il se rend coupable de quelque chose, il le dit à ses amis quand le sujet vient sur le tapis. Avec les voyous, il joue toujours cartes sur table. Avec les flics, c'est autre chose. Mais à nous, il n'aurait jamais menti.

Il explique donc aux flics qu'il me connaît bien et qu'il sait que je n'ai rien à voir avec cette affaire. La police semble aujourd'hui convaincue, mais un doute plane toujours. Pourtant, je le répète, je suis étranger à toute cette histoire malheureuse. J'ai évoqué ces événements de Belgique avec Francis Vanverberghe et François Marcantoni[1] lors d'une nos entrevues de la fin des années 1990 à Paris. Francis et François étaient persuadés eux aussi que j'avais fait le coup. Ils le croyaient à cause de la presse belge, qui était formelle. Mais ils savaient aussi qu'on ne mentait pas aux amis et, après avoir entendu ma version des faits, il n'y eut plus aucun doute dans leur esprit. J'aimais trop Francis et François pour leur raconter des mensonges. Cela

1. Grande figure du milieu, soupçonné d'implication dans l'affaire Markovic, du nom de Stevan Markovic, ancien garde du corps d'Alain et Nathalie Delon assassiné à l'automne 1968.

ne se fait pas entre hommes qui ont de la mentalité, vous pouvez me croire sur parole.

Revenons-en à mes premiers jours de cavale, en octobre 1975. Je prends donc contact en compagnie de Marc avec mon ami du ministère de la Justice dans une petite maison tranquille de la région parisienne. Il n'est pas venu seul. Il me présente Francis, Yves et Alain, trois braves garçons, aguerris et compétents. Ensemble, nous décidons de passer à l'action. Tout d'abord, nous commençons à repérer des établissements bancaires bien placés, c'est-à-dire permettant une fuite rapide et sans danger. Notre terrain de chasse : Paris et sa banlieue. Ensuite, un des membres du gang nous fournissait au moins deux voitures volées par jour. Cet homme ne faisait que ça, c'était son rôle dans l'organisation. Le premier de ces véhicules nous permettait de nous rendre sur les lieux du braquage. Le second était positionné en un lieu convenu où le voleur de voitures nous attendait après une action. Marc Monge était toujours au volant. C'était un pilote terrible, le meilleur. Il nous conduisait sur la cible. Puis nous sortions, lourdement armés, nous enfilions nos cagoules et nous faisions irruption dans la banque. L'effet de surprise jouait à plein :

— Mains en l'air, tout le monde par terre, à plat ventre, les mains sur la tête ! La caisse !

Il y avait toujours un peu d'affolement, les femmes criaient. La peur souvent entrave toute action, les réactions qu'elle suscite sont bizarres. On a souvent parlé de la courtoisie de Jacques Mesrine, mais on aurait pu également parler de la mienne. Je me suis toujours correctement comporté avec les employés de banque. Pas une insulte, pas un geste de violence à leur égard. Je m'efforçais même de rassurer tout le monde pour tranquilliser le personnel afin qu'il nous donne plus rapidement ce que nous étions venus chercher :

— Ne vous inquiétez pas, mesdames et messieurs, nous ne vous ferons pas de mal. Tout se passera bien. Remettez-nous la caisse et nous partons.

Nous mettions le plus rapidement possible le pognon dans des sacs de voyage. Après, il fallait faire vite. Nous sortions de la banque et nous nous engouffrions dans la voiture, placée devant l'entrée, où Marc nous attendait, moteur allumé. Nous dégagions ensuite du quartier pour rejoindre notre voiture relais. Là, on sautait dans le second véhicule, c'était imparable. Pendant que les flics cherchaient la voiture que des témoins avaient identifiée, nous, nous regagnions tranquillement une planque à bord d'une tire non signalée. Pendant ce temps, le préposé aux vols de voiture allait discrètement se débarrasser du véhicule compromis. On se retrouvait ensuite dans un endroit bien isolé pour procéder au partage. Et le tour était joué !

Mais Marc, tout de même, n'a pu s'empêcher de faire des siennes. Au premier braquage, il n'a rien trouvé de mieux que d'oublier ses papiers d'identité dans la voiture qui nous avait servi à nous arracher de la banque. J'ai dû revenir, en prenant de grands risques, à l'endroit où nous l'avions abandonnée pour les récupérer : quand je dis que Monge était plein de connerie, ce n'est pas un jugement purement gratuit !

Nous avons braqué ainsi pendant trois mois, tous les jours. Jacques Mesrine raconte qu'il était fréquent qu'il attaque la banque située juste en face de celle qu'il venait de dépouiller. Pendant que les flics étaient occupés d'un côté de la rue, il avait les mains libres pour rançonner paisiblement de l'autre. C'était très malin. Nous n'avons jamais opéré de la sorte. En revanche, il nous arrivait fréquemment de monter sur un braquage le matin et sur deux autres l'après-midi. Une fois, nous avons même fait deux fois la même banque, dans la même semaine. Ce petit manège a duré trois mois. Je logeais dans des hôtels. Je changeais fréquemment d'adresse pour ne pas être repéré. Je disposais d'une fausse identité grâce à un ami qui me ressemblait et m'avait donné sa carte d'identité et son permis de conduire. J'ai donc vécu plusieurs semaines dans la clandestinité la plus complète, une vie d'aventure et d'action, toujours sur le fil. Enfin, véritablement blindés de thune, nous avons décidé de nous séparer. Les meilleurs coups sont ceux auxquels on sait mettre un terme rapidement, avant que ça tourne mal. Nous avons donc changé d'air et nous avons quitté la France, direction la Belgique, puis l'Allemagne.

Le reste de l'équipe ne m'a pas suivi. Seul Marc m'a accompagné. Cependant, il était intenable : il se battait tous les soirs dans les bars. Il voulait en remontrer à tout le monde, il faisait volontiers le fanfaron. Dans la nuit, on venait me réveiller : « Ton Monge, il commence à nous courir sérieusement ! Viens le chercher parce que je te garantis que ça va mal finir ! » Alors, je me levais, j'allais sur les lieux de l'embrouille et je lui arrangeais le coup. Plusieurs fois, certains voulurent carrément le saigner au couteau :

— Malheureux, vous n'y pensez pas ! Un petit que j'ai vu naître ! Faites-moi plaisir, laissez tomber !

— Pierrot, tu l'as peut-être vu naître, mais s'il n'arrête pas de suite ses conneries, il se peut qu'un jour tu le voies mourir !

Les choses se sont tassées peu à peu ! J'ai mis les choses au point avec Marc, un peu rudement, et il s'est calmé. Il a bien compris que c'était dans son intérêt. Il est alors parti en Belgique pour rejoindre les braqueurs de Paris. Là, Marc et son équipe de choc ont poursuivi leurs activités criminelles. Ils se sont tous fait prendre, un par un. De mon côté, je tentais de me faire oublier en Allemagne où le climat était plus sain pour un braqueur de ma trempe. Mon objectif principal : disparaître, gentiment !

10

En cavale entre l'Allemagne et l'Espagne

Je n'ai pas choisi l'Allemagne par hasard. Condamné à mort par contumace pour plusieurs attaques à main armée en région parisienne parce qu'une des gonzesses de mes comparses avait parlé lors de son arrestation, je savais que le pays était sûr pour des gens de mon espèce car il ne pratiquait pas l'extradition. Je savais donc qu'en me cachant de l'autre côté du Rhin, en cas de problème, je pourrais aisément garder la tête sur les épaules. Je disposais également de relais et de complicités. Des amis corses avaient préparé mon arrivée. Ils avaient pris des contacts sur place et un logement m'attendait. Les Corses avaient prévenu des amis juifs qui s'étaient arrangés pour me mettre en relation avec un agent immobilier de confiance. Cet homme a mis à ma disposition un bel appartement à Düsseldorf que j'ai pu obtenir sous une fausse identité. Dans le même temps, j'ai fait la rencontre d'une belle jeune fille de 18 ans, une vraie bombe, qui s'est mise à travailler pour moi, m'offrant ainsi des revenus plus que confortables. Elle gagnait environ 1 000 francs par jour ! J'ai donc repris mes activités de julot, comme au bon vieux temps de Paris et de Marseille. L'argent des braquages n'a fait qu'un temps car une cavale digne de ce nom nécessite des sommes astronomiques. Grâce à cette petite, ainsi qu'à la générosité de mes amis, qui m'envoyaient régulièrement de l'oseille, j'ai pu me débrouiller et tenir le choc en Allemagne.

Sur les conseils d'un ami, en cavale lui aussi, j'ai investi l'argent gagné par ma petite bombe en Espagne. Je lui ai acheté une belle maison, avec un jardin et une piscine, sur la Costa Brava, près de Barcelone. La villa était à son nom, c'était normal, c'était elle qui l'avait gagnée, en un an seulement ! Comme personne n'était au courant de notre liaison, il était impossible d'établir un lien quelconque entre elle et moi. À partir de cette époque, nous passions donc sept mois de l'année en Allemagne et cinq mois au soleil en Espagne. Nous partions en avion, toujours à la même date, le 29 juin, nous restions sur la côte espagnole durant l'été et l'automne. Puis, un peu avant les fêtes de Noël, nous revenions à Düsseldorf. Notre vie était donc extrêmement réglée.

Dans le même temps, la famille Monge s'est rappelée à mon bon souvenir. Alors que je séjournais en Allemagne, Serge, le père de Marc, a voulu me rejoindre. Il travaillait à Carpentras dans une entreprise qui installait des piscines. Cependant, cette vie manquait de piment et il s'était mis en tête de faire le voyou. Je lui ai alors mis dans les mains une fille, pour lui apprendre le métier. Il fallait qu'il commence « petit ». Tout de suite, le Serge a commencé à rouler, à faire le « mac », littéralement : il s'est mis à porter des « bagouzes » bien voyantes, d'un certain goût, on voyait une grosse chaîne en or sur sa poitrine, entre les pattes du col de sa chemise ouverte. Une vraie caricature ! Bref, il commençait bien dans le métier ! Dans le même temps, je lui ai présenté des amis : Gilbert Zemmour en particulier avec lequel nous travaillions sur une grosse affaire. Nous avions projeté de braquer un soir la plus grosse enseigne de Francfort, le magasin Metro. Cependant nous nous sommes fait redresser juste avant de passer à l'action : Serge et Marc ont été arrêtés sur le parking car leur look particulier avait attiré l'attention. J'ai donc eu quelques petits soucis avec la justice à cause de la famille Monge. J'ai fait plusieurs semaines de prison, en 1975. Mais comme il n'y avait pas de preuves convaincantes, j'ai été vite relâché. Et en raison des accords internationaux entre la France et l'Allemagne, je n'ai pas été extradé. En prison, j'avais un statut spécial du fait de mon passé marseillais. Je faisais partie, comme à Toul, de la caste supérieure. C'est ainsi que j'ai bien connu les membres de la bande à Baader. Des types incroyables !

Au bout de quatre mois, n'ayant pas pu retenir contre moi assez de preuves accablantes qui m'auraient confondu avec certitude, les Allemands m'ont expulsé. Ils m'ont donné trois jours pour quitter le pays. Une fois libre, je me suis évanoui dans la nature et j'ai regagné tranquillement mon appartement de Düsseldorf qui n'était pas « brûlé » car je l'avais pris sous une fausse identité, inconnue des services de police. Je me suis donc fait oublier quelque temps, puis j'ai repris mes navettes pour l'Espagne.

Sur la Costa Brava, je m'étais lié d'amitié avec un groupe de Français originaires de la région de Mazamet. Bien entendu, personne ne savait qui j'étais, que j'étais recherché et que j'avais toutes les polices d'Europe au train. Je passais mon temps à m'occuper du jardin, à nettoyer la piscine, à promener le chien, à prendre du bon temps avec Olga, qui était jeune et belle. Les après-midi, je retrouvais mes amis mazamétains et je jouais au tennis au Country Club, un établissement tenu par mon ami Jean-Noël. Je jouais avec Pierrot, qui tenait un casino à Lacaune, dans le Tarn, ou avec d'autres qui avaient réussi dans les affaires, dans le commerce de la laine et du cuir. Pierrot, c'était un bon ami, mais un ami honnête qui lui, pour le coup, était un paisible commerçant. Là-bas, j'avais aussi un nom d'emprunt. Tout le monde m'appelait « Robert ». Nous partagions des grillades, tous ensemble, dans la tiédeur des soirs d'été, arrosées de bonnes bouteilles. C'était une époque heureuse, tranquille. Les fils de Marcel Cerdan, mais aussi Elvire, la nouvelle propriétaire du Country Club, faisaient déjà partie de notre joyeuse équipe. Je les revois encore aujourd'hui, tous, du moins ceux qui sont encore en vie. Quand ils veulent me voir, nous nous donnons rendez-vous dans un restaurant à Saint-Laurent-de-la-Salanque, et nous passons la journée à parler du bon vieux temps, de notre actualité et de l'avenir. Aujourd'hui, ils savent qui je suis vraiment, depuis la parution de la biographie écrite par le journaliste François Mattéi[1]. Mais mon passé sulfureux n'a pas altéré notre relation. Ces allées et venues ont duré treize ans, tout le temps de ma folle cavale. Pendant toute cette période, je ne suis plus monté sur un seul braquage. En revanche, j'ai participé à de très grosses affaires qui malheureusement ont échoué, de très peu pour certaines d'entre elles.

C'était sans compter l'inénarrable famille Monge ! Je peux vous dire qu'il y a quelques coups de pied au cul qui se perdent parfois ! Mais cette fois-ci, l'affaire était très sérieuse ! Jean-Pierre Pilato, Jeannot Lucchesi et moi avions une grande amie, Chantal, qui habitait en Suisse, à la frontière. Elle était pour nous comme une petite sœur

1. *Confessions d'un caïd,* Éditions du Moment, 2011.

et personne ne la touchait. Il nous arrivait parfois de dormir chez elle afin de récupérer des armes, des faux papiers ou de l'argent que les Marseillais me faisaient parvenir par son intermédiaire. Cependant, quand nous dormions dans son lit, nous nous contentions de lui tenir la main. C'était une règle que nous nous étions fixée.

Un soir, Serge se pointe en Suisse chez Chantal. Depuis qu'il fréquentait mes amis, des vrais voyous bon teint, il ne se sentait plus. La vie criminelle lui était montée à la tête. En plus, il avait fait un peu de prison en Allemagne à la suite de l'affaire du braquage avorté du magasin Metro. Il s'était bien tenu devant les condés et les Lucchesi, les Zemmour, les Pilato et d'autres l'avaient pris à la bonne. Cependant, quand il débarque chez Chantal, il a la tête comme un melon. Il est remonté, prêt à toutes les hardiesses. Il ne trouve rien de mieux à faire que de coucher avec elle. Mes amis ont moyennement apprécié la chose. Mais après tout, Chantal était une grande fille, elle en avait peut-être envie elle aussi. Bref, l'affaire se tasse. Mais Serge ne s'est pas arrêté là ! Il la met au tapin, direct ! Il la fait travailler à Strasbourg. Mais Chantal, comme on peut l'imaginer, n'est pas du tout contente de se retrouver ainsi sur le trottoir. Elle parle à ses trois frères qui sont légionnaires. Et là, les choses se gâtent pour Serge. Chantal convient d'un rendez-vous en Suisse avec eux. Elle arrive accompagnée du père Monge. Les premières minutes se passent bien. On se met à table. À peine assis, les frères lui montrent qu'ils ne sont pas venus pour partager son repas. Ils le coincent dans un coin et le lardent de soixante coups de couteau ! C'est ainsi que finit la brève carrière criminelle du père Monge, lamentablement, dans un bain de sang. Les légionnaires ont ensuite transporté le corps dans une voiture et, à l'abri des regards du côté de Lyon, y ont mis le feu. Le cadavre était méconnaissable. Longtemps, la police a été dans l'incapacité de l'identifier. Jusqu'au jour où Marc, son fils, inquiet de la disparition de son père et sachant qu'on avait retrouvé un corps calciné dans la région lyonnaise, décide de faire un tour à la morgue. Et là, stupeur, il reconnaît son père ! Je ne sais pas pourquoi, il se met dans la tête que je suis responsable de cet assassinat et pendant de longs mois, il se considère en guerre avec moi. Pourquoi aurais-je tué Serge ? Il était mon ami d'enfance, mon frère de lait ! Malgré sa conduite envers Chantal, j'aurais été incapable de le supprimer. Mais Marc, con comme il était, capable de flinguer ses amis, s'est mis en tête que je pouvais faire comme lui. Il m'en a voulu longtemps. Cependant, ses conneries personnelles allaient le rattraper et il fut bien content de me trouver à nouveau pour lui sauver la mise plusieurs fois !

Alors que je me trouvais en Espagne, menant la vie paisible d'un tranquille bourgeois, il se jouait sur la côte française un drame, une tragédie à laquelle j'étais totalement étranger, mais dont, je ne le savais pas encore, le dénouement allait constituer un moment très fort de mon existence.

11

Affaire Le Roux : une étrange disparition

Nice, 30 juin 1977. Rien ne va plus sur la Côte et en particulier dans le petit monde fermé des jeux et des casinos. En cette fin d'après-midi d'été étouffante, le conseil d'administration du palais de la Méditerranée est sur le point de se réunir. Sa présidente, Mme Renée Le Roux, est à la tête de l'établissement depuis la mort de son mari Henri. Avec ses quatre enfants, elle détient la moitié des parts de l'affaire. Une belle affaire, florissante, qui rapporte gros. Depuis quelque temps déjà, elle subit des pressions, bien connues du milieu : elle a été agressée sauvagement dans la rue, elle a retrouvé une balle de gros calibre posée sur son bureau, le casino a pris feu et une série de bagarres a éclaté dans la boîte de nuit du complexe pour nuire à sa réputation. Tout est donc fait pour l'intimider, pour la pousser à vendre. Mais Renée Le Roux est déterminée. Elle demeure inflexible : elle désire garder son bien et surtout ne rien céder à la Mafia. La Mafia ? C'est ainsi qu'elle désigne les organisations dirigées par les gens de mon espèce. À Nice, le visage de la Mafia est un certain Jean-Dominique Fratoni, directeur d'un casino concurrent, le Ruhl. Lorsqu'il acquiert son affaire, sa mise de fonds est suspecte, très suspecte. Tout le monde le sait à Nice, mais personne ne peut le prouver. Cet argent provient sans doute du trafic de drogue, de la prostitution et du racket, les trois mamelles de la pègre de la Côte. Et Mme Le Roux ne veut rien céder à ces gens-là.

Le palais de la Méditerranée gêne beaucoup de monde. Fratoni en premier lieu, qui rêve de créer sur la promenade des Anglais un Las Vegas européen. Mais il est actionnaire minoritaire et ne peut donc pas gouverner les choses à sa guise. Le maire de Nice ensuite, le sulfureux Jacques Médecin[1], qui projette la démolition du casino afin de faire naître de ses ruines un gigantesque complexe immobilier. Cependant, le 30 juin 1977, tout va basculer d'un coup au cours de ce fameux conseil d'administration. Agnès Le Roux, une des filles de Renée, va ce jour-là commettre l'impensable. Au moment du vote, elle se range dans le camp de Fratoni en lui apportant les voix dont il avait besoin pour devenir majoritaire. Et grâce à ce qu'il faut bien appeler une trahison, Fratoni devient le maître du palais de la Méditerranée.

Trois mois plus tard, après avoir essayé d'attenter à sa vie à deux reprises sans succès, Agnès Le Roux disparaît du jour au lendemain, sans laisser de trace. Personne ne la voit plus à partir du 27 octobre, ni elle ni sa voiture. Sa famille et ses amis s'inquiètent. La police dans un premier temps ne réagit pas. La loi française est en effet très claire : une personne majeure a parfaitement le droit de disparaître. Tous les ans, on perd complètement la trace d'environ deux mille personnes dans le pays, ce qui arrange

1. Jacques Médecin sera maire de Nice de 1966 à 1990. Poursuivi et condamné à plusieurs reprises, notamment, pour « délit d'ingérence », « détournements de fonds », « abus de biens sociaux » et « fraude fiscale » entre 1992 et 1998, il s'enfuit de France et se réfugie en Uruguay où il décède, à Punta del Este, en novembre 1998.

bien parfois les affaires de la pègre, je suis bien placé pour en parler. En l'absence de cadavre, les autorités ne peuvent rien faire.

Les semaines et les mois passent. Au moment des fêtes de Noël, la famille est en proie à une inquiétude folle. Jamais Agnès ne se serait volatilisée ainsi. Ce n'était pas du tout son style. Elle aurait au moins donné un signe de vie pour rassurer ses proches ou ses amis. Finalement, pour tenter de contrer l'inertie de la justice, la famille Le Roux porte plainte en février 1978 pour enlèvement. Une enquête commence alors, dirigée par deux inspecteurs, Christian Noguéra et Michel Laffargue. Leurs investigations vont donner lieu à l'un des plus fameux feuilletons judiciaires de ces cinquante dernières années, feuilleton auquel je tenterai d'apporter une conclusion surprenante quelque trente-cinq ans plus tard.

Les deux policiers commencent par visiter l'appartement de la jeune femme. Il semble abandonné depuis plusieurs mois. Ils retrouvent un volumineux courrier. Certaines lettres, toujours intactes, sont datées de la fin du mois d'octobre 1977. L'appartement est en ordre. Ils ne remarquent aucune trace de lutte. Tout à l'air normal à l'intérieur. Cependant, un indice éveille leur attention. Au cours de la perquisition, ils retrouvent une note dactylographiée, vraisemblablement écrite par la jeune femme : « Désolée – mon chemin est fini, je m'arrête là – Tout est bien – Agnès. Je veux que Maurice s'occupe de tout. » Ce billet énigmatique accrédite la thèse d'un suicide. N'a-t-elle pas déjà tenté de se supprimer à deux reprises ces dernières semaines ? Mais il y a quelque chose dans cette histoire qui ne colle pas. Quand on décide de mettre fin à ses jours, généralement on retrouve votre corps sans vie. On peut imaginer que si Agnès Le Roux avait décidé de passer à l'acte, elle l'aurait fait dans l'intimité et la tranquillité de son appartement. Or les deux inspecteurs ont beau fouiller, ils ne trouvent pas de corps. En enquêtant, ils apprennent que récemment la disparue a acheté une nouvelle chaîne hi-fi ainsi que des lunettes, qu'elle a fait réparer son 4 x 4 Range Rover à Monaco, qu'elle a pris des rendez-vous à Paris avec des amis. D'ailleurs sa voiture est introuvable. Et malgré de nombreux avis de recherche, elle aussi. Cette histoire de suicide ne tient donc pas. Noguéra et Laffargue en sont convaincus.

Ils décident alors de fouiller sa vie privée. Ils ne tardent pas à trouver la trace de ce fameux Maurice évoqué dans le pseudo-mot d'adieu laissé dans l'appartement : Jean-Maurice Agnelet, un avocat niçois sans grande réputation avec lequel elle avait une liaison notoire. Assez hautain, l'homme n'est pas des plus sympathiques, mais il est influent : membre de la LICRA, du MRAP, président de la Ligue des droits de l'homme et surtout, fondateur d'une loge du Grand Orient de France. Il est également proche de la famille Le Roux depuis longtemps. La police recueille des témoignages troublants. Agnelet, au début des années 1970, aurait proposé à Mme Le Roux, au cours d'un entretien houleux, de devenir l'administrateur du casino. Elle l'a alors éconduit vertement. L'avocat est sorti furieux de son bureau et, devant de nombreux témoins, se serait écrié : « Je me vengerai ! » Voilà qui est très intéressant. Alors, on creuse cette piste et l'on ne tarde pas à découvrir qu'Agnès, peu après sa trahison, commençait à se plaindre de l'attitude de Maurice. Elle se sentait délaissée. Il avait brusquement changé d'attitude à son égard. Les enquêteurs retrouvent des lettres datées de l'été 1977 : « Où es-tu ? Où es-tu ? Je suis loin de tout. Je ne sais pas où tu es. »

Noguéra et Laffargue acquièrent donc rapidement une conviction et vite, un scénario s'élabore : pour se venger, sachant qu'Agnès ne pouvait pas vendre ses dix actions du palais de la Méditerranée parce qu'elle les avait reçues en indivision, Agnelet l'a séduite et s'est ensuite servi de son ascendant sur elle pour la pousser à monnayer son vote du 30 juin. Ensuite, il se serait éloigné de la jeune femme, sa vengeance consommée. Le prix de la trahison ? 3 millions de francs suisses dont la police retrouvera la trace sur un compte de la jeune fille et qui parviendront opportunément, quinze jours après sa disparition, sur un portefeuille helvétique en actions au nom d'Agnelet.

Mais la personnalité trouble de l'avocat ne cesse d'augmenter les soupçons des enquêteurs. Pourquoi n'a-t-il pas cherché à savoir ce qu'était devenue Agnès après le 27 octobre ? Pourquoi sa maîtresse cachée, Françoise Lasseure, lui a-t-elle fourni un alibi opportun pour le week-end de sa mort présumée ? Que signifient les annotations portées sur ses livres de la collection « La Pléiade », datées des 30 juin, 7 octobre et 2 novembre semblant commenter, de manière cryptée, la prise de pouvoir de Fratoni, la deuxième tentative de suicide et enfin la disparition d'Agnès ? Que dire de l'attitude trouble d'Agnelet durant ses interrogatoires ? Malgré ces indices accablants, l'avocat se défend, donne des explications peu convaincantes, mais le juge s'en satisfait et rend une ordonnance de « refus d'informer ». Le justiciable quitte la France et part s'installer au Canada.

Pendant ce temps, Jean-Dominique Fratoni met tout en œuvre pour faire couler le palais de la Méditerranée. Il refuse en particulier de faire crédit aux clients (ce qui est une pratique courante dans la mesure où l'on ne se promène pas avec une valise de billets sur soi) et n'accepte plus les chèques. En revanche, le Ruhl continue à tolérer ces pratiques tout à fait habituelles. Résultat : les clients désertent les lieux, le casino fait faillite et ferme ses portes en 1978. Le maire de Nice, Jacques Médecin, propose alors de racheter le bâtiment pour construire à la place un complexe hôtelier. Renée Le Roux s'y oppose et contrecarre les plans du maire en faisant classer le bâtiment. Le projet immobilier est définitivement bloqué.

Plusieurs juges se succèdent. Celui qui est fraîchement nommé veut entendre Agnelet car il a appris qu'il s'est marié au Canada et que son témoin n'est autre que Françoise Lasseure, son ancienne maîtresse lui ayant fourni l'alibi providentiel pour le week-end fatal des 27 et 28 octobre 1977. Le suspect décide alors de rentrer en France et se constitue prisonnier. Le juge souhaite instruire avec méthode. Il s'attaque tout d'abord au volet financier de l'affaire : l'achat d'un vote est en effet puni par la loi. C'est donc par ce dossier qu'il va commencer. A-t-il aidé Fratoni à acheter le vote d'Agnès ? Que comptait-il faire des 3 millions de francs suisses transférés du compte de la jeune femme au sien ? Les questions sont précises et Agnelet ne peut s'y dérober. Peu convaincu par ce qu'il entend, le juge Michel Malard le renvoie en correctionnelle pour délit à caractère financier. Le 3 février 1984 commence son procès. Il comparaît seul car Jean-Dominique Fratoni est en fuite. Sa complicité sera reconnue par la justice. Agnelet sera condamné à dix-huit mois de prison avec sursis pour complicité d'achat de vote. Il fait appel, mais la peine est plus lourde : il écope de trente mois de prison dont deux ans fermes[1]. Il est reconnu en outre cou-

1. Maurice Agnelet n'introduira pas de recours en cassation à la suite de cette condamnation.

pable d'abus de confiance. Le voilà incarcéré. Le juge d'instruction a beau chercher une faille, il rend cependant une ordonnance de non-lieu dans le volet criminel de l'affaire. Agnelet sort de prison, il est libre.

Prenant cette décision comme un véritable camouflet personnel, Renée Le Roux passe à l'offensive. Elle publie un livre, *Une femme face à la Mafia*[1], elle multiplie les recours et dépose une nouvelle plainte pour « recel de cadavre », chef d'inculpation qui échappe à la prescription. Cette idée brillante lui a été soufflée par le détective privé qu'elle a engagé pour trouver de nouvelles preuves et faire de la sorte vivre le dossier. Cet homme expérimenté, André Rogge, commence par vérifier l'authenticité de l'alibi fourni par Françoise Lasseure. Il se rend à l'hôtel de la Paix, à Genève, où le couple est censé avoir séjourné ensemble. Il analyse les registres et se rend compte que seul le nom de la dame y est inscrit, sous son nom d'épouse, d'ailleurs : Françoise Fumat. Agnelet et sa maîtresse semblent donc avoir menti. C'est pourquoi, dans le cadre procédural bien précis du « recel de cadavre », le juge rouvre le dossier fermé par l'ordonnance de non-lieu. Il convoque Mme Lasseure et l'entend pour qu'elle s'explique sur ce témoignage frauduleux. Coup de théâtre ! Elle reconnaît, au cours de son audition, qu'elle a menti et que c'est Jean-Maurice Agnelet qui lui a demandé de le faire pour lui fournir un alibi. Au moment où l'ex-maîtresse revient sur ses premières déclarations, l'ancien avocat se trouve au Panama. Il nie, crie son innocence et évoque la thèse du complot pour lui nuire : Françoise cherche à se venger de lui. Finalement, il décide de rentrer en France et fournit au juge une attestation rédigée par

1. Albin Michel, 1989.

la direction de l'hôtel ainsi qu'une facture provenant de l'hôtel Marigny à Paris prouvant qu'il s'est bien rendu, après avoir quitté Françoise à la fin du week-end, à une réunion de la Ligue des droits de l'homme où personne ne se souvient l'avoir vu. Les choses auraient pu en rester là. Sauf qu'en décembre 2000, le procureur Éric de Montgolfier fait rouvrir le dossier. Agnelet est à nouveau mis en examen pour « homicide volontaire avec séquestration ». Et il est placé sous contrôle judiciaire. La chambre d'instruction charge le juge de poursuivre l'enquête en 2004. Agnelet sera acquitté en première instance, mais le parquet fait appel. Il sera condamné en 2008 à vingt ans de réclusion criminelle pour l'assassinat d'Agnès Le Roux. Condamnation qui sera confirmée en appel devant la cour d'assises d'Ille-et-Vilaine en avril 2014.

Qui avait intérêt à ce que la jeune femme disparaisse ? Fratoni ? Sûrement pas. Il avait encore besoin de son aide au conseil d'administration. Jacques Médecin ? Cette hypothèse n'a aucun sens puisque son projet était intimement lié à celui du patron du Ruhl. La famille Le Roux ? Même si l'épisode du 30 juin avait été vécu par elle comme une trahison, il est vite apparu qu'elle était hors de cause dans la mesure où c'est elle qui a entamé des procédures afin de retrouver la trace de la jeune femme. Pendant vingt-cinq ans, c'est elle également qui a fait vivre le dossier en apportant sans cesse des éléments nouveaux, en relançant l'affaire dès que l'occasion se présentait, en engageant un détective privé et en déposant, fort intelligemment, une nouvelle plainte pour « recel de cadavre ». Agnelet ? Il s'était vengé de Renée Le Roux en séduisant sa fille et en la poussant à vendre son vote à Fratoni, empochant par là même les 3 millions de francs suisses de la transaction. Mais est-il le vrai coupable, l'auteur véritable de ce meurtre et de cette disparition ?

Dans ce dossier, les choses sont bien plus simples ou peut-être au contraire, plus compliquées qu'elles ne paraissent. À l'époque des faits, à la fin du mois d'octobre 1977 en Espagne, entouré de ma belle compagne et de mes amis du Country Club, je ne me doutais pas encore que toute cette histoire allait avoir un lien avec ma propre vie, bien plus tard, en 1987, et que je serais en mesure un jour d'apporter à la justice les clefs manquantes pour résoudre le mystère.

Nous y reviendrons…

12

Une bien belle carambouille

Quand Agnès Le Roux disparaît, je me trouve encore en Espagne. Je dois bien l'avouer, cette histoire ne m'a pas beaucoup ému. Non pas que je n'éprouve pas de compassion, mais à ce moment-là, je suis retiré totalement des affaires françaises, je n'ai presque pas de contacts avec le milieu marseillais. Je ne suis au courant de rien. Ce que je sais, je l'apprends comme tout le monde, par la lecture des journaux.

Mon esprit est occupé par autre chose, par un coup énorme qui nécessitera de longs mois de préparation. Pour assurer mon avenir en cavale, j'avais besoin d'argent. J'avais braqué pas mal de banques en France avec l'équipe de Marc Monge. J'aurais pu recommencer, mais, comme dans les affaires légales, l'intelligence consiste à savoir vendre ses parts et à se retirer à temps. Il fallait donc trouver un autre *business*, déjouer la surveillance policière, frapper à l'endroit où l'on m'attendait le moins.

Je tenais la grande idée. Elle était simple. C'est souvent à la simplicité qu'on reconnaît la valeur d'un beau projet. Il s'agissait de monter une escroquerie, une « carambouille » comme on dit chez les gens initiés. Mais attention, il ne s'agissait pas d'une petite escroquerie minable, sans envergure. Quand on a une réputation, un passé, un nom chez les voyous, il faut savoir se tenir, il ne faut jamais déroger. Quand on appartient à l'aristocratie du crime, il faut toujours bien prendre garde à ne pas déchoir. Noblesse oblige ! Il fallait donc voir grand, très grand. Et, pour avoir une vision panoramique des événements, se donner les moyens de ses ambitions, il me fallait d'abord trouver une équipe, quelques comparses de choix. C'est ainsi que j'ai pris contact avec Gilbert Zemmour[1] par l'intermédiaire de Jo Hazan et de son frère. À quatre voyous seulement, opérant sous de fausses identités, nous avons patiemment élaboré notre plan : il s'agissait de créer une grosse société d'achat et de vente de légumes, de viande, de laitages et même de meubles. Je connaissais bien le secteur puisque j'avais longtemps travaillé dans le domaine. Il était temps de se souvenir de tout ce que j'avais pu apprendre chez mon beau-père et chez mon premier employeur parisien. Mais j'avais en plus l'expérience d'une bonne quinzaine d'années passées à évoluer dans le crime organisé. Et le mélange des genres a été détonant, vous pouvez me croire. D'autant plus que les Zemmour étaient les rois de la carambouille, c'était même, à leurs débuts, leur principal fonds de commerce.

Pour fonder notre société, il fallait cependant emprunter des voies légales pour ne pas attirer l'attention. Légales ? Pas si légales que ça en définitive, franchement malhonnêtes même. Mais la vitrine devait être irréprochable. Gilbert Zemmour, aidé par ses frères le temps de la mise en route, a créé une société d'import-export en Allemagne. Cependant, pour brouiller les pistes, ils ont eu l'idée géniale de lui donner le nom d'une richissime femme

1. Dit « Petit Gilbert », c'était l'organisateur des frères Zemmour.

d'affaires allemande, Maria Bauer qui, bien entendu, n'était au courant de rien. Pour donner encore plus le vertige à l'administration qui réclamait des garanties, les Zemmour ont déclaré qu'une banque anglaise soutenait le projet. Ils avaient donc loué, à Londres, un appartement situé au-dessus de la banque en question. À l'aide d'un spécialiste des télécommunications très bien payé, ils ont ensuite piraté la ligne téléphonique. Ainsi, chaque fois que quelqu'un voulait joindre l'établissement bancaire, il tombait directement sur un faux standard. C'était Gilbert qui répondait. Lorsque les services de l'administration allemande ont voulu s'assurer de la viabilité du projet, ils ont essayé de joindre la banque partenaire. Gilbert a alors rassuré le fonctionnaire en expliquant que son établissement supportait le projet et garantissait le financement de l'entreprise. C'est ainsi que naquit officiellement la société Maria Bauer, multinationale aux ramifications multiples, s'occupant de l'importation et de l'exportation de légumes, de viandes, de laitages et de mobilier.

Nous avons ensuite ouvert des succursales un peu partout en Europe : en Allemagne, où nous avions implanté le siège, en Angleterre et en Écosse, deux bureaux qui s'occupaient principalement de l'achat et de la revente de viande, en Italie enfin, une officine à Vérone, spécialisée dans le commerce des fruits et des légumes. Nos bureaux italiens étaient magnifiques. Personne ne pouvait se douter que derrière cette façade clinquante, il n'y avait que du vent.

J'étais le responsable du secteur des primeurs, renouant ainsi avec mes amours de jeunesse. Et ma grande force, c'est que je connaissais le métier sur le bout des doigts – j'étais on ne peut plus crédible aux yeux des fournisseurs. J'avais avec moi deux secrétaires. Les pauvrettes ne se doutaient de rien. Elles pensaient travailler pour une vraie société. À Vérone, je ne vivais pas sous ma vraie identité. J'avais des faux papiers au nom d'un certain Noël Flasselière, négociant que l'on a commencé à bien connaître dans toute l'Italie. J'achetais sept à huit camions de fruits et de légumes par jour. Je me rendais sur les gros marchés de la côte adriatique principalement, dans les ports. J'achetais des cargaisons entières de bateaux ou de trains : des tonnes de pommes, de raisin, de tomates, d'aubergines. Ma plus-value, c'était incontestablement ma connaissance approfondie du secteur. Et les petits escrocs, quand il s'en trouvait, étaient mal tombés avec moi. Je savais reconnaître, d'un seul coup d'œil, la bonne marchandise. Je me rendais sur les docks ou sur les quais, en costume impeccable, pour évaluer les échantillons et, d'un geste, j'achetais ou je refusais des lots entiers qui ne me paraissaient pas d'une qualité suffisante :

— Celui-là, ça va mais c'est juste ! Ne me prenez pas pour un autre ! La prochaine fois, vous irez vendre votre marchandise ailleurs ! Je veux le meilleur, c'est compris ?

— Oui, oui, monsieur Noël ! Vous, on peut dire que vous connaissez le métier !

Car la grande idée, c'était de fournir à nos clients une marchandise de qualité supérieure, les fidéliser pour acquérir leur confiance dans le but qu'ils ne veuillent plus travailler qu'avec nous. Au bout de quelques mois, j'étais connu dans le milieu : on m'appelait *dottore* Flasselière parce que j'étais un vrai spécialiste. Je mettais tout mon savoir dans mon activité et il faut dire que j'avais été longtemps à bonne école. Je négociais les prix au plus juste, et comme j'achetais des quantités énormes, les prix que je fixais à la revente étaient imbattables.

Notre débouché ? Les halles de Rungis où je connaissais beaucoup de monde et en particulier un ami, dans le coup avec nous, qui réceptionnait la marchandise et la redistribuait ensuite. Mais nous vendions également en Italie et en Allemagne. Aussitôt achetée, la marchandise était revendue. L'argent rentrait dans les caisses de manière incroyable. Au bout de cinq mois, notre entreprise, de manière tout à fait légale, produisait des bénéfices juteux. Nous avons donc recruté une vingtaine d'acheteurs supplémentaires pour nous aider ainsi que de nouvelles secrétaires et des comptables. En tout, une bonne quarantaine d'employés, en Italie, en Angleterre et en Allemagne. Tous ces braves gens n'étaient au courant de rien et se réjouissaient de travailler pour une entreprise aussi florissante.

Si de mon côté, j'étais responsable du secteur des primeurs, Jo, quant à lui, avait pris en charge le secteur de la boucherie. Il achetait des bêtes en Angleterre et en Écosse. Puis il les expédiait par bateaux en Allemagne. Là, elles étaient menées à l'abattoir. Les pièces avant étaient vendues sur place, et les pièces arrière étaient expédiées à Rungis. L'argent rentrait tellement dans les caisses de la société qu'à un moment donné, je ne savais plus quoi en faire. Jo Hazan m'envoyait du fric, Gilbert également, tout le monde m'envoyait des caisses de billets si bien que j'avais du liquide partout dans ma chambre d'hôtel. C'est bien simple, je n'avais plus de place pour les mettre, je ne savais pas où les ranger. En conséquence de quoi, un beau jour, j'ai appelé tout le monde : « Arrêtez de m'envoyer des sous ! Je ne sais plus quoi faire pour les dépenser ! Arrêtez tout de suite, j'en ai sous le lit, au fond de l'armoire, dans la table de chevet, partout, ça déborde ! »

J'arrivais le matin au bureau, avec ma grosse Mercedes, dernier modèle. Je faisais toujours le tour de la boutique pour saluer le personnel :

— Bonjour, monsieur Noël, comment allez-vous ce matin ?

— Bonjour madame ! Vous êtes en forme aujourd'hui ? Et la famille, les enfants ?

J'étais le patron et tout le monde m'aimait bien. Il faut dire que je ne lésinais pas sur les primes. C'était une affaire qui tournait, mais, au départ, la société n'avait pas été fondée pour cela. À Rungis, j'avais affranchi quelques amis commerçants : je leur avais expliqué qu'ils pouvaient acheter ma marchandise jusqu'à ce que je leur dise d'arrêter. « Quand il ne faudra plus acheter, je vous le dirai ! » Ils s'en sont mis plein les poches. Ils ont acheté des propriétés, des maisons, c'était un commerce très intéressant pour eux aussi. Au bout d'un an environ, les fournisseurs se battaient pour que nous achetions leurs produits. Nous payions bien, à l'heure dite. Il n'y avait jamais d'embrouilles, du moins à cette époque. Mais une fois la confiance bien établie, nous avons mis en œuvre notre plan d'action final, le plus beau. On nous livrait la marchandise avant que nous l'ayons payée. Nous avions obtenu de ne régler que plusieurs semaines plus tard. Et nous revendions. On empochait le fric en sachant que l'on ne paierait plus les avances. Nous engrangions également de l'autre côté : nos acheteurs se sont mis à payer d'avance de la marchandise qu'ils n'avaient pas encore. Nous jouions donc sur les deux tableaux. Vers la fin de la carambouille, je me suis déplacé à Rungis car un fournisseur refusait de payer un chargement de légumes en avance. J'entre dans son bureau :

— Monsieur, vous me devez un wagon, je viens chercher l'argent !

— Oui, mais monsieur, non, et *patati et patata*.

— Il n'y a pas de raison, il faut être honnête, vous allez me payer !

— Et si et non !

— Il me faut les sous, vous m'entendez ?

Tout à coup, une porte s'ouvre derrière lui : quatre hommes, enfouraillés, avec des calibres, font irruption. Le premier, un costaud, s'approche de moi :

— Tu me connais ?

— Non.

— Je suis « Savonnette[1] », de l'affaire Ben Barka, ça te rappelle quelque chose ?

— Non, mais moi, je suis Hernandez, de la French Connection, tu vois ce que je veux dire ? Et je peux te dire que tu vas me payer ! De gré ou de force !

— Mais dis donc, tu sais qui je suis ?

— Qu'est-ce que j'en ai à foutre de Savonnette et de Ben Barka ! File-moi le pognon que tu me dois !

Et le gars m'a payé. Sur ce coup-là, j'y suis vraiment allé à l'esbroufe. Mais j'ai gagné.

Les cinq derniers mois, nous n'avons payé personne. Nous avons empoché le pognon, un milliard, et nous nous sommes évanouis dans la nature ! Un fournisseur italien, un communiste de Ravenne, a fait le déplacement jusqu'à Rungis pour me retrouver. Il avait fait le voyage avec une hache et il me cherchait partout dans les halles pour me couper en petits morceaux. Il arpentait les travées en gueulant comme un veau : « Où il est cet *empafé* de Flasselière ? Où il est, nom de Dieu ! » Mais j'étais déjà loin, bien à l'abri,

1. « Savonnette » fut condamné à huit ans de prison en 1967 pour l'enlèvement en octobre 1965 de Mehdi ben Barka, l'un des principaux opposants au roi Hassan II du Maroc.

en Allemagne. Disparu, M. Noël Flasselière, du jour au lendemain. Un matin, mes gentilles secrétaires ont vu débarquer la police. Personne n'a rien compris ! Les pauvrettes ne se doutaient pas qu'elles travaillaient dans une société bidon ! Le comptable a été un peu inquiété. Ils sont allés directement à son bureau et ils lui ont passé les menottes. Le pauvre garçon n'a pas compris ce qui lui arrivait. Mais après quelques heures pénibles, les flics ont réalisé qu'il était totalement innocent et ils ne l'ont plus embêté.

Un jour, à Francfort, une des secrétaires du bureau allemand m'a reconnu : « Monsieur Noël ! » Vous pensez bien que j'ai pris le large. Mais elle avait l'air heureuse de me revoir, malgré l'énormité de l'escroquerie dont elle et ses collègues avaient été victimes. La police allemande cherchait vraiment à me coincer. J'ai même fait l'objet d'une émission de télévision, l'équivalent germanique de *Perdu de vue* de Jacques Pradel. Il était question de donner 10 000 marks à toute personne susceptible de fournir des renseignements me concernant. Comme j'avais peur d'être repéré, le lendemain, je me suis embarqué pour l'Espagne.

Les flics ont montré des photos de truands à mes employés et l'un d'eux m'a sans doute reconnu. C'est pourquoi ils ont réussi à établir le lien entre Noël Flasselière et moi. J'ai donc été condamné par contumace à cinq ans de prison pour cette affaire. C'était une période heureuse pendant laquelle, avec mes associés, nous nous sommes bien amusés. Cependant, quand je repense à toute cette histoire, je n'éprouve qu'un seul regret : à Vérone, j'avais pris mes quartiers à l'hôtel de la Poste. La famille qui tenait cet établissement m'avait pris en amitié, si bien que tous les jours, je partageais leurs repas, à midi comme le soir. J'étais devenu un membre de la famille à part entière. Le père me confiait souvent ses deux filles. Il les autorisait à sortir en boîte de nuit uniquement en ma compagnie. Il ne faisait confiance qu'à « monsieur Noël », disait-il. Mais je veillais bien sur elles et ma présence leur permettait de s'amuser. Dans cet hôtel, il m'en est arrivé une bonne, une nuit. Soudain, j'entends une fusillade dans la rue. Ça mitraillait de partout. Une balle est même venue se loger dans un des murs de ma chambre : le lendemain, j'ai appris que les Brigades rouges s'étaient allumées sous mes fenêtres avec les flics. La petite famille était dans tous ses états ! Je n'étais pas si impressionné que ça car j'en avais vu d'autres, à Marseille, avec Tany ou Gaby Regazzi. Mais je me souviens de leur avoir donné le change pour ne pas attirer les soupçons. J'ai passé de bons moments en leur compagnie. C'étaient vraiment de braves gens doués d'une grande générosité. C'est pourquoi quand j'ai dû disparaître, cela a été très difficile pour moi car j'ai eu l'impression de les trahir. Partir ainsi, sans dire au revoir, sans laisser de trace, je l'ai assez mal vécu. Mais j'étais obligé d'agir de la sorte. Je n'avais pas le choix. Je pense encore souvent à eux. Pour ne pas éveiller les soupçons, j'ai bien préparé mon départ : j'ai commencé par descendre une petite valise. Le lendemain une autre, et ainsi de suite. Puis un matin, j'ai quitté l'hôtel comme si je me rendais au travail. En chemin, j'ai jeté mes papiers par la fenêtre : adieu M. Noël Flasselière ! Et je ne suis jamais revenu ! Ça a été très dur de les quitter.

Avec 300 millions dans la poche, j'avais de quoi envisager l'avenir avec sérénité. Et je suis parti, confiant, malgré tout, vers de nouvelles aventures.

13

La valise de radium

Durant mes treize ans de cavale entre l'Allemagne et l'Espagne, il m'est arrivé des aventures incroyables. La plus belle d'entre toutes et sans doute la plus invraisemblable a débuté courant 1978, comme toujours autour d'un verre, chez des amis. J'habitais Düsseldorf, mais je voyageais beaucoup. Il était fréquent que je me rende en Belgique pour quelques affaires. J'avais dans le pays de nombreuses connaissances que j'aidais à l'occasion.

C'est ainsi qu'un soir je fais la connaissance de quatre personnes de qualité : quatre anciens ministres congolais, dont le frère en personne de Patrice Lumumba. Ces hommes avaient le statut particulier de réfugiés politiques. À la mort du Premier ministre Lumumba, en 1961, ils avaient quitté le pays en toute hâte et avaient gagné l'Europe.

La soirée se passe sous les meilleurs auspices. Les ex-ministres sont charmants et l'on promet de se revoir à l'occasion. Ce n'était pas là des paroles en l'air et effectivement, lorsque je venais passer quelques jours en Belgique, nous faisions en sorte de nous retrouver. Une belle amitié est ainsi née, mais entre nous, il n'était pas question de trafic ou d'affaires. Nous avions des relations cordiales, amicales, loin de toute préoccupation illégale.

Cependant, un soir, la conversation se fait plus grave :

— Pierrot, tu es un homme sympathique et nous savons qui tu es vraiment puisque tu n'en as pas fait un mystère. Il faut que nous t'entretenions d'une de nos grandes préoccupations.

— Je vous écoute.

— Comme tu le sais, nous avons autrefois exercé dans notre pays de grandes responsabilités. Mais, au moment de l'assassinat du Premier ministre et de la prise de pouvoir de Mobutu, nous avons été contraints de fuir le pays. Cependant, nous avons réussi à assurer nos arrières. Avec la complicité de pilotes des lignes régulières, nous avons pu récupérer, pendant plusieurs années, beaucoup d'uranium. Par l'intermédiaire de contacts que nous avons ici, nous avons pu le raffiner afin de le transformer en radium.

J'étais abasourdi par les révélations qu'ils consentaient à me faire.

— Cette matière est un véritable trésor : nous en possédons 1,5 kilo dans cette valise que tu vois dans le coin là-bas. Il te faut savoir, Pierrot, qu'un gramme a une valeur approximative d'un milliard d'anciens francs[1] !

Les bras m'en tombaient. Pendant plusieurs minutes, je pensais qu'ils me faisaient marcher. Mais eux ne riaient pas, bien au contraire.

— Nous te jurons qu'il n'y a pas d'extravagances dans ce que nous te disons !

— Vous êtes donc de grands fadas de vous balader, comme ça, avec une valise radioactive !

— Le contenu l'est, mais la valise est plombée. Il n'y a aucun risque.

1. Soit 10 millions de francs.

— Pourquoi me dites-vous tout ça ? Je suis un braqueur, pas un chimiste !

— Tu n'y es pas du tout ! Cette fortune est pour l'instant virtuelle. Nous ne savons pas comment faire pour en tirer un bénéfice. Nous savons que tu connais beaucoup de monde et que, par ton entregent, tu pourrais nous aider à rentrer dans nos fonds. Bien entendu, nous te paierons une grosse commission en cas de vente.

Le marché était honnête et je savais que je pouvais entièrement leur faire confiance. Avant de nous quitter, ils me confient la valise, religieusement, comme s'il s'agissait du saint sacrement. Et me voilà parti, avec mon chargement radioactif, pour l'Allemagne.

Une fois parvenu à mon appartement, j'avais beau regarder cette valise de 80 kilos, je ne savais cependant par quel bout commencer. Diable, ce n'est pas au coin de la rue que je pouvais parvenir à la refourguer et les dealers de radium ne courent pas les rues, ni en Allemagne, ni en Belgique, ni ailleurs. Le seul qui pouvait réellement m'aider, c'était le minot, Jean-Louis Fargette. Il était capable de vendre et d'acheter tout et n'importe quoi, des maisons, des chars d'assaut, le paquebot *France*, pourquoi pas cette satanée valise ? Je l'appelle et je lui explique l'affaire : Jean-Louis est surpris tout d'abord, mais pas décontenancé. Ce que je lui raconte est incroyable, mais il ne doute pas. « Pas d'inquiétude, je réfléchis et je te rappelle. » Fargette était comme ça : il n'avait pas de limites, le commerce n'était pas borné, tout pouvait se vendre et tout pouvait s'acheter. Je dois dire que sa réaction sereine m'a un peu rassuré car je commençais à me dire que je m'étais embringué dans une drôle d'histoire, bien hasardeuse.

Quelques jours plus tard, il me contacte, comme promis et m'explique qu'il veut me voir. À cette époque, il est en exil en Italie. Un petit voyage au soleil me fera du bien. Chez Jean-Louis, les choses ne traînent pas.

— Pierrot, j'ai pensé à ton affaire. Je pense avoir trouvé le moyen de fourguer ta camelote. Je vais prendre des contacts pour toi. On va bientôt se mettre en rapport avec toi. Fais attention tout de même, je te recommande à du très beau monde. Tiens-moi informé de ce que tu fais ou décide. On n'est plus dans la carambouille. Aujourd'hui, tu entres dans la cour des grands. Ce n'est pas pour ça qu'ils savent mieux se tenir. Gaffe à toi, Gros.

Je quitte Jean-Louis, confiant. Il ne m'a pas menti. Quelques jours après notre entrevue, un grand avocat parisien me contacte. Son nom ? Top secret ! Il m'invite à Paris, il veut me rencontrer. La première approche est cordiale, franche même. L'homme est puissant et ses amis le sont plus encore. Car l'affaire est sérieuse : 1,5 kilo de radium à vendre, ce n'est pas une petite affaire. On entre là dans le dur : le politique, à très haut niveau, les services secrets, la barbouzerie aussi. L'avocat tisse des liens : au plus haut sommet de l'État français, l'affaire est prise très au sérieux. Ils sont prêts à m'aider. Pendant plusieurs années, la valise et moi nous ne nous quitterons plus. Bien entendu, je la dépose en lieu sûr avant chaque rencontre prévue, Fargette est au courant de mes déplacements. Il est en quelque sorte mon assurance vie. Mes contacts se démènent : on cherche des acheteurs potentiels, susceptibles de lâcher plusieurs centaines de milliards pour acquérir le radium. Mais ils ne sont pas forcément nombreux à posséder une telle capacité financière. Il faut traiter avec des États pas toujours recommandables. Un jour, je rencontre le frère du colonel Kadhafi, un autre jour, tel autre ministre d'un gouvernement arabe. La transaction piétine, traîne en longueur, on bavarde, on tergiverse, on marchande. Pas question ! Le prix est fixé, c'est à prendre ou à laisser ! Je ne suis pas le propriétaire de la marchandise, je ne suis qu'un intermédiaire. Mes amis africains me font confiance et ils ont bien raison ! Car, quand j'ai parlé, tout est dit !

Dans le même temps, mon ami israélien Albert entend parler de l'existence de cette valise. Par quelle source ? Mystère ! Il est lié aux services secrets de son pays. Les choses se précipitent : le Mossad, inquiet de savoir que ma cargaison peut tomber à tout moment entre les mains des Arabes, se débrouille pour me contacter. Mais Albert ne sait pas que je suis chargé de toute cette affaire et, sans le vouloir, il me cause des problèmes. Des membres du Mossad se déplacent en France pour me rencontrer. L'entrevue se passe bien, mais je sens que le prix fixé leur semble un peu élevé. Ils me demandent cependant d'envoyer à Tel Aviv un émissaire pour traiter. Nous envoyons un ami, mais, pour faire pression sur nous, notre plénipotentiaire est arrêté et emprisonné. C'est la panique. Il nous a fallu trois mois de négociations âpres avant que les Israéliens décident finalement de le libérer. En fin de compte, nous ne faisons pas affaire car la somme qu'ils sont prêts à lâcher est trop faible.

Les mois s'écoulent et la valise est toujours chez moi. Un matin, je remarque que mes yeux sont anormalement rouges et douloureux. Je prends le conseil d'un ami : la valise n'est sans doute plus très étanche. Je la confie donc à qui de droit, un homme sûr et dévoué, afin qu'il s'occupe de la faire replomber. Effectivement, le sarcophage donnait des signes manifestes de faiblesse. On réalise donc à neuf le blindage de la valise et on me la remet à nouveau. Nouvelles tractations, à Genève, à Paris, en Allemagne. Rien à faire, cette valise intéresse, mais elle est trop chère. Finalement, ayant épuisé toutes les voies possibles au cours de ces quatre années, je décide de rendre le radium à mes amis africains courant 1982. Je ne sais pas ce qu'il est devenu, s'ils sont parvenus à le vendre. En revanche, je peux chiffrer avec précision ce que cette histoire m'a coûté : un beau début d'irradiation et 300 bâtons de perdu ! Ce n'était pas bien grave car je les avais. Dans la vie, il ne faut rien regretter.

14

Encore l'amour

Je suis en Espagne. Nous sommes aux beaux jours de l'année 1982. J'ai repris mes petites habitudes : je m'occupe de mon jardin, de ma piscine, je joue au tennis, au Country Club, chez mon ami Jean-Noël. La vie s'écoule, tranquille, ponctuée de poussées de fièvre. Olga, mon petit tapin, travaille très bien. Tout va donc pour le mieux. À quelques maisons de la mienne vit un couple, en compagnie de sa fille et de sa petite-fille. Des gens bien comme il faut. Un jour, peut-être parce qu'ils ont entendu dire qu'un *mafioso* vivait dans le quartier, ils viennent, tous ensemble, sonner à ma porte.

— Bonjour monsieur, nous sommes vos voisins et nous venons nous présenter.

— Bonjour mesdames, monsieur, je m'appelle Robert, négociant en vin, en vacances.

Nous commençons à sympathiser. Je leur fais faire le tour du propriétaire, je leur montre mes rosiers, mon jardin. Le contact est très amical. Nous décidons rapidement de nous revoir et je les invite à un barbecue à la maison le samedi suivant.

J'attendais ce moment avec une certaine impatience car leur grande fille, une ancienne Miss Nord, âgée d'une trentaine d'années, ne me laissait pas indifférent. Il aurait fallu être en bois, je peux vous le dire : c'était une véritable beauté, divorcée, charmante, polie. Cette jeune femme avait tout pour elle.

Pendant la soirée, nous bavardons ensemble. Elle a beaucoup de charme, de la conversation, un physique exceptionnel. Le courant passe bien entre nous :

— Pierrot, je reviendrai le mois prochain en Espagne car je dois fournir un certain nombre de papiers à l'administration.

— Eh bien, dans ce cas, prévenez-moi, car je viendrai vous chercher à la gare avec votre papa.

— Vous n'y êtes pas du tout ! Je reviendrai seule !

La perche tendue était si grosse que je suis resté un moment décontenancé. Mais, très vite, j'ai repris mes esprits :

— Téléphonez-moi à votre arrivée et je viendrai vous chercher à Gérone.

Un mois plus tard, comme elle me l'avait dit, elle me contacte. Je me prépare, j'enfile de beaux habits, je me parfume et je prends ma voiture pour être à l'heure au rendez-vous. N. était une femme extrêmement belle et séduisante, racée, et je me devais de me montrer à la hauteur. Je l'attends sur le quai, comme dans les films. Enfin le train arrive. Je suis impatient de la revoir. Elle descend du wagon, belle, rayonnante. Le premier contact après cette longue absence est chaleureux. C'est la première fois que nous nous voyons seuls, hors de la présence de ses parents. Pendant le trajet, nous bavardons, de tout et de rien, comme deux amis. Puis je la dépose chez elle.

— Surtout, enfermez-vous bien chez vous ! Une femme seule, on ne sait jamais ! Le monde est plein de bandits ! Il vous faut faire attention.

Elle me sourit :

— Nous reverrons-nous ce soir ?

— À quelle heure serez-vous prête ?

Le soir venu, je passe la chercher et nous prenons la direction de Palamos. Belle soirée : restaurant, vin, cuisine délicate et une nuit inoubliable.

Nous ne nous sommes plus quittés. Le matin, serrée contre moi, elle m'a fait une première confidence :

— Tu sais Jean-Pierre, je suis au courant de ta situation. Nous savons tout, mes parents et moi, depuis le début. Mais, il n'y a aucun problème.

Pour être en règle avec les sentiments, j'ai eu les jours suivants une longue discussion avec Olga. Je lui ai expliqué que j'étais tombé amoureux de N., que je voulais faire ma vie avec elle et que je désirais mettre un terme à notre histoire. Olga était jeune. Elle savait que je ne serais qu'un passant dans sa vie et elle a accepté ma décision. Cependant, on peut être voyou et avoir de l'honneur. Aussi ai-je souhaité, pour que notre rupture soit belle, lui donner entièrement la maison que nous avions construite en Espagne. Après tout, c'était elle qui l'avait gagnée, non ? Et puis, à cette époque, on commençait sérieusement à entendre parler de l'épidémie de sida et je ne voulais plus qu'elle aille tapiner. Ainsi, lui donner entièrement la maison, c'était lui permettre de se sortir de la prostitution et lui offrir la perspective d'une autre vie. À l'abri financièrement, elle pouvait repartir sur de nouvelles bases. Et c'est ce qu'elle a fait. Elle avait 25 ans de moins que moi, c'était, de toute façon, une histoire vouée à l'échec.

Nous sommes convenus que je garderais l'usufruit de la maison jusqu'à la fin de l'été. Puis nous avons pris rendez-vous chez un notaire et quelques mois plus tard, la maison lui appartenait totalement. De mon côté, en octobre 1982, j'ai quitté l'Espagne et me suis installé à Lille, chez N. Une nouvelle vie a commencé pour moi. Condamné à perpétuité depuis l'abolition de la peine de mort, je partageais mon temps entre le nord de la France, l'Allemagne et la Costa Brava. Ma belle-famille, en toute connaissance de cause, m'a accueilli comme un fils. Ma vie avait pris un tournant nouveau. Mon beau-père s'est montré rassurant dès le départ : « Tu ne risques rien ici, Pierrot. J'ai de nombreuses relations puissantes, avec nous, tu seras à l'abri. »

C'est à cette époque que j'ai dû encore m'occuper des affaires du très imprévisible Marc Monge, qui s'était mis en tête que j'étais l'auteur de l'assassinat de son père. Cependant, le petit con est revenu à de meilleurs sentiments à mon égard quand il a eu sérieusement le feu au cul ! Ça n'a pas tardé ! Je lui avais déjà sauvé la vie deux fois en Allemagne. Cette fois, une grosse équipe monte un jour de Marseille, des hommes aux ordres de « Mr. Heroin » en personne. Je me trouvais dans un bar, en compagnie de Jo Hazan, qui devait ce soir-là me faire goûter à un plat juif de sa composition. Deux hommes bruns, sérieux, entrent dans le bar. Jo va à leur rencontre, échange quatre mots avec eux et me fait signe. On se salue :

— Dis-moi, Pierrot, les Monge, père et fils, ce sont tes amis ?

— Je comprends que ce sont mes amis ! Si vous êtes là et que vous me posez cette question, c'est qu'ils ont dû encore en faire de belles !

— Tais-toi ! ils n'ont rien trouvé de mieux que de se pointer à Paris, chez Jacques et Xavier « Jo » Panzani et de les braquer comme deux caissières, chez eux, dans un de leurs hôtels de Pigalle ! Ils sont arrivés, calibre en main et ont exigé la caisse ! Ils sont complètement fous ces mecs !

Il ne fallait rien avoir dans le citron pour aller braquer ainsi les frères Panzani, en effet. En touchant à leurs affaires, les Monge s'en étaient pris à celles de « Mr. Heroin » ! Rien que ça !

Ça ne sentait pas bon pour eux, permettez-moi de vous le dire. Ils étaient décidés à lui faire la peau, joliment ! Finalement, à force de parlementer, les Corses ont laissé tomber :

— Bon, Pierrot, on passe pour cette fois ! Mais, c'est uniquement par amitié pour toi !

Dans le même temps, Lucchesi, qui avait pu apprécier les qualités indéniables de Marc au feu, le présente à Zampa. Et ce con ne trouve rien de mieux à faire que de lui laisser la sous-traitance de toutes les machines à sous du Vaucluse ! Il ne savait pas dans quoi il s'engageait le Tany ! Quand j'ai appris qu'on lui avait donné ainsi les rênes, j'ai appelé le Grand :

— Tu es un grand malade d'avoir confié ton *business* à Marc ! Il est dingue ! Il vous fera tous tuer !

J'étais un peu mauvaise langue car la suite m'a donné tort : Marc s'est toujours bien tenu avec Zampa et il n'y a pas eu matière à redire sur ce chapitre. Sauf peut-être, une petite embrouille avec Jeannot Tocci quand il a repris les affaires de son frère, mais rien de grave.

Une autre fois, il a fallu que je sois très convaincant avec des voyous allemands : une histoire pas possible. Les Germains avaient moyennement apprécié ses approximations méridionales. Bref, là encore, il me doit la vie sauve.

Mais le plus beau, ce fut en Espagne. Une discussion surréaliste avec des Marseillais à propos d'une embrouille ayant pour cadre la synagogue. Un jour, alors que j'étais sur la Costa Brava, un ami, Armand, vient me chercher à la maison. Le seul voyou qui ait jamais su où j'habitais. Quand on voulait me voir, on passait obligatoirement par lui. Il m'explique que des Marseillais sont venus me voir exprès pour m'entretenir d'une affaire délicate. Je le suis et nous parvenons jusqu'à un petit bar. Une belle Mercedes immatriculée dans les Bouches-du-Rhône est garée à proximité. Impossible de ne pas la voir. Nous entrons. Quatre hommes nous attendent.

— Pierrot, on est venu te voir parce qu'on sait que tu es un brave garçon. Il faut que tu nous excuses, mais on va tuer Monge !

— Ah bon ? Je sentais que vous veniez me parler de lui ! Qu'est-ce qu'il a encore fait, cette andouille ?

— Il aurait commis un attentat à la synagogue de Marseille ! Il est complètement fou ce mec !

— Je sais qu'il est complètement givré, mais, il n'y a pas moyen de s'arranger ?

— Pierrot, toute la France sait que tu l'as vu naître, tu l'as vu sortir au grand jour, mais là, nous, on a des consignes, on ne peut pas faire autrement, il faut qu'on le bute ! Il en a trop fait. Ça fait vingt ans qu'avec lui, on fait dans le social ! À un moment donné, il faut savoir dire halte à la connerie ! Il y a des limites à tout !

— Les gars, faites-moi plaisir ! Je suis en cavale, vous n'allez pas me tuer ce petit ! Faites ça pour moi, je vous le demande comme un service.

J'ai dû parlementer toute la nuit ! Finalement, au petit matin, les Marseillais ont repris la route sans rien écouter. Dès leur départ, j'appelle Marseille et je tente de faire toucher Marc. Finalement, je parviens à lui parler :

— Marc, fais attention à toi ! Une grosse équipe vient de venir me voir. Ils veulent te les filer. J'ai essayé de te sauver la mise une dernière fois. Mais là, garçon, je crois que tu y es !

— Mais non Pierrot ! Ne t'inquiète pas ! Je les attends, tes gâchettes ! Je vais bien les recevoir ! Et j'encule tout le monde ! Et j'emmerde tout le monde ! Il est pas encore né celui qui me butera !

Je l'ai laissé délirer. Il m'en disait tellement qu'à un moment donné j'ai posé le combiné à côté de moi tant j'en avais assez d'entendre ses bravades. Quand il a eu terminé, je lui ai recommandé de se tenir sur ses gardes et il a raccroché. Finalement, les quatre hommes qui étaient venus me trouver en Espagne ont été descendus les premiers. Par Monge ? Possible. Mais ce n'est pas certain.

Non, le Marc Monge, c'était un fou ! À la fin de sa vie, il était en guerre avec tout le monde. Il aurait pu avoir la même carrière que Fargette. Mais la différence entre les deux hommes résidait dans l'intelligence de l'un et la bêtise de l'autre. Monge était plein de connerie, il manquait d'école et de bons conseils. Il a bien occupé ma cavale, je peux vous le dire !

En Espagne également, Edgar Zemmour est venu un jour me rendre visite. Il souhaitait me remercier parce que je ne m'étais pas laissé embringuer dans l'équipe des frères Perret, ses grands rivaux qu'il avait chassés de Paris, et qui voulaient me prendre dans leur équipe après leur installation en Espagne. De mon côté, j'étais informé de la guerre impitoyable à laquelle ils s'étaient livrés pour le contrôle de la capitale et je ne me voyais pas me ranger dans le camp des ennemis d'Edgar. Il voulait s'assurer ensuite que Jo Hazan m'avait bien remis le fric que Zemmour me devait encore de la carambouille Maria Bauer. En réalité, je n'ai jamais vu la couleur de cet argent. Mais à la façon dont Edgar m'a posé la question, j'ai compris que si je répondais par la négative, il pourrait arriver des bricoles à Hazan. Alors, je l'ai rassuré et lui ai confirmé que Jo s'était acquitté de la commission. En fait, mon ami Hazan, en chemin pour l'Espagne, s'était arrêté au casino, avait joué mon pognon et l'avait perdu. N'en parlons plus, on n'allait pas se fâcher pour si peu et la vie de Jo valait bien plus cher que 50 000 francs.

J'ai eu beaucoup de peine quand Edgar s'est fait descendre à Miami par les hommes de « Mr. Heroin » qu'il avait éliminé en personne quelques semaines plus tôt[1]. Je lui ai même donné raison malgré l'admiration que j'éprouvais pour le grand patron. Malheureusement, dans notre milieu, les choses se terminent souvent ainsi.

Au début de mon installation à Lille, avec N., nous avons vécu ensemble de bons moments d'adrénaline partagés. Une grosse équipe m'a demandé un jour d'aller arracher un ami de prison, à Arnhem. Mon style, je préfère vous le dire tout de suite, ce n'est pas la flamboyance suicidaire d'un Jacques Mesrine, attaquant un pénitencier en plein jour à l'arme lourde. J'aime bien Jacques, on m'a même demandé de l'accueillir un temps en Allemagne après son évasion de la Santé, ce que j'ai refusé parce que je le connaissais bien : il fallait que ça brille, que ça pète, qu'on parle de lui. Ce que je raconte n'enlève rien à la considération que je lui porte mais Jacques, c'était un électron libre, un peu comme Monge. Il était imprévisible,

1. Edgar Zemmour a été abattu le 8 avril 1983, un peu plus d'un an après l'assassinat de « Mr. Heroin » en janvier 1982. Les deux hommes avaient une querelle d'argent, mais Zemmour avait été innocenté de ce meurtre.

fougueux, individualiste par certains côtés. En un mot, ingérable. Demandez donc à François Besse[1] ce qu'il en pense.

En ce qui me concerne, le panache, même si je ne crache pas dessus, ce n'est pas mon truc. Gaby Regazzi m'a enseigné la discrétion. Aux plans bâclés et hasardeux, il a toujours préféré la méthode et la discipline. C'est pourquoi, dans cette affaire d'Arnhem, nous avons procédé autrement. Pour faire évader un ami de prison, il faut avant tout qu'il soit transféré à l'hôpital, car la surveillance est moins grande et il y a surtout moins de barreaux et de portes à franchir.

Nous avons fait prévenir cet ami enfermé et lui avons demandé de s'arranger pour être hospitalisé. L'affaire n'a pas traîné : un matin, la jambe tendue sur le rebord de la cuvette des toilettes, il s'assène un grand coup. La douleur est terrible. Il se provoque une belle fracture et est donc conduit sans délai vers l'hôpital le plus proche. Je savais qu'il allait passer à l'action, c'est pourquoi j'étais en planque depuis l'aube à bord de ma voiture dans la rue, devant l'hôpital. Au moment où il sort sur un brancard, je m'apprête à agir. Mais soudain, un fourgon de police se place face à moi, au bout de la rue et me bloque le passage. Dans le rétroviseur, un second véhicule me coupe toute retraite. Nous avons été donnés.

— Monsieur Hernandez, sortez de la voiture ! Les mains en l'air ! Déposez vos armes ! Ne faites pas de bêtises ! Vous êtes en état d'arrestation !

Cependant, je garde mon sang-froid. J'enclenche une vitesse et je démarre en trombe. J'avais eu la bonne idée

1. Associé de Jacques Mesrine pendant les années 1970, il fut surnommé le « Roi de l'évasion ».

de déposer auparavant mes complices. J'étais donc seul avec N., une femme insoupçonnable. En cas de capture, il était facile de s'en tirer, de jouer les innocents.

— Ma chérie, tiens-toi bien !

— Mais qu'est-ce que tu vas faire ?

— Tiens-toi, je te dis !

Face à nous, des dizaines de flics, armés de « titines[1] ». Je démarre et je fonce comme un fou sur la fourgonnette. Le conducteur panique, il recule, me laissant un tout petit espace entre lui et le mur des immeubles qui bordent la voie. Le choc est terrible, mais ma voiture, déchirant le béton, parvient à s'extraire de la nasse. Devant moi, plus d'obstacle. Je roule à tombeau ouvert et je tente de m'enfuir par le dédale de la ville. Toujours lucide, j'ouvre la fenêtre et je balance par-dessus bord mon calibre, une preuve de moins contre moi. Et la course-poursuite continue. Dans ma fuite désespérée, j'emboutis onze voitures différentes, mais je ne m'avoue pas vaincu. J'ai décidé de vendre chèrement ma peau. Cependant, malgré tous mes efforts, je ne parviens pas à sortir de la ville. Elle se présente comme un véritable labyrinthe, farci de voies en sens interdit. Au bout de quelques longues minutes de rodéo, mon véhicule rend l'âme. Les flics m'entourent. Je sors, les mains en l'air. Quelques coups et l'on me passe les pinces. J'arrive au commissariat très serein. Que peut-il m'arriver ? J'en ai tant vu, j'ai tant été interrogé par de grands flics, par des Américains du Narcotic Bureau, même, que ceux-là ne me paraissent pas faire grand poids.

Je m'attendais à un interrogatoire serré. Eh bien, rien du tout, pas une seule question. Ils m'ont tout de suite

1. Surnom donné aux fusils-mitrailleurs qui équipent certaines forces de police.

mis dans une cellule, sans rien me dire. J'y suis resté trois jours. À la radio, qui était allumée dans les locaux, j'entendais que l'on parlait de mon arrestation dans tout le pays. Je ne comprenais pas la langue, mais je savais que l'on parlait de moi, du « grand gangster français Jean-Pierre Hernandez ». À ce moment-là, je me suis dit, cette fois Pierrot, tu y es, et bien !

J'étais décontenancé par la méthode utilisée. Ils m'ont laissé absolument seul, enfermé, sans rien me dire. Au bout de trois jours, une jeune femme du consulat de France est venue me rendre visite pour m'apporter quelques affaires et des livres. Mais je n'en savais pas davantage. Le lendemain, on m'a fait prendre une douche. Je me rhabille et je suis pris en charge par deux flics qui me font entrer dans une voiture. Ils ne m'adressent pas la parole. Ils conversent en hollandais. Je me dis qu'ils me conduisent devant un juge. J'essaie d'échafauder un plan pour m'enfuir, pour sauter du véhicule. Les portières sont condamnées. Je suis prisonnier. Cependant, la voiture roule toujours et je m'aperçois que nous quittons la ville. Nous roulons longtemps, très longtemps. Soudain, nous nous arrêtons. Nous sommes parvenus jusqu'à la frontière. On me fait sortir et on me conduit dans une salle où s'entassent de nombreux étrangers. Je me retrouve donc dans une sorte de tour de Babel où toutes les langues ou presque sont parlées. Je suis de plus en plus surpris. Et on ne me dit toujours rien. Je comprends que je vais être expulsé. Effectivement, on me met dans un train, accompagné par deux policiers, en direction de Bruxelles. À l'arrivée, on me remet mon argent ainsi qu'un petit sac de voyage contenant un rasoir. Je demande la permission de me rendre aux toilettes pour me raser. On me donne l'autorisation, mais on ne m'accompagne pas. Je me retrouve donc tout seul. Furtivement, je glisse du côté des cabines téléphoniques et je contacte ma femme qui avait été libérée le soir même de notre arrestation car aucune charge ne pesait sur elle. Elle est à Lille. Je lui demande de venir me chercher à la gare. Quelques heures plus tard, elle est là. Les flics ne semblent pas me chercher outre mesure. Je monte dans la voiture et nous regagnons la France en passant par des chemins de traverse. Le soir, je suis à la maison, tout surpris d'être libre. Je n'ai jamais rien compris à cette histoire. Trente ans après, je n'ai toujours pas de réponse. J'ai appris quand même que la collaboration policière européenne n'était pas au point. Si rien n'a changé, mes collègues aujourd'hui en activité n'ont pas de souci à se faire !

15

Tous à l'égout !
ou
Le flop du casse de Cannes

Ainsi va la vie trépidante du voyou. Quelques années après l'aventure rocambolesque de la valise, toujours en cavale, j'ai été contacté en 1986 par des amis pour monter sur une nouvelle affaire, une très grosse affaire. Il s'agissait de cambrioler le Crédit commercial de France à Cannes, en réutilisant la technique initiée par Albert Spaggiari en 1977 à Nice.

Au risque d'écorner un peu son image, je suis obligé, si je veux être sincère, de préciser que dans cette histoire comme dans celle du « casse du siècle », le pauvre Albert n'a pas exactement joué le rôle que la postérité lui a attribué. Les deux coups sont intimement liés car ils avaient le même commanditaire, deux hommes d'affaires qui n'étaient pas du milieu, mais qui avaient assez de relations pour obtenir des complicités insoupçonnables, compétentes et puissantes. Ces messieurs sont les véritables cerveaux de l'opération. Dans le cas de Nice, ils se sont mis en rapport avec Spaggiari, lequel a ensuite demandé son concours à Tany Zampa. Pour préparer le casse de Cannes, ayant déjà des contacts et des amitiés dans le milieu, ils ont passé commande auprès de voyous aguerris de la première équipe niçoise, quatre ou cinq tout au plus.

Ceux-ci ont ensuite monté leur propre équipe composée de braves garçons sélectionnés pour leurs compétences et qui venaient d'horizons différents. C'est ainsi que l'on m'a contacté en Allemagne, coopté par des amis qui connaissaient mon sang-froid dans l'action, ma mentalité et mon professionnalisme.

Contrairement à la bande de Nice, nous possédions les plans des égouts. Nous avions pu nous les procurer discrètement auprès des services municipaux. Tous les renseignements nécessaires y étaient portés avec précision et, de plus, nous avions avec nous un spécialiste de la lecture de ces types de plan. Notre tâche en a donc été grandement facilitée. Nous avons pu ainsi parvenir au but directement, sans perdre de temps en tâtonnements approximatifs. Nous savions exactement où percer le boyau afin de creuser le tunnel qui nous permettrait d'atteindre la salle des coffres.

L'organisation était parfaite, professionnelle. Nous rentrions tous les jours le matériel par une rivière qui débouchait à la sortie de Cannes. En la remontant sur quelques mètres, nous parvenions directement aux souterrains. C'est par cette entrée discrète que nous avons transporté les tonnes de matériel nécessaire au succès de l'opération sur plusieurs kilomètres : des dizaines de bouteilles d'oxygène et d'acétylène, des lances thermiques, des burins, du bois pour l'étayage du tunnel. Avant de commencer véritablement le percement de l'égout vers la banque, il fallait transporter tout cet attirail à dos d'hommes, à moitié courbé tant les plafonds étaient bas, dans une puanteur insoutenable. Pour ne pas être repérés, nous travaillions de nuit, avec toujours un véhicule en planque à l'entrée de la rivière afin de nous prévenir de tout mouvement suspect.

Pour travailler plus confortablement, nous avons dans un premier temps électrifié le sous-sol. Jean-Louis Fargette nous avait envoyé un professionnel. En plein jour, il était monté sur un poteau, au centre-ville, et avait tiré un câble jusqu'à nous. Ainsi, nous disposions de toute l'électricité nécessaire au bon fonctionnement de nos outils. Cependant, même s'il était doué dans sa partie, cet homme s'est vite rendu compte que sa petite installation provoquait des courts-circuits plongeant le quartier dans le noir complet, ce qui aurait pu éveiller les soupçons. C'est pourquoi nous lui avons demandé de démonter son installation. Pour résoudre le problème, nous avons dû transporter des groupes électrogènes ainsi que l'essence nécessaire à leur bon fonctionnement : ce contretemps a occasionné une nouvelle noria harassante de litres et de litres de carburant. Afin de travailler sans nous étouffer, nous laissions les groupes à 2 ou 3 kilomètres de l'endroit où nous creusions, dans un lieu aéré et où le bruit des moteurs ne parvenait pas jusqu'à l'extérieur.

Notre équipe n'était composée que de spécialistes : un technicien pour la lecture des plans du sous-sol, des « débranches » pour les alarmes, des ouvreurs de coffres spécialement venus d'Italie en compagnie de professionnels rompus à l'utilisation des lances thermiques, d'anciens mineurs prenant en charge le travail de sape et d'étayage. En tout, nous étions vingt-cinq personnes. Tout avait été pensé, prévu, organisé. Rien n'avait été laissé au hasard. La discipline était stricte. On imagine souvent que les braqueurs n'ont pas de règles parce qu'ils sont épris de liberté et aiment enfreindre les codes établis. Rien de plus faux dans notre cas. Nous appartenions à une sorte de commando militaire. Chacun avait un rôle à tenir et il n'y avait pas de place pour l'improvisation. Il était interdit par exemple de soulever les bouches d'égout donnant vers l'extérieur. Nous ne devions emprunter que la rivière souterraine et surtout nous faire les plus discrets possibles lors des travaux. Nous étions tous vêtus de survêtements, par commodité et, une fois le travail accompli, nous ressortions tous par l'embouchure de la petite rivière. En moyenne, sans compter les déplacements liés aux affouillements, nous parcourions chacun environ 15 kilomètres dans un dédale étroit, tortueux et puant.

Nous avons été rapidement confrontés à quelques problèmes majeurs : si nous avions trouvé sans peine l'endroit exact où nous devions percer le boyau jusqu'à la banque, nous avons été surpris par la dureté du sol. Et, d'un délai fixé à quinze jours au départ, nous avons dû sérieusement reprendre notre copie. Les lances thermiques, par ailleurs, furent moins performantes que prévues. Les têtes cassaient rapidement et nous avons dû souvent les changer au point que plusieurs voyages en Italie furent nécessaires pour se réapprovisionner en pièces détachées diverses. Le travail était très pénible. Nous ne pouvions pas rester debout dans le boyau car il était bien trop exigu. Après quelques heures passées ainsi courbés, la fatigue physique était terrible. Les excavations étaient lentes, trop lentes. Si bien que nous avons rapidement mis en place un système d'équipes nous permettant de travailler en continu vingt-quatre heures sur vingt-quatre. Ce roulement incessant permettait de nous reposer et d'être plus efficaces lorsque venait le moment de prendre notre tour. Il était décourageant de revenir sur zone après un repos de douze heures et de constater que le chantier n'avait presque pas progressé. Pourtant, tout le monde mettait du cœur à l'ouvrage. Nous voulions réussir nous aussi ce qui deviendrait le « casse du siècle », pulvérisant – et de loin – la performance établie par Spaggiari, tant la banque recelait de valeurs. Nous ne perdions pas la foi. Nous nous relayions ainsi, sans relâche, donnant le meilleur de nous-mêmes, excavant, étayant, frappant sur nos burins, évacuant les gravats, heure après heure, jour après jour.

Mais les choses n'allaient pas de soi. Le percement du tunnel était laborieux. Un jour que je travaillais couché à l'intérieur, j'entendis soudain un craquement terrible. Du bruit, de la terre, puis plus rien. J'étais enterré, mais vivant. Drôle d'impression, je vous assure. Mais je suis un homme de sang-froid. Sans trop me faire de soucis, j'ai attendu que les gars déblayent les gravats et me sortent enfin, au bout de près de quatre heures, de mon trou à rat. J'étais un peu sonné. Cependant, après quelques minutes de repos, j'ai repris mon travail harassant, comme si rien ne s'était passé.

Un premier mur, enfin. Lorsque l'on parvient à ces sortes de seuils, à ces objectifs intermédiaires, prévus et longuement attendus, la joie nous prend. C'est la frénésie, l'enthousiasme. On se congratule, on s'embrasse, c'est un moment spécial dans la vie d'un braqueur. La motivation redouble car nos efforts paient. Là encore, notre bonheur est de courte durée, douché par une nouvelle épreuve. Le mur qui obstrue le tunnel est fait d'un béton puissamment armé, presque inexpugnable. La confiance en notre matériel et dans les spécialistes qui le mettent en œuvre nous rassure un temps. Mais l'espoir laisse rapidement la place à l'abattement. Les lances thermiques mordent la matière mais peinent à l'entamer comme nous l'aurions souhaité. Un nouveau combat débute, contre ce mur d'enceinte extrêmement dense et résistant. Inutile d'insister davantage, inutile de s'acharner ainsi. Il faut réfléchir, à nouveau contourner le problème, trouver une solution. Nous organisons donc une petite réunion de chantier. Les spécialistes préconisent de forer le mur par petites touches pour l'affaiblir, en pratiquant de petits trous, par groupes de trois, disséminés sur toute la surface de la paroi, à la manière d'un gruyère. Aussitôt la décision prise, nous nous mettons à l'œuvre. Mais le travail est compliqué, lent et harassant. Nous reprenons donc la rotation humaine qui nous a permis de vaincre le sous-sol de Cannes une première fois. Un trou, puis deux, puis trois, en cinq jours. C'est long, trop long, mais au bout de l'effort, au bout de notre vie de forçats, il y a la lumière, celle de l'exploit, celle de la richesse, celle de l'abnégation dans le crime, toute notre vie, quoi !

J'ai appris à Cannes que lutter, même de tout son cœur, n'est pas toujours suffisant pour vaincre. Il y a des jours en effet où l'on se dit que le bon Dieu n'est pas gentil : un orage d'une violence rare éclate au-dessus. La ville se courbe sous les bourrasques, l'eau ruisselle de toutes parts. Et, bien entendu, nous ne tardons pas à la voir arriver jusqu'à nous : le niveau de l'eau monte, rapidement, dangereusement. Dans un premier temps, nous essayons de mettre le matériel en hauteur pour le tenir au sec. Bien vite, pourtant, il faut prendre une décision. Nous avons de l'eau jusqu'à la poitrine et, là-haut, le déluge n'en finit pas de tomber. Que faire ? Si l'orage ne cesse pas immédiatement, nous risquons de tout perdre, la vie même. Périr noyé dans un égout, comme un rat, ce n'était pas là le destin auquel j'aspirais. En catastrophe, l'ordre d'évacuer le boyau est donné. Une longue nage commence alors, dans le calme, pour regagner la petite rivière souterraine et au-delà, l'air libre, la terre des hommes. 2, 3, 5, 6 kilomètres, l'égout est un canal plein de tourbillons que nous tentons de passer sans trop réfléchir. Les rats nous accompagnent, comme eux, nous fuyons, les éléments sont trop forts, nous ne pouvons plus lutter. Nous parvenons enfin à sortir. Pour nous, tout va bien. Mais il y a plus grave.

Dehors enfin, avec un ami, je passe devant le casino pour regagner ma voiture. Nous jetons un œil vers la mer, vers le port tout proche : horreur ! Charriés par l'eau qui se déverse des égouts de la ville, nous apercevons une multitude de bouteilles, du papier, du plastique, du matériel divers, flotter sur la baie. Ah, nous sommes jolis ! Tout ce qui pouvait surnager se trouvait là, sous les yeux des passants qui ne faisaient pas grand cas de cette pollution soudaine. De l'étonnement, tout au plus, pouvait se lire dans leurs yeux, mais finalement rien d'inquiétant. Pour couronner le tout, face à ce beau spectacle, nous apprenons que le congrès d'Interpol tient ses travaux dans un des bâtiments donnant sur le port. La fine fleur des flics européens, aux premières loges, pour assister à la débâcle de ce qui aurait pu être « le casse du siècle ». Nous n'insistons pas davantage et, rengorgeant notre fierté blessée, nous nous engouffrons dans notre automobile pour regagner mon appartement, quelque part en ville.

Nous nous terrons comme des bêtes traquées plusieurs jours, le temps que passe l'épreuve. Puis nous décidons tous de nous retrouver en bas, pour faire le point. Je peux vous dire que nous avions pris un sacré coup au moral. Une part de notre matériel était parti au large, le tunnel montrait des signes de faiblesse, le découragement était certain. Nous avons longuement discuté. Qu'allions-nous faire ? Certains voulaient tout arrêter pour repartir sur de nouvelles affaires, moins difficiles. D'autres, dont je faisais partie, souhaitaient poursuivre. Finalement, après une longue réflexion, après un échange d'arguments contradictoires, nous avons tous décidé de rester et de terminer l'œuvre commencée. Il fallut donc à nouveau transporter du matériel, remplacer les bouteilles d'acétylène qui avaient été emportées, acheter de nouveaux groupes électrogènes. En quelques jours, le chantier pouvait enfin recommencer. L'eau avait baissé. Nous étions prêts.

Le mur d'enceinte résista trente-cinq jours. Une fois qu'il eut été percé d'une multitude de petits trous, nous avons dû les relier les uns après les autres au burin. Un travail de forçat ! Vingt-quatre heures sur vingt-quatre, nous nous relayions, au pied du mur, pour le fracturer, le vaincre. Nous avions la rage et notre entêtement finit par payer. Il céda peu de temps avant le 11 Novembre. Quand le dernier coup de burin le creva enfin, ce fut la joie, presque une délivrance, une victoire contre l'impossible. Notre projet un peu fou allait trouver son dénouement bientôt. Derrière la muraille ceignant les sous-sols de la banque, il y avait une sorte de vide sanitaire de quelques mètres carrés, bouché par un autre mur. Mais celui- là n'était pas de la même nature que le premier. Il avait été érigé en briques fragiles.

Quelques coups de burin, et l'affaire est dans le sac. Nous décidons d'attendre sagement le vendredi soir pour donner le coup de grâce. Nous prévenons le « débranche » qui doit nous assurer une paix royale durant un week-end entier ainsi que le spécialiste italien des coffres-forts. Dans quelques heures, ils nous ouvriront toutes grandes les portes de la réussite ! Le vendredi arrive enfin. Nous sommes surexcités. Ces deux mois éreintants passés sous terre, la puanteur, le découragement n'ont pu entamer notre détermination. Nous sommes à l'aube d'un grand coup, du « Grand Coup » peut-être ? Nous sommes prêts.

Rien n'a été laissé au hasard. Ce soir, dès la fermeture des bureaux, nous frapperons fort, très fort !

Malheureusement, les choses ne vont pas se dérouler comme nous l'avions imaginé. Quelques minutes avant que l'un d'entre nous ne donne le coup de grâce au mur de briques, nous entendons bricoler au-dessus de nos têtes. Une bouche d'égout, située à quelques mètres seulement de nous, se met à bouger. Nous avions posté là deux de nos amis, les plus épuisés, afin qu'ils montent la garde et nous préviennent en cas de danger. Comme ils étaient partis depuis longtemps déjà, notre inquiétude augmenta plus encore avec ces mouvements suspects au-dessus de nous. Alors la décision fut rapidement prise : il fallait évacuer le boyau de toute urgence, c'était une question de survie.

Bien souvent, c'est par un hasard providentiel que les voyous se tirent des pièges tendus par la police ou par leurs ennemis. Je n'avais eu la vie sauve autrefois que parce que j'avais échangé ma petite voiture contre une autre que personne ne connaissait. La vie tient parfois à pas grand-chose, tout le monde a pu l'éprouver dans son existence. Ce jour-là, il y avait un bon Dieu avec nous, dans notre malheur. En effet, un de nos amis avait un jour profité de sa pause pour explorer les égouts à bord d'un petit canot gonflable. Il était parti se détendre dans le dédale une petite heure, naviguant au hasard, sur les eaux troubles du souterrain. C'est ainsi qu'il découvrit l'existence d'une bouche inconnue qui n'était pas répertoriée par les plans que nous avions appris par cœur. Il quitte alors son esquif et commence à gravir les barreaux de l'échelle métallique. Il soulève discrètement la plaque, regarde à l'extérieur et découvre une placette en forme de boulodrome au milieu d'un petit parc du centre-ville. Fier de sa découverte, il revient à grands coups de pagaie nous en faire part. Quand nous avons senti que l'on s'affairait en haut, dans la rue, nous avons tout de suite pensé à cette sortie providentielle. Les flics, nous ne le saurons que plus tard, avaient pris position sur chacune des bouches d'égout de la ville. Tous les effectifs de la région avaient été mobilisés, de Cannes bien sûr, mais aussi de Toulon, de Hyères, de Marseille et d'ailleurs. Notre seule issue encore possible, en misant sur le fait que les condés réfléchissaient à partir du même plan que le nôtre, c'était de tenter une sortie par le petit parc.

Il n'y a pas eu de panique. Nous étions tous de braves garçons, habitués à l'adrénaline et aux tensions soudaines, capables de faire front face aux situations les plus urgentes et les plus périlleuses. Nous en avions tant vu ! Mes amis ont commencé à filer, emportant le minimum avec eux. Je suis resté, jusqu'à la dernière minute, enfouraillé, prêt à faire feu, avec deux compagnons déterminés. Quand le dernier des hommes eut disparu dans le boyau, nous avons décampé, sans demander notre reste. Nous avons parcouru les quelques kilomètres sous terre, à demi-courbés, marchant dans une eau sale et puante. Seules comptaient la fuite et la liberté, que nous comptions bien préserver.

Nous sommes sortis un par un par la bouche oubliée puis nous avons regagné nos maisons et nos appartements, trop heureux d'être encore libres !

Nous avons été sauvés, semble-t-il aussi, par le caractère exceptionnel de notre entreprise : nous étions si craints de la police qu'elle avait reçu la consigne de n'agir que sur ordre de Charles Pasqua, le ministre de l'Intérieur en personne. Quand il donna enfin le feu vert, nous étions déjà loin. La version officielle raconte qu'un passant alerté par le bruit qui provenait des profondeurs avait donné l'alarme. Mais ce jour-là, les travaux étant terminés, nous étions restés silencieux. Il s'agit donc là d'une version plus que douteuse. La vérité, et je la saurai un jour, c'est que quelqu'un nous a balancés. Il n'y a pas d'autres solutions possibles. Et aux dires d'un très grand flic, je ne suis pas loin d'avoir raison ! J'en ai eu la preuve bien plus tard.

Ce soir-là, début 2011, un peu avant la parution de la biographie qui m'était consacrée, je dînais dans un restaurant parisien en compagnie de l'auteur, le journaliste François Mattéi, et de ce grand poulet, un homme qui m'a beaucoup poursuivi mais que je respecte infiniment. Au cours du repas, nous bavardons, comme deux anciens amis qui ont traversé la vie ensemble et j'évoque un souvenir ancien :

— Tu vois, Lucien[1], cette affaire de Cannes n'est pas nette ! Quelqu'un a dû nous balancer. J'ai beau tourner le problème dans tous les sens, je ne vois pas d'autre explication ! En plus, Lucien, je sais que tu es au courant de tout !

— Ah bon, vraiment ?

— Oui ! Et je peux même te donner des détails : quelques années après le casse raté, Dédé Gau[2] m'a contacté, affolé. Au bout du fil, il était surexcité ! « Pierrot, nom de Dieu, viens vite me voir, il faut que je te parle, de toute urgence. »…

Mon Dédé avait ouvert une boîte, porte de Vincennes, et Tany était encore au milieu de l'histoire. Il avait partie liée avec l'affaire. Zampa, il ne pouvait s'empêcher de

1. Il s'agit du commissaire Lucien Aimé-Blanc, ancien patron de l'Office central de répression du banditisme et auteur de la préface de *Confessions d'un caïd*.

2. André Gau, ancien patron du gang de la banlieue sud, surnommé Dédé le Gode par Jacky le Mat.

manger sur tout. Bref, dès que possible, je vais le voir. Je rentre dans son restaurant. Quand il m'aperçoit, il me fait la bise et m'entraîne dans l'arrière-salle.

— Je sors de chez Lucien. Il m'a convoqué à son bureau du 36, quai des Orfèvres. Il m'a passé un sacré savon, je peux te le dire : « Maintenant Dédé, écoute-moi bien, on va arrêter les conneries ! Ta boîte, tu vas la fermer tout de suite, tu m'entends ? Tout de suite ! J'ai été gentil dans le passé, j'ai fermé les yeux sur pas mal de choses, sur Cannes en particulier. Cannes, ça te rappelle quelque chose, Dédé ? Alors, si tu ne veux pas que je mette le nez dans les vieux dossiers, tu vas me faire plaisir et fermer ton rade, tout de suite ! »

Mais revenons pour quelques lignes en 1986. À 13 heures, au moment du journal télévisé, j'étais déjà chez moi depuis quelque temps. Un verre à la main, j'ai entendu Patrick Poivre d'Arvor évoquer notre casse raté et la découverte de notre tunnel. Mais ensuite, plus personne n'en a parlé. La télévision avait-elle reçu des consignes du ministère ? En revanche, la presse écrite s'est fait largement l'écho de notre aventure. Quand on est un voyou, on aime le jeu. Nous avons joué, nous avons perdu ! Les choses sont ainsi ! On ne peut pas remporter la mise à tous les coups au risque de se lasser bien vite de cette vie marginale et exaltante !

Cependant, les conséquences de Cannes allaient se montrer sournoises pour certains d'entre nous, en particulier pour celui qui était le plus proche de moi à cette époque-là. Cet ami, Arthur Rinaldi, spécialiste du maniement des lances thermiques, était loin de se douter que la perforation du mur d'enceinte de la banque allait lui être fatale. En effet, comme je l'ai expliqué, la paroi était extrêmement difficile à percer. Elle était constituée d'un mélange de béton armé et d'amiante très concentré. Mon ami, respirant cette poussière pendant des semaines, ne savait pas qu'il signait son arrêt de mort en croyant gagner la belle vie. En 1987, peu de temps avant que ma cavale prenne fin, il a commencé à se plaindre de douleurs terribles à la cage thoracique. Je l'ai conduit en consultation chez le professeur Israël, à Paris. Quand il a vu l'état de ses poumons et de sa plèvre, il ne nous a pas laissé beaucoup d'espoir, quelques mois tout au plus. Nous avons tenté de lui expliquer qu'Arthur avait longtemps travaillé aux chantiers navals de La Ciotat et que c'était là qu'il s'était lentement empoisonné. Le professeur Israël nous a regardés, l'air dubitatif :

— Arrêtez-vous les gars ! Ce n'est pas à La Ciotat qu'il a contracté sa maladie ! Je pense plutôt qu'il n'a pas pris assez de précaution en perforant les murs armés des banques auxquelles il s'est attaqué toute sa vie !

Mon ami est mort, peu de temps après. Les égouts de Cannes avaient fini par lui porter le coup de grâce.

16

L'AFFAIRE LE ROUX REMONTE EN SURFACE

1987. L'automne déjà. Je suis chez moi, à Villeneuve-d'Ascq, toujours en cavale. Le téléphone sonne. C'est mon petit frère Simon :

— Pierrot, il faut que tu descendes.

— Pour quoi faire, explique-moi !

— Descends, je te dis, le plus tôt possible.

Je rassemble mes affaires, je parle de cet appel avec ma femme et nous décidons, toute affaire cessante, de prendre la route immédiatement. N. est au volant. J'évite de conduire le plus possible. En effet, on risque gros lorsqu'on est en cavale lors d'un simple contrôle routier. Si, à un péage ou ailleurs, les flics nous arrêtent, ils demanderont ses papiers à la conductrice et me laisseront tranquille. C'est un calcul qui m'a sauvé la mise plusieurs fois. Nous roulons toute la nuit et, au petit matin, nous arrivons à Monteux, près de Carpentras. Mon frère nous accueille. Il n'est pas seul. Marc Monge est là, mon vieux complice des braquages parisiens. Marc Monge que j'ai vu naître, littéralement. Nous ne nous sommes pas vus depuis longtemps. Il sort de prison. Il avait été arrêté en Belgique, peu après notre séparation et mon installation en Allemagne. Nous sommes heureux de nous retrouver. À peine avons-nous le temps de nous rafraîchir qu'il m'explique que nous allons passer la soirée ailleurs, quelque part dans une auberge du côté du Luberon.

— Allez, mon vieux, il faut que tu me suives !

— Déjà ?

— Allez, viens, ne discute pas !

Nous repartons donc, N., mon frère, Marc et moi, pour une destination inconnue. Il ne me dit rien de plus. 10, puis 20, puis 30 kilomètres. Nous avançons sur de petites routes de montagne. Nous nous arrêtons devant une petite auberge, perdue dans les bois. Nous sortons de la voiture. Sur le pas de la porte, je reconnais une figure amie : Jeannot Lucchesi est là, souriant. Nous nous embrassons. Nos routes s'étaient séparées après l'affaire de la French Connection. Bien entendu, nous nous appelions de temps à autre, nous restions en contact, mais la vie de voyou n'est pas régulière. Nous devions composer avec les aléas de nos parcours respectifs. Il était lui aussi en cavale et se cachait ici, comme moi dans le Nord. Lucchesi a les larmes aux yeux, il pleure même. Il ne faut pas croire que les hommes fichés au grand banditisme soient insensibles. Nous sommes capables de tout, d'une violence extrême, mais nous sommes souvent de grands sentimentaux, surtout quand le Sud nous a vus naître. Alors, avec Jeannot, mon ami, nous nous tombons dans les bras. Nous nous regardons, nous nous donnons de petites tapes amicales sur les joues. Il essuie ses larmes et je lui tape sur l'épaule : « Rentre, grand couillon ! »

Je lui présente N. qu'il ne connaissait pas. Il a fait préparer un bon repas, des côtelettes arrosées d'un bon vin de Provence. Mon ami Dédé Milesi est là, lui aussi, à l'intérieur. La surprise est totale. L'ambiance est conviviale, on se remémore de vieux souvenirs, notre jeunesse tumultueuse, les belles affaires du temps jadis. Jeannot me parle longuement de Tany, de sa fin tragiquement mystérieuse, des doutes que ce suicide lui inspire. Nous sommes en train de manger, quand soudain, une châtaigne éclate dans l'âtre. Nous sommes saisis d'effroi, pensant quelques secondes qu'il s'agissait d'un coup de calibre ! Cette frayeur nous fait bien rire. C'est bon de le revoir, de l'entendre. Il me raconte la fin du clan Zampa avec émotion. Il me confie qu'en cavale, il redoutait surtout d'être repéré par le Belge qui voulait sa peau : vieille rancune marseillaise du temps de la guerre des gangs, du temps de Lomini, de Di Russo et de Bébert Franconi. Chez les voyous, le passé peut être une bombe à retardement qui vous pète à la gueule quand vous y pensez le moins. Alors, il se méfiait. Je peux vous dire que le Belge, en 1987, c'était un vrai monsieur qui faisait trembler bien du monde. Et comme il avait raison ! Zampa lui en avait fait quelques-unes de belles !

À la fin du repas, Lucchesi se tourne vers N. :

— Madame, je vous prie de m'excuser, je vous enlève Pierrot un moment. Vous savez ce que c'est, on s'est fait ensemble, comme on dit.

Et il m'entraîne dans une pièce isolée, au fond du restaurant. Il ferme la porte. Sur une petite table, du café et deux tasses, des cigarettes. Nous nous asseyons l'un en face de l'autre. Il devient grave, comme tourmenté de l'intérieur.

— Pierrot, je suis dans la merde. J'ai le Belge au cul, il veut me couper en deux. Mais il y a plus grave. Tu as entendu parler de l'affaire Le Roux ?

— Bien sûr, comme tout le monde, par les journaux.

— Eh bien, Pierrot, le coup est venu de Zampa. Et, c'est moi qui l'ai faite[1], la petite Le Roux.

Je lui demande quelques explications : que vient faire Zampa dans cette histoire ? Comment a-t-il eu la fille au bout du calibre, pour quelles raisons ? Et il m'explique. En 1977, Fratoni, le directeur du casino Ruhl, voulait prendre le contrôle du palais de la Méditerranée, dirigé par Mme Le Roux. Devant le refus obstiné de la patronne de céder ses parts, il semble qu'il se soit servi de la complicité de Maurice Agnelet qui voulait se venger de Mme Le Roux. Comment ? Il séduit sa fille Agnès et la pousse, le 30 juin 1977, à donner sa voix à Fratoni lors du conseil d'administration. La présidence bascule. Fratoni prend le contrôle du palais de la Méditerranée. Ce vote n'était cependant pas gratuit. Agnès l'a vendu pour une somme de 3 millions de francs suisses. Rapidement, vengeance faite, Agnelet se désintéresse de la jeune femme. Il passe son temps avec une autre maîtresse, voyage. La pauvrette est malheureuse. Elle tente de se suicider.

Peu de temps après une seconde tentative de suicide, en octobre 1977, Zampa est fou de rage. Pourquoi ? Fratoni lui a confié la protection de son casino, le Ruhl, depuis longtemps déjà. Un peu avant de prendre le contrôle du palais de la Méditerranée, il lui a promis de faire de même avec sa nouvelle acquisition. Quand Jeannot m'explique le détail de l'histoire, je ne suis pas surpris. Je me souviens en effet que Zampa m'avait dit un jour que nous allions manger sur les casinos, sans plus de précisions. Maintenant, tout devient clair dans mon esprit : Tany voulait parler de celui de Nice.

1. Ce qui veut dire : « C'est moi qui l'ait supprimée »...

Le problème, c'est que Fratoni a promis la même chose à Jacky le Mat. Et deux fauves sur le même terrain de chasse, c'est une histoire qui ne va jamais bien loin. Il se raconte dans le milieu que les deux parrains se sont rencontrés en secret à propos de cette affaire. Le Mat aurait dit clairement à Zampa qu'il pourrait lui laisser un peu de place : « Tany, tu manges sur tout dans la région ! Laisse-moi un peu gaméler sur le palais de la Méditerranée ! » Et le Grand aurait refusé. Ainsi s'explique la guerre fratricide qui s'est ensuivie. Tout semble partir de cette affaire de Nice, tout devient logique. La lutte entre les deux caïds se superpose à l'affaire Le Roux, mais n'en est donc pas une conséquence. Comme dans celle qui l'a opposé au Belge au début des années 1970 à propos du trafic de drogue, la guerre qui a opposé Tany Zampa à Jacky Imbert prend naissance dans la volonté de contrôler les casinos de la Côte. Les effets sont les mêmes, mais les causes sont foncièrement différentes.

On peut penser que Zampa a donc voulu se venger de Fratoni. Comment ? En l'éliminant ? Non ! Son plan est sans doute plus subtil. Agnès Le Roux est une pièce maîtresse dans la stratégie du patron des jeux de Nice. Sans son soutien, sans sa voix au conseil d'administration, il perd le contrôle du palais de la Méditerranée. Et puis, si l'on supprime Agnès, on suspectera tout le monde, sa propre famille ou Agnelet, mais pas le clan de Tany. Et la vengeance sera complète. Ce qui intéressait probablement Zampa également, c'étaient les 3 millions de francs suisses de l'achat du vote de la jeune fille. D'ailleurs, si l'on piste la trajectoire de cet argent, on peut en déduire des choses fort intéressantes. Il est à noter, et c'est encore un mystère, que ces fonds sont rapidement virés à l'époque de la disparition d'Agnès ou peu après, sur un compte helvétique appartenant à Jean-Maurice Agnelet. Le plan machiavélique de Tany était probablement de récupérer cette somme. Comment ? En donnant un rendez-vous à l'avocat qui devait venir en apportant la somme et le supprimer à son tour. Je crois savoir qu'il n'est jamais venu, ce qui lui a sans doute sauvé la vie. Dès le départ, Lucchesi l'affirme, l'objectif était d'orienter les soupçons rapidement sur Agnelet. De quelle manière ? En laissant traîner opportunément un mot dactylographié, signé par Agnès : « Désolée – mon chemin est fini, je m'arrête là – Tout est bien – Agnès. Je veux que Maurice s'occupe de tout. » Ce billet, la jeune femme l'avait rédigé juste avant sa deuxième tentative de suicide, début octobre 1977. Lucchesi et son acolyte, visitant son appartement après son élimination, ont laissé cet aveu de culpabilité bien en évidence et les enquêteurs n'ont pas manqué ensuite de s'en servir pour accrocher un début de piste.

Je connais bien les méthodes de Tany : ce qui ne trompe pas, c'est que les bijoux d'Agnès ont disparu de l'appartement après la visite des deux hommes. C'était du travail à la Zampa, il n'y avait pas de petits profits.

Comment l'exécution s'est-elle déroulée ? Jeannot m'explique qu'avec un autre membre du clan, il enlève la fille. Ils la conduisent à Marseille où ils l'exécutent. Lucchesi avait des haut-le-cœur durant son récit. Toute cette histoire le dégoûtait, neuf ans plus tard, comme au premier jour. « J'étais obligé de le faire, Pierrot, mais je ne voulais pas. » Ils ont ensuite transporté le corps aux Goudes[1], afin de le faire disparaître dans les profondeurs des calanques. Puis, ils ont récupéré le Range Rover

1. Quartier de Marseille situé aux portes des Calanques.

d'Agnès et l'ont conduit dans un garage que nous connaissions bien pour l'écraser et faire disparaître toute trace.

— Si je t'ai fait venir, Pierrot, c'est que j'avais besoin de confier tout ça à quelqu'un de confiance, parce que c'est trop lourd à porter. Je suis en cavale, condamné à mort par le Belge et je suis malade. Je sais que je vais bientôt y passer, d'une manière ou d'une autre. Alors, je pouvais plus garder tout ça. Il fallait que je me confesse. Je t'ai choisi.

À la fin de son récit, Jeannot semble comme apaisé. Mais, reprenant son souffle :

— Il y a autre chose, Pierrot. Pour ce contrat de merde, je n'ai rien touché. Pas un franc. Maintenant que Tany n'est plus là, c'est son demi-frère, Jeannot Tocci, qui a pris les affaires en main. Mais Tocci, ce n'est pas le Grand, tu sais ! Nous sommes un peu en froid.

— J'irai parler à Tocci, t'inquiète pas !

— Je voudrais aussi te demander un autre service : j'ai la trouille parce qu'on m'a raconté que le Range Rover de la fille a été aperçu à Marseille. Tu connais les mecs aussi bien que moi. Pour gagner quatre sous de plus, ils ont été capables de le refourguer, ces cons !

— Tu sais de quoi tu parles, Jeannot ! Tu te souviens de la voiture que tu avais revendue après un passage en Amérique ? J'avais été obligé de me rencarder pour savoir où elle se trouvait. Tu te souviens de cette histoire du mont Ventoux ? Je vois que toutes ces méthodes à la con sont toujours d'actualité ! C'est du joli !

Il est temps de partir et de regagner Monteux. Quand on est en cavale, il vaut mieux savoir changer d'adresse rapidement. Pour dire que tout finit par se savoir dans le milieu, j'ai appris en décembre 1999 que le Belge savait que j'avais rencontré Jeannot ce jour-là. Comment l'a-t-il découvert ? Je n'en saurai jamais rien. En partant, je rassure Jeannot. Je m'occuperai du fric et je me renseignerai sur la voiture. On s'embrasse. Nous ne devons plus nous revoir.

Avant de remonter à Villeneuve-d'Ascq, je décide de m'acquitter de mes engagements. J'appelle Jean-Pierre Pilato, ma gueule d'apache. Je lui demande de m'accompagner au garage auquel on avait confié la voiture. Le patron, que je connais bien car il écrasait les voitures de la French Connection, me certifie que le Range Rover a été réduit en miettes. Lucchesi peut dormir tranquille.

Je demande ensuite à Jean-Pierre de me prendre un rendez-vous avec Tocci. Puis, je remonte chez moi, dans le Nord. Dix jours après, Pilato me rappelle :

— Pierrot, tu as rendez-vous avec Tocci à la gare de Salon-de-Provence, au Bar des Sports. Celui qui viendra te chercher, tu le connais bien.

Il ne m'en dit pas plus. Quelques semaines plus tard, je reprends ma voiture, en compagnie de ma femme, et je me rends au rendez-vous fixé. Attablé depuis cinq minutes à peine, j'aperçois une voiture qui attire mon attention. Un homme sort : c'est Dédé Milesi, un des amis que j'avais revus avec beaucoup de plaisir lors du dîner de l'auberge du Luberon. Nous nous embrassons avec chaleur et il me demande de le suivre. Je laisse donc ma femme en lui recommandant de profiter de mon absence pour aller faire un petit tour à Aix. J'en aurais vraisemblablement pour cinq ou six heures.

Dédé me conduit à l'extérieur de la ville, dans une petite auberge tranquille, à la campagne. Tocci m'attend. Celui-là aussi, ça faisait longtemps que je ne l'avais pas vu. Embrassades, tapes amicales. Il est heureux de me retrouver après toutes ces années.

— Jeannot, j'ai demandé à te voir parce que j'ai un service à te demander.

— Je t'écoute.

— Il y a quelque temps, j'ai vu Lucchesi. Tu sais que depuis, il est mort d'une opération du cœur. Je suis passé voir sa femme Christiane, à Port-de-Bouc. Elle tire la langue financièrement, la pauvrette. Apparemment, Nono n'aurait pas été payé pour l'exécution du contrat passé sur la tête de la fille Le Roux. Je suis venu te demander de faire quelque chose pour Christiane. Il faudrait faire un geste. Je sais que tu as touché pour cette affaire.

— C'est vrai, Pierrot.

— Tu sais que j'ai connu ton frère Tany bien avant que toi, tu le rencontres pour la première fois. Si je lui avais demandé la même chose, le Grand aurait aligné les billets tout de suite.

— Pas de problème. Combien faut-il lui filer ?

— Je ne sais pas combien tu as touché, mais il faut au moins lui faire tomber une centaine de patates.

— Entendu, Pierrot, je t'appelle demain.

Je lui donne un numéro, celui d'une cabine téléphonique, et nous convenons ensemble d'un rendez-vous par téléphone le lendemain. Nous mangeons, passons l'après-midi tous les deux. Puis, nous nous quittons en fin de journée. Dédé me redescend à Salon, je retrouve ma femme et nous repartons aussitôt à Villeneuve-d'Ascq.

Le lendemain, à 8 heures, le téléphone sonne à la fameuse cabine publique. Je décroche :

— Pierrot, j'ai réfléchi : je n'ai jamais donné un sou à une femme, ce n'est pas aujourd'hui que je vais commencer. Je ne donne rien. Mais, comme tu t'es déplacé, je vais te faire envoyer une petite enveloppe, pour toi.

— Jeannot, les sous de mon ami, je n'en veux pas ! Tu peux te les garder !

J'aurais dû ravaler ma fierté, prendre cet argent et le donner à Christiane. Mais je me suis senti blessé dans mon orgueil de voyou. Ce n'étaient pas des manières ! Tocci ne respectait pas les règles ! Sur ce coup-là, j'ai vraiment été le roi des cons.

— Tu donnes pas ? Qu'est-ce que tu veux que je te dise ? Garde le pognon de Jeannot ; du temps du Grand, il n'y aurait pas eu de discussion.

Et j'ai raccroché, en colère. Les choses en sont restées là. J'ai tenté d'oublier cette affaire. Je suivais de loin les démêlés judiciaires d'Agnelet, mais comme il ne s'en sortait pas trop mal, j'ai laissé faire, pour un temps. Le Belge a su que j'avais rencontré Tocci. Rien ne lui échappait. Quand il a appris que je m'étais rendu au rendez-vous sans arme et seul, il en a fait le reproche à mes amis : « Vous êtes fous d'avoir fait prendre des risques à Pierrot de cette façon ! » Il a pris une belle colère parce qu'il considérait, à juste titre, que Tocci était un tordu qui aurait pu vouloir me doubler. Heureusement, les choses se sont bien passées pour moi et j'ai pu poursuivre ma route tranquillement sur les chemins du crime, après m'être acquitté d'une dette d'honneur envers mon ami et sa famille.

17

Passeports pour le crime

Avec ma femme N. et sa famille, les relations étaient parfaites. Ma belle-famille connaissait parfaitement mes activités et, loin de tenter de me faire changer de cap, elle m'aidait de son mieux. J'étais en cavale depuis près de dix ans, je voyageais beaucoup, j'avais traité de nombreuses affaires, parfois avec succès, connu des échecs aussi, des interpellations et une expulsion incroyable. Mais, finalement, les choses se passaient plutôt bien.

Pour me faciliter la vie, Gilles, un de mes amis nordistes, décide de m'offrir un beau cadeau : de vrais faux papiers. C'était là un présent magnifique pour un homme dans ma situation.

— Pierrot, j'ai un ami, qui est élu non loin de Lille, qui te prépare en grand secret une nouvelle identité au moyen de papiers administratifs authentiques. Mais, chut, je ne t'ai mis au courant de rien, il veut t'en faire la surprise.

Le lendemain, Gilles me rend visite. À sa mine, je vois que quelque chose ne va pas.

— Que se passe-t-il ?

— Je t'ai parlé hier de la confection de tes vrais faux papiers. Mais l'ami qui s'occupait de cela vient de me contacter. Il est embêté : d'après ce qu'il me raconte, un passeport est très difficile à obtenir, mais mille, au contraire, ce serait possible.

— Attendez Gilles, vous êtes en train de m'expliquer que vous pouvez m'obtenir mille passeports en claquant des doigts ?

— Deux mille même, Pierrot, si tu veux !

— Attendez une minute. Vous voulez dire, des passeports, quel genre de passeports ? Des vrais ?

— Bien sûr des vrais ! Des qui sortent de la préfecture !

— Vous me faites marcher ?

— Pas du tout ! Tu es intéressé par deux mille passeports ? Qu'est-ce que tu vas en faire ?

— Ne vous inquiétez pas pour ça, j'ai beaucoup d'imagination, vous savez ! Je crois que vous ne connaissez pas vraiment la valeur d'une telle quantité de vrais papiers ! Cela vaut une fortune ! Si vous parvenez à m'en procurer autant que vous le dites, nous allons devenir très riches !

— Je m'en occuperai dès demain.

Quelques jours plus tard, il me contacte par téléphone :

— Pierrot, j'ai de bonnes nouvelles pour toi. Dès demain, il faut que tu te rendes à Avignon, au dépôt de la Sernam. Je vais te remettre de faux papiers et tu iras récupérer le carton promis là-bas, en utilisant la fausse identité que l'on t'a préparée. Je passe te prendre demain matin pour te conduire à la gare.

Les bras m'en tombent. Cette histoire est incroyable ! Il faut tenter le coup. Le lendemain, comme prévu, je me rends à la gare avec Gilles. Avant de monter dans le train, il me donne mes nouveaux papiers d'identité. Le voyage se passe sans encombre. À Avignon, un ami vient me chercher et me conduit jusqu'aux locaux de la Sernam. Je rentre, le plus détendu possible, et je me présente à un guichet. Un petit homme est là :

— Bonjour monsieur, je viens prendre livraison d'un colis.

— À quel nom ? Veuillez me présenter une pièce d'identité. Parfait, tout est en ordre, je vais vous le chercher, il est arrivé ce matin.

Je récupère mon colis contre une belle signature et je sors du bâtiment comme j'étais entré. Parvenu à la voiture où mon ami m'attend, prêt à toutes les fuites, j'ouvre le carton. Stupeur ! Il contient deux mille passeports et trois mille cartes grises immatriculées W ! Un véritable trésor ! Mon ami prend le fou rire :

— Pierrot, tu te rends compte ? Comment as-tu pu avoir tout ça ?

— Mon petit, j'ai des relations politiques !

— Mon vieux, je ne sais pas ce que c'est leur politique, je te le dis tout de suite !

Le coup était très fort et mes « amis » politiques, que je ne connaissais pas, avaient été très malins. Ils avaient déclaré un braquage à la gare de Lille au cours duquel un carton de passeports avait disparu. La réalité était bien évidemment tout autre.

Une fois à l'abri des regards et des oreilles indiscrètes, je me mets en rapport avec Jean-Louis Fargette afin de prendre rendez-vous avec lui. Il semble surpris :

— Pierrot, d'après mes sources, ces papiers ont été braqués à Lille. Source policière, fiable à cent pour cent.

— Mon petit, je m'excuse de te le dire, mais ton tuyau est un peu crevé.

— Arrête-toi, mon Pierrot, cette histoire fait la une de tous les journaux de France et d'Europe !

— Si j'avais braqué un dépôt ferroviaire, tu serais le premier à en être informé. Les choses se sont passées comme je viens de te les expliquer.

Jean-Louis n'en croit pas ses yeux. Je viens de réussir un coup magnifique et, bien entendu, ma marchandise l'intéresse. Je lui en donne plusieurs dizaines. Entre nous, pas de *business*, il n'est pas question que je m'engraisse sur son dos. Mais quelques jours après notre entrevue arrive une belle voiture qui se gare devant chez moi. Un homme sort, bien habillé. C'est une gâchette de Jean-Louis.

— Pierrot, je viens de la part de M. Fargette. Il m'a chargé de vous remettre une petite enveloppe.

Je prends le paquet qu'il me tend. Je l'ouvre. Il est plein de pognon. Une somme astronomique. Je ne garde que la moitié des billets et lui rends le reste.

— Tu diras à Jean-Louis qu'il m'a payé deux fois la valeur de ce que je lui ai donné. Tu lui rapporteras cette enveloppe.

Si je commence à faire payer le prix fort aux amis, où va-t-on, je vous le demande !

C'est ainsi que j'ai commencé à vendre des passeports, à Fargette d'abord, puis à tous les bandits en rupture de ban mais aussi à l'ETA, à des sans-papiers, à des amis en cavale. Je ne les tenais plus ! L'argent rentrait à une vitesse folle. J'ai payé une commission généreuse à mon ami Gilles, j'ai pu faire réaliser de gros travaux dans notre maison de Villeneuve-d'Ascq et financer la rénovation de la maison d'Espagne de ma belle-famille. En tout, j'ai récupéré 600 millions d'anciens francs. Les flics, jusqu'à aujourd'hui, le commissaire Lucien Aimé-Blanc en tête, se demandaient comment j'avais fait pour réussir une aussi belle affaire. En lisant ce livre, ils auront les clés pour comprendre toute l'histoire ! C'était simple, efficace, rémunérateur. Sans de puissantes relations politiques et administratives, rien n'aurait été possible. À l'heure où les Français éprouvent une grande défiance à l'égard de la classe politique en général, j'ai conscience que ces lignes ne vont pas les rassurer. Mais finalement, le peuple, dans sa grande sagesse, pressent toutes les combines qui se jouent en haut lieu, sous couvert de grandes idées, belles et généreuses. Bien souvent, tout ce que l'on peut entendre, par la voix officielle, n'est que du vent dont le souffle léger vise à endormir l'opinion publique. Cependant, si je m'aventurais à dire tout ce que je sais sur les relations entre les politiques et le milieu, je crois que la République exploserait ! Il faut parfois savoir se taire, pour le bien public. Et encore, c'est un voyou qui le dit ! Ceux de mon espèce, et certains grands flics aussi, savent que la parole d'un voyou, d'un vrai, est bien moins démonétisée que celle d'un homme politique. Car nous, nous n'avons personne à convaincre, personne à acheter pour nous assurer une place au soleil aux frais de la démocratie. Nous mettons notre vie en jeu, nous vivons et mourons comme nous l'avons choisi, selon les règles de notre milieu. Nous mettons notre cœur sur la table, nos tripes. Nous bravons les lois et le système, nous le rançonnons même, mais nous avançons à visage découvert. Et nous ne prenons jamais le peuple pour ce qu'il n'est pas. Parce que nous, le peuple, nous le connaissons bien pour en être issus.

Je vends donc beaucoup de passeports, Fargette aussi. Mon ami Gilles ne savait pas qu'un tel trafic pouvait rapporter autant d'argent. Il en est tout d'abord étonné. Mais il profite lui aussi du système. Dans cette affaire, il est mon associé et je suis toujours réglo avec les gens qui traitent avec moi. Ce petit *business* nous permet d'investir dans l'immobilier ou les chevaux de course. L'avenir des miens, de ma fille surtout, la petite dernière, née de mes amours avec N., est assuré. Je suis heureux d'avoir pu la mettre à l'abri. Je sais que désormais, elle ne manquera jamais plus de rien.

18

Fin de cavale

1987. Année terrible pour moi. Depuis ma rencontre secrète avec Jeannot Lucchesi dans le Luberon, je porte le lourd secret de la mort d'Agnès Le Roux. 1987 est aussi l'année de la disparition de mes amis, Jeannot bien sûr, mort d'une maladie de cœur, mais aussi celle d'Arthur Rinaldi que j'ai accompagné jusqu'au bout. J'ai assisté, en ami impuissant, à sa longue déchéance, à sa souffrance, à son combat perdu contre la maladie.

1987. Ma cavale commencée en 1975 se poursuit comme un jeu où l'on gagne parfois, où l'on peut tout perdre aussi. Je me suis marié, j'ai refondé une famille. La petite Stéphanie est belle, gaie et insouciante. J'ai tout pour être heureux. Ma vie est presque normale tant je me méfie de tout et de tous. J'essaie de vivre comme tout le monde. J'ai de l'argent, une fausse identité en béton, des relations administratives et politiques qui me protègent des mauvais coups du sort. Parfois, je pouvais me croire invincible. Je me trompais.

Alors que je suis en Espagne, je décide d'aller manger dans un restaurant proche de notre maison en compagnie de ma femme et de ma belle-famille. Il avait excellente réputation, mais je n'y avais encore jamais mis les pieds.

La salle était pleine, animée. Le garçon vient à notre rencontre pour nous installer quand tout à coup, quelqu'un m'interpelle :

— Oh ! Pierrot !

Je me retourne : c'est Michel, mon ami flic qui jouait autrefois dans l'équipe du Paris 13 avec moi. (J'avais permis, grâce à ses indiscrétions, de sauver les frères Panzani d'une descente au Laetitia).

— Dis donc Michel, si tu veux bien, appelle-moi Robert…

— Comme tu veux.

— Écoute, Michel, je vois que tu es attablé avec une dizaine de personnes. Je suis content de te voir parce que j'ai beaucoup de choses à te dire. Et si nous prenions l'apéritif demain ?

— Très bonne idée.

Nous convenons d'un rendez-vous. Dans la journée, je prends des avis. J'appelle en particulier le clan Zemmour et Jo Hazan : « Vas-y à ce rendez-vous ! », « N'y va pas, c'est de la folie ! » Les conseils sont contradictoires. Je ne sais qui écouter. Finalement, je délibère en moi-même et décide finalement d'aller à la rencontre de Michel. Nous sommes contents de nous retrouver et j'en profite pour tenter de le détromper sur ma situation. Je lui mens effrontément, mais c'est avant tout un flic !

— Tu sais, Michel, on m'a mis un tas de trucs sur le cul, je suis innocent, il faut me croire !

J'ai essayé de l'embrouiller pendant une heure. Je crois qu'à la fin de la discussion, on aurait pu me décerner l'oscar du meilleur acteur de l'année.

— T'inquiète pas Pierrot. À la fin de mes vacances, j'irai à Paris pour consulter ton dossier et on verra ce qu'on peut faire.

Nous nous quittons. Je suis rassuré. Cependant, par mesure de précaution, je décide de quitter l'Espagne et de regagner mon domicile de Villeneuve-d'Ascq. Là, je décide d'informer mon avocat de cette rencontre. Jean-Louis ne sent pas l'affaire du tout.

— Bonjour maître, c'est « monsieur Durand ».

— Monsieur Durand, il serait grand temps pour vous de quitter la France et de vous faire oublier très vite ! Ce flic ne m'inspire aucune confiance !

Mais « M. Durand » était trop bien installé dans sa vie, bien trop assis, dans sa belle maison de Villeneuve-d'Ascq, entouré de sa femme magnifique et de sa petite fille rayonnante. Quand on mène ce genre de vie, même en cavale, on se dit que rien ne peut venir interrompre la tranquillité d'une telle existence. Et pourtant, j'aurais dû me méfier davantage.

Quelques jours plus tard, Michel m'appelle.

— Pierrot, j'ai consulté ton dossier au quai des Orfèvres, tu as un drôle de papier, tu peux me croire : braquages, meurtres, extorsions, racket, etc. C'est pas joli-joli !

Mais il ne laisse rien paraître et m'assure de son soutien. Si de mon côté, j'avais joué la comédie de l'innocence en Espagne, Michel jouait en réalité celle de l'ami bienveillant ! En douce, il avait relevé le numéro d'immatriculation de ma voiture et connaissait donc mon adresse. Fort de ces renseignements, il contacte le commissariat de Lille, prévient les flics de ma présence et leur dresse un portrait peu flatteur : homme dangereux en cavale, fiché au grand banditisme, condamné à perpétuité par contumace et tout le toutim ! Heureusement pour moi, j'avais le bras long et les condés ne m'ont pas cherché d'histoires. Cependant, j'avais senti le vent du boulet et j'aurais dû me méfier davantage, quitter le pays et suivre les conseils de mon avocat. Je n'en ai rien fait.

Un soir de 1987, Francis Vanverberghe m'appelle. Il souhaite me voir d'urgence. Il a de grands projets et il doit passer en Belgique pour traiter certaines affaires. En chemin, il veut faire une halte chez moi, à Villeneuve-d'Ascq. Je préviens aussitôt ma femme. Elle comprend. Francis, ce n'est pas n'importe qui. Elle décide de prendre la petite Stéphanie pour passer avec elle la soirée et la nuit chez ses parents afin que nous soyons tranquilles.

Le Belge arrive en fin d'après-midi. Costume impeccable, petites lunettes. J'ai devant moi un vrai « monsieur ». Il a beaucoup changé. Il a beaucoup lu et étudié en prison. Déjà doté à l'époque d'une grande intelligence, c'est un homme mûr et accompli qui vient me rendre visite. Ses hommes sont restés en couverture dehors, nous laissant absolument seuls.

Nous avons discuté toute la nuit, jusqu'à l'aube. Vous m'excuserez de ne pas vous révéler ce que nous nous sommes dit ce soir-là, parce que la teneur de nos échanges était très personnelle et n'apporterait rien à l'histoire du grand banditisme ni à ma narration. Nous étions deux amis, simplement heureux de nous retrouver, heureux de pouvoir enfin mettre à plat certaines affaires du passé, sanglantes et pleines de rancœur. Il me savait en dehors de tout et c'est pourquoi il voulait me voir, pour m'assurer de son amitié. Nous avons promis de nous revoir très vite. Malheureusement, il a été impliqué dans une affaire par une balançoire notoire qui l'a mouillé dans une histoire de trafic d'héroïne à laquelle il était totalement étranger. Il a pris quatre ans de taule pour rien, gratuitement. J'ai été heureux de le voir sortir, enfin blanchi et indemnisé après un long combat judiciaire. Nos routes allaient encore se croiser un peu plus tard.

Depuis quelques jours, Jo Hazan, du clan Zemmour, me contacte depuis Paris. Nous étions convenus à l'avance d'utiliser certaines cabines téléphoniques à des horaires précis. Si la police avait – semble-t-il – définitivement perdu ma trace, elle suivait de près cet homme. Toutes les cabines du secteur de la République étaient sur écoute. Et les condés se demandaient qui pouvait bien être ce Pierrot à l'accent méridional, vivant dans le Nord, que l'associé de Zemmour appelait tous les jours. Ils ont rapidement établi le lien avec moi. Quand ils comprirent qu'il s'agissait de Pierrot Hernandez, le « 36 » fut en ébullition : pensez donc ! Douze ans de cavale, à me jouer de toutes les polices d'Europe ! Ils tenaient là leur revanche. Enfin, ils allaient pouvoir me serrer et me remettre dedans pour longtemps.

J'ai appris les détails de l'opération liée à mon arrestation beaucoup plus tard. Mais, apparemment, je faisais peur à la police. On me savait armé, intelligent et brave dans l'action. Elle ne voulait donc prendre aucun risque. Les flics ont commencé par surveiller ma maison et mes allées et venues. Ils connaissaient tout de ma vie : ma femme, ma fille, mes habitudes de petits-bourgeois, tout. Cependant, ils avaient reçu l'ordre de ne pas m'interpeller tant que je sortais couvert d'un épais manteau, parce que je devais sans doute porter un ou plusieurs calibres. Ce qui était à moitié la vérité. Tous les matins, après avoir conduit ma petite à l'école, je partais courir pour une vingtaine de kilomètres et bien souvent, parce qu'il faisait froid, je me couvrais d'une épaisse veste de sport. Les flics, en planque, m'observaient, mais n'intervenaient pas.

Un soir, alors que je regardais un match de football sur Canal+, comme à mon habitude je grignotais sur le canapé. Ma femme gardait toujours un petit quignon de pain qu'elle donnait le lendemain matin à la gamine, en plus de son petit-déjeuner.

— Pierrot, ne mange pas le pain de la petite ! Tu sais qu'elle aime bien avoir son petit quignon le matin ! Et puis arrête de manger comme ça !

— Ne t'inquiète pas, demain matin, je me lèverai de très bonne heure et en allant acheter les journaux, j'en profiterai pour rapporter du pain et des viennoiseries !

Le matin très tôt, je fais ce que j'avais prévu. Je sors de la maison, mais sans ma veste car ma voiture est toute proche. Je démarre. Très vite, je m'aperçois que quelque chose ne va pas. Trois voitures me suivent. Je veux en avoir le cœur net. Je les promène un peu dans le dédale de la ville. Les véhicules me collent au train. Juste avant une intersection, je mets mon clignotant comme pour prendre à droite et, au dernier moment, je m'engage à gauche. Les flics sont surpris, mais pas décontenancés. Ils me suivent toujours. J'accélère. Je sors de la ville. La course-poursuite, maintenant, est clairement ouverte. Mais ils sont nombreux et plusieurs voitures me bloquent la route. Je termine ma fuite dans un champ de betteraves. Une bonne quinzaine de flics me mettent en joue :

— Mains en l'air ! Sors de la voiture ! Les mains sur la tête !

Je montre bien mes mains. J'explique que je me rends. On me plaque au sol, on me balance deux ou trois marrons au passage pour être bien certain que je me tiendrai tranquille. On me passe les pinces. Mon avocat, quelques jours plus tard, me confiera qu'il a eu peur que les flics me tuent, comme Mesrine, parce qu'ils me savaient armé et dangereux. Heureusement, je n'ai pas opposé de résistance.

Je dois quand même reconnaître qu'ils se sont montrés *fair-play*.

— Les gars, je comprends que vous allez me ramener chez moi pour perquisitionner. Si vous pouviez être discrets, ça m'arrangerait pour ma famille et les voisins.

— Ne t'inquiète pas Pierrot. On va passer par derrière, tout ira bien.

Ils ont tenu parole. Nous sommes arrivés chez moi très discrètement. Ils m'ont fait passer par le garage. Il n'y a pas eu de scandale. Cependant, quand ils ont vu la maison de près, ils ont compris que la perquisition pourrait durer quatre jours entiers : j'habitais un château !

— Pierrot, on va y passer la semaine. Dis-nous où tu planques les faux papiers et les armes et on en restera là.

Je les ai conduits à l'étage, dans la pièce où j'avais rangé mes pièces d'identité. En ce qui concerne les armes, je n'en avais pas à la maison, hormis un fusil de chasse qui appartenait à ma femme. La perquisition a été terminée en cinq minutes et je les ai suivis ensuite jusqu'au poste de police.

Finalement, j'ai pris quatre mois pour détention de faux papiers et usurpation d'identité. Et en attendant mon jugement pour les braquages de 1975, j'ai été incarcéré à Loos-lez-Lille. À mon arrivée, tout de suite les choses m'ont paru un peu bizarres. La directrice de la prison était vraiment très polie, très sympathique, presque gênée. Je n'ai pas compris immédiatement les raisons de cette affabilité déconcertante. Je ne suis pas allé chercher plus loin, considérant tout simplement qu'ici les gens étaient bien gentils. On me descend en promenade. Lorsque j'arrive dans la cour, ma surprise redouble : de nombreux prisonniers sont là. Cependant, en me voyant, ils se taisent, s'écartent et se mettent tous le dos contre les grillages. Je me dis que cette prison a des coutumes extravagantes et que, après tout, les choses ont peut-être changé depuis 1975. Je fais quelques pas, seul, allant d'un bout à l'autre de l'aire de récréation, passant par le milieu, revenant, virant de-ci, de-là. Au bout de dix minutes, je vois un petit Arabe venir à moi, tout jeune, l'air intimidé :

— Vous devez être Jean-Pierre Hernandez ?

— Effectivement.

Je le prends par le bras, et je commence à faire quelques pas avec lui. Je lève la tête et je vois que les autres détenus me présentent des têtes d'ahuris. Visiblement, ils sont surpris.

— Petit, qu'est-ce qui se passe ici ? Qu'est-ce qu'ils me font tous là ? Il y a un problème ?

— Monsieur, c'est qu'on parle de vous à la télé et dans les journaux depuis deux jours ! Les gars savent qui vous êtes ! Ils sont impressionnés et n'osent plus bouger !

Je demande à rentrer. Dès que le premier gardien arrive, je lui lance :

— C'est quoi ce bordel ? Vous pouvez m'expliquer ce qui se passe ? Qu'est-ce qu'on raconte à la télé à mon sujet ?

Et le maton commence à me raconter que l'on m'a présenté dans les journaux télévisés, mais aussi dans la presse, comme un grand braqueur, en cavale depuis près de treize ans, ami de Gaétan Zampa et de Francis le Belge, recherché en France, en Belgique, en Allemagne, en Hollande. Je demande à voir ces journaux qui me décrivent comme une bête fauve. Sur l'un d'eux, je peux lire effectivement que je suis lié à toutes les figures du grand banditisme, que je suis un braqueur si chevronné que, menant une vie tranquille, je laissais parfois tomber ma tondeuse et mes sécateurs pour monter sur un ou deux braquages, histoire de me refaire. Des conneries, quoi !

La directrice me convoque, se confond en excuses :

— Monsieur Hernandez, vous comprenez, nous n'avons pas l'habitude d'avoir entre nos murs un client de votre calibre !

— Madame, vous êtes bien gentille, mais je vais vous expliquer quelque chose : les gens de mon espèce, en prison, ne font pas beaucoup de vagues. D'autant plus que je ne pense rester chez vous que quatre ou cinq mois. Il faudrait que je sois complètement dingue pour tenter une évasion alors que j'aurai bientôt fini de purger ma peine. Vous pouvez dormir sur vos deux oreilles ! Donnez-moi, si vous le pouvez, une cellule individuelle, les mêmes matons, si c'est possible, et vous n'entendrez pas parler de moi.

J'aime autant vous dire qu'après mon entrevue avec la directrice, j'étais traité là-bas comme un coq en pâte ! La télévision, les parloirs à volonté, les cigares, mon petit whisky, rien ne me manquait. Je me promenais dans les couloirs de la prison presque à ma guise. Un des surveillants me faisait le tiercé, il fumait avec moi, me tenait compagnie. Une nuit même, ce maton a oublié de fermer la porte de ma cellule ! C'est vous dire comme j'étais surveillé. J'ai eu peur toute la nuit… pour le maton, car je craignais qu'il se fasse engueuler le matin ! C'était un chic type et j'aurais été embêté qu'on le sanctionne. Quand je me suis aperçu que la porte était ouverte, je l'ai bloquée, comme j'ai pu, avec du papier, pour ne pas que les courants d'air la fassent s'ouvrir pendant la nuit. Le lendemain, quand les surveillants sont passés pour ouvrir les cellules en rafale, ils ont vu que la mienne était déjà ouverte :

— Oh ! Hernandez ! Qu'est-ce que vous foutez avec la porte ouverte ?

— Qu'est-ce que vous me chantez là ? Si ma porte était restée ouverte toute la nuit, je ne serais pas ici ce matin pour me faire engueuler !

J'aurai tout fait dans ma vie ! Même sauver la mise à un maton !

En ce qui concernait le volet braquages, j'ai eu beaucoup de chance. Le juge n'avait pas le temps de s'occuper de mon cas. Mon avocat a donc déposé une demande de liberté provisoire afin que je sois dehors pour attendre le début de la nouvelle instruction. Elle a été acceptée. Et je suis donc sorti de prison, après seulement quatre mois de détention.

Le juge me convoque assez rapidement. Dès le premier contact, la relation s'établit sur de bonnes bases :

— Hernandez, je préfère vous le dire tout de suite, aucun juge sur la place de Paris n'a voulu instruire votre dossier. Alors, on va la faire courte, je vais tirer un dossier au sort vous concernant parmi les dizaines que vous voyez là, vous avouez un braquage, vous prenez trois ou quatre ans et on gagnera du temps. Je ne vais pas passer mes week-ends et mes jours fériés à lire votre biographie criminelle ! Allez, vous reconnaissez une affaire ?

— Monsieur le juge, sérieusement, vous me voyez avec un revolver ? Et dans une banque ?

— Hernandez, ne dites pas un revolver, dites un calibre, comme tout le monde !

— Avec un calibre, si vous voulez, dans une banque ? C'est bien mal me connaître ! On m'a peut-être vu, c'est vrai, avec une raquette de tennis ou un ballon de rugby dans les mains, je ne le nie pas, mais avec un calibre, vous n'y pensez pas !

Le pauvre juge a bien compris que je n'avouerais jamais rien. Il m'a convoqué à de nombreuses reprises, en me posant toujours la même question qui entraînait toujours une réponse identique. Cependant, l'ambiance des confrontations était très détendue, cordiale même.

— Alors Hernandez, c'est aujourd'hui que vous passez à table ?

— Si vous me payez un bon repas, ce sera avec plaisir, monsieur le juge !

Entre-temps, j'étais retourné en prison, à Fresnes. Mais, comme les relations avec le juge étaient plutôt bonnes, mon avocat a essayé d'obtenir une libération conditionnelle. J'étais pourtant à perpétuité… Les choses n'allaient donc pas de soi. Mais Jean-Louis tente tout de même le coup. Je suis donc convoqué. Le juge est là, en compagnie du procureur. Quand il me voit entrer, son visage s'illumine :

— Hernandez ? Le joueur de rugby ? Le treiziste ? Je vous ai vu jouer ici et là ! Vous étiez un vrai lion sur le terrain !

Tout le monde se marre et le juge prend la parole :

— Hernandez, vous avez un endroit où habiter ?

Me Pelletier s'empresse de répondre par l'affirmative.

— Vous avez un travail ?

L'avocat répond derechef.

— Dites, maître, ce n'est pas à vous que je parle, mais au prévenu ! Bien, j'ai pris contact avec le juge qui instruit votre dossier. Il m'a expliqué que les charges n'étaient pas suffisantes pour vous maintenir en détention. En conséquence, j'accepte votre demande de libération conditionnelle.

Et le soir même, j'étais chez moi, avec ma femme et ma fille. Je suis passé en jugement, aux assises, en 1990, pour la série des braquages parisiens. Mais comme j'avais tout nié et qu'il n'y avait aucune preuve tangible contre moi, j'ai été acquitté ! Allez comprendre ! Je n'ai pas payé pour ce que j'avais réellement fait et j'ai failli écoper pour deux meurtres en Belgique auxquels j'étais totalement étranger ! La justice est parfois bizarre.

19

La mort du parrain de Toulon

Libre, à nouveau. Quel sentiment étrange. Après treize ans de cavale, on garde des réflexes conditionnés. Au début de ma nouvelle vie, je conservais un fond d'instinct de bête sauvage. Puis je me ressaisissais soudain, me disant que je pouvais aller et venir comme bon me semblait. J'étais libre, la justice ne me cherchait plus. Cependant, on ne se refait pas, surtout à l'âge que j'avais. Nous sommes en 1992. Je ne suis pas retombé tout de suite dans des activités illégales mais je profitais de mon nouveau statut pour entretenir de vieux liens d'amitié.

Je voyais en particulier François Marcantoni à Paris. J'étais aussi en contact avec Jean-Louis Fargette. Nous nous appelions régulièrement. Il était en exil forcé en Italie parce qu'il avait fui la France pour échapper à la prison. Il ne risquait pas beaucoup, un an de taule tout au plus, pour des broutilles. Cependant, pour un homme comme lui, même un seul jour, c'était déjà un jour de trop. Il s'est donc installé près de la frontière, du côté de Vintimille. C'est de là qu'il gérait son empire, à l'abri des autorités françaises, avec la bénédiction des Italiens et en particulier de leur gouvernement. Jean-Louis traitait toujours avec le plus haut niveau. Rien n'était trop beau pour lui. Vous pensez sincèrement qu'un vulgaire bandit pourrait s'installer et vivre comme un parrain authentique, de l'autre côté des Alpes, sans la bénédiction de l'État et du crime organisé ? Fargette bénéficiait de réelles protections politiques, y compris en France. Tout le monde le savait. Il avait en particulier dans sa manche un homme public français, probablement un ministre, extrêmement puissant. Mais personne ne savait qui c'était, ni moi, ni ses frères, ni sa femme, personne ! C'était son grand secret.

Jean-Louis était comme ça, il avait un jardin intime dans lequel personne n'était autorisé à entrer. Pour un observateur extérieur, l'image de l'homme est souvent déformée. Mais pour moi qui l'ai bien connu, qui l'ai vu émerger du milieu avec rapidité et assurance dès son tout jeune âge, je ne suis pas surpris. On s'est étonné par exemple qu'il soit reçu par le pape. Mais tout cela apparaît logique pour quelqu'un qui le connaît vraiment. Fargette, une fois que l'on a dit qu'il pouvait être d'une rare violence, qu'il tenait Toulon avec une main de fer et qu'il trempait dans les affaires les moins recommandables, croyez-vous que l'on ait fait le tour du bonhomme ? Derrière cette réalité, il y avait une complexité, comme derrière chaque homme. Il y avait tout d'abord une éducation traditionnelle, transmise par un père militaire. Il y avait ensuite un certain puritanisme, très protestant curieusement. Lorsqu'il était question de prendre un peu de bon temps au bord de la mer, tant que la femme d'un de ses amis se trouvait en maillot de bain, il était impossible de le faire venir sur le sable. C'était sans doute un peu stupide, un peu rigide, mais, par respect pour ses amis, il ne voulait pas poser le regard sur le corps à demi dénudé de leurs compagnes.

J'ai un soir assisté à une scène qui en dira long. Nous étions dans un de ses établissements. La fête battait son plein. Soudain, alors que nous étions attablés devant une bouteille de champagne avec des amis, il aperçoit Lyly, la femme de Mémé Guérini, l'ancien parrain marseillais mis jadis sur la touche par la justice. Mme Guérini n'était pas seule. Elle était accompagnée par une amie qui, disait-on, partageait notoirement sa vie. Il se lève, rajuste son costume et, gentiment, lui prend le bras et lui glisse à l'oreille :

— Madame, c'est parce que j'ai beaucoup de respect pour votre famille que je ne peux pas vous accueillir plus longtemps ici.

Et elle a été contrainte de sortir.

Déjà, à l'âge de 15 ans, quand je l'ai connu à Toulon, il dégageait une sorte d'aura. Tout minot, il avait une façon bien à lui de s'imposer. Il y avait comme une force magnétique qui se dégageait de lui et qui lui permettait de prendre l'ascendant sur ses interlocuteurs. Il avait également une intelligence vive, qui, doublée d'un instinct animal impressionnant, devenait une arme terrible. La légende raconte que Loulou Régnier, qui tenait Toulon, lui avait un jour transmis les rênes du pouvoir. Je peux témoigner du contraire. Jean-Louis n'a eu besoin de personne pour parvenir aux sommets. Ce qu'il a eu, il l'a gagné tout seul, parce qu'il a su s'entourer d'hommes de confiance comme Gaby Saluce ou Paulo Salicetti. Bien sûr, il avait de bonnes relations avec Loulou Régnier. Les hommes s'appréciaient, c'est un fait. Mais, quand Loulou a donné à Jean-Louis ses affaires, le minot était déjà devenu très grand. Il tenait toutes les boîtes et tous les restaurants de la région. Le racket était au début son fonds de commerce. Pour cette activité, il était très fort. En revanche, son côté puritain lui avait fait prendre en horreur et la drogue et la prostitution. Je l'ai vu prendre de belles colères quand on évoquait devant lui ce genre d'activités. Pour commencer, j'ai fait moi-même les frais de ses reproches : tout jeune, je voulais lui mettre entre les mains une bonne travailleuse. Il a refusé tout de suite, pourtant, la petite n'avait d'yeux que pour Jean-Louis. Mais il n'a jamais dévié. Lorsque je suis parti en Amérique pour convoyer de l'héroïne, il m'en a beaucoup voulu. Tout d'abord, parce que je l'avais planté pendant trois mois sans donner de nouvelles. Ensuite parce que le trafic de drogue le dégoûtait littéralement.

C'est pourquoi il est facile de formuler des jugements à l'emporte-pièce sur les hommes. Un voyou est pétri de contradictions, de valeurs bizarres et décalées qui le rattachent toujours à l'humanité. Fargette, c'étaient son puritanisme et son éducation, le Belge, c'était une forme de gentillesse indéfinissable propre aux hommes droits qui ont une ligne de conduite et qui s'y tiennent. Ainsi, avec des hommes de leur trempe, on était protégé de la folie meurtrière à condition de respecter des règles de conduite clairement définies et qui, du reste, sont celles que suivaient tous les braves garçons que j'ai connus : respect de la femme de ses amis, inflexibilité face aux condés, fidélité à la parole donnée. Avec ces trois principes, on peut espérer se faire vieux et mourir dans son lit.

Jean-Louis était un homme très prudent. Même avec moi. Il savait qu'il n'avait rien à craindre, et cependant… La dernière fois que je l'ai vu chez lui, en Italie, il ne m'a rien épargné. Tout était minutieusement préparé. Il m'avait demandé de descendre à Hyères. Un de ses hommes arrive enfin avec une Mercedes noire aux vitres teintées, comme dans les films de gangsters. Il me fait monter à l'arrière et démarre. À Nice, l'homme me demande de descendre pour prendre place dans un autre véhicule du même acabit. Le chauffeur prend la route de l'Italie et à Menton, le même manège recommence. Vintimille, enfin. Le chauffeur roule longtemps dans la ville. Cependant, ayant le sens de l'orientation, je m'aperçois que nous passons et repassons par les mêmes secteurs. Après une petite promenade, nouvel arrêt, nouveau changement de voiture. Puis, nous parvenons enfin à un restaurant qui lui appartenait. Il faut bien imaginer la scène : des hommes en costume sont postés çà et là, à l'entrée, sous les arbres, autour de l'établissement. Le véhicule s'arrête. Jean-Louis est devant la voiture, il me sourit. Je sors, surpris et amusé par cette promenade vraiment très longue :

— Oh, Jean-Louis ! Qu'est-ce que tu me fais ?

— Ça m'amuse, Pierrot, je fais ça à tout le monde !

Et il riait. Effectivement, ça l'amusait de faire subir tout ce cirque à ses hôtes. À la fin de sa vie, il était devenu LE vrai parrain, avec tout ce que cette image peut comporter de clichés : les voitures noires, les costumes, les gardes du corps par dizaines, les précautions multiples. Il devait bien quand même avoir ses raisons et malheureusement, la suite a montré que tout ce cinéma n'était peut-être pas inutile.

Il s'approche de moi, me fait la bise. L'étreinte est chaleureuse.

— Viens avec moi, Pierrot ! Tu vas reconnaître beaucoup de monde ici.

Nous entrons. Il y avait une grande table où mangeaient une vingtaine de personnes : j'ai en effet reconnu tous les types qui, à l'époque, à Toulon, le traitait de « petit con », affectueusement. Ils travaillaient tous pour lui maintenant et ils mangeaient là, à ses frais. Ils étaient passés à son service, les uns après les autres : il y avait là des chauffeurs, des gardes du corps, des comptables, des gérants de sociétés. Tous maintenant œuvraient pour lui et je peux vous dire qu'ils ne s'en plaignaient pas ! J'ai salué la table, puis Jean-Louis m'a emmené vers l'arrière-salle où un coin, en retrait, avait été préparé pour nous. Une fois à l'écart, sur le ton de la confidence, il finit par me lancer :

— Regarde-les tous ces cons ! Mais regarde-les un peu ! J'en peux plus ! Je peux plus les blairer, ils me font tous chier ! Je vais tout bazarder, mes affaires, l'Italie, les bars et les boîtes, et je pars m'installer en Espagne avec toi !

J'étais surpris par ces propos. Je ne m'attendais pas à ça. J'aurais bien aimé qu'il laisse tout en effet et que nous partions ensemble sur la Costa Brava. À l'heure qu'il est, je serais encore avec lui, à rire et à prendre du bon temps, loin du milieu, des crimes et des affaires. En y repensant, il y avait dans les confidences de Jean-Louis ce jour-là comme un appel au secours. Il se sentait sans doute menacé. Les bêtes sauvages ont un instinct puissant qui ne les trompe jamais. Mais, peut-être pour me rassurer, n'ai-je pas trop prêté attention aux appels de l'intuition, et nous sommes bien vite passés à autre chose.

Nous avons partagé le repas, nous avons parlé du passé, du présent, de l'avenir, de ses projets d'installation de l'autre côté des Pyrénées. Pour ma part, je n'avais pas vraiment la tête à la retraite. J'étais sur un très, très, très gros coup. Je ne le voyais pas souvent et c'était bon de pouvoir converser avec lui en tête à tête, loin des oreilles de ses hommes. Entre nous, il y avait plus que de l'amitié, il y avait ce lien filial étrange, indéfinissable. Nous nous étions choisis jadis et le temps n'avait rien changé à l'affaire. C'est pourquoi j'avais dans le milieu une place à part : je déjeunais seul à seul avec Jean-Louis, je traitais d'égal à égal avec le Belge. Ma force, c'est que je ne leur devais rien, ils ne me devaient rien, sinon une amitié réciproque, forte, faite de respect mutuel et de confiance. Ce jour-là, autour de la table, il n'y avait plus de parrain, il n'y avait plus de voyous. Deux hommes avaient choisi de prendre un peu de leur temps pour se rencontrer, pour échanger, pour nourrir l'amitié. Tout le reste, les gardes du corps, la mise en scène de la promenade, les belles voitures aux vitres teintées et les costumes sombres, plus rien ne comptait. C'était la dernière fois que je le voyais. Et je remercie le ciel d'avoir pu vivre ce moment.

Entre nous, il n'y a jamais eu d'histoires d'argent. Quand je l'ai connu, s'il avait 5 francs dans la poche que lui avait donné sa mère, c'était le bout du monde. De mon côté, j'étais déjà un homme établi, je gagnais très bien ma vie. Je le faisais donc profiter de mon argent. Je n'ai jamais compté pour lui. Quand il avait besoin de quelque chose, je lui donnais ce qu'il lui fallait. Je lui ai même acheté son permis de conduire, à Lyon, c'est tout dire !

Les choses ont toujours été ainsi entre nous.

En revanche, je sais que vers la fin, son entourage l'appelait « Monsieur 50 % » avec un peu d'amertume. Il prenait la moitié sur tout et laissait le reste à ses collaborateurs. Il pouvait se montrer très dur en affaires. À Toulon, grâce à ses relations politiques, il prenait un pourcentage sur tous les nouveaux bâtiments publics ou privés en réalisation. Il y avait toujours une enveloppe pour lui, à l'occasion de la construction d'un collège, d'une usine, d'un gymnase. Il mangeait sur tout ce qui sortait de terre dans la région.

Jean-Louis était respecté par tout le monde : par les flics, les voyous et les politiques. Tout le monde était à sa main, à commencer par Maurice Arreckx[1], le maire de la ville qui deviendra par la suite le président du conseil général du Var. Je me suis laissé dire qu'un jour, il avait même convoqué, le mot est juste, le directeur de cabinet du maire pour lui remonter vertement les bretelles. À Toulon, Jean-Louis, c'était le boss.

Il n'a jamais eu d'embrouilles ni avec Tany Zampa, ni avec Francis le Belge, ni avec Jacky le Mat. Il était droit, donc on le respectait, on le craignait parce qu'on savait bien qu'il y avait des lignes qu'il ne fallait pas franchir avec lui. Un jour, à Toulon, j'étais dans un bar en train de faire la partie avec des amis. Des flics font une descente, nous demandent nos papiers. Ils savaient très bien ce qu'ils faisaient : ils voulaient nous coincer pour proxénétisme. Et je pense que ce jour-là, nous étions vraiment cuits. On fait rapidement appeler Jean-Louis. Cinq minutes après, il arrive. Il s'approche du commissaire, l'attrape « gentiment » par une oreille en la lui tordant :

— Je vous préviens : Pierrot Hernandez, c'est mon ami ! Je pense que vous avez compris ce que cela veut dire ?

Eh bien, les flics m'ont rendu mes papiers et je suis sorti tranquillement ! Personne ne m'a demandé des comptes. Quand je vous le dis que tout le monde se « caguait » dessus quand il arrivait. Ce n'est pas une légende.

Fargette a très vite su se diversifier. Au monde de la nuit, il a rapidement ajouté des activités « légales » liées au commerce traditionnel. Il était un commercial-né, un homme d'affaires redoutable. Son *business* prenant une ampleur considérable, il décide de fonder une société pour

1. Élu UDF, il sera maire de Toulon de 1959 à 1985 puis président du conseil général du Var de 1985 à 1994.

alimenter son royaume des plaisirs nocturnes, les Caves varoises, qui fournissent en alcool tous les établissements de la région déjà sous son contrôle exclusif. L'argent rentre à flots dans ses caisses. Dans les années 1970, il formait même le projet de racheter le paquebot *France* pour le transformer en casino-palace flottant. L'affaire a tourné court de justesse, mais donne bien une idée de sa puissance de feu financière. Il voulait par ailleurs acquérir l'une des plus grosses cimenteries de Grèce, ce qui aurait fait de lui le concurrent direct de Lafarge à l'étranger. Il vendait aussi des chars, des avions, des armes, tout ce qu'il pouvait. Il avait un carnet d'adresses impressionnant qui lui permettait de traiter d'égal à égal avec des chefs d'États d'Afrique, du Moyen-Orient ou des oligarques de Russie. Depuis l'Italie, il veillait sur son empire, faisant courir opportunément le bruit qu'il traversait souvent la frontière pour surveiller de près son *business*. En réalité, à ce que je sais, il avait bien trop peur de la prison pour risquer de s'y faire conduire. Cependant, il ne se contentait pas de gérer ses acquis. Il se mettait en tête d'acheter des bars et des restaurants, montait une fabrique de jeans et créait une marque, la JLF. Jean-Louis faisait feu de tout bois.

Il avait pris l'habitude de me téléphoner, tous les dimanche soir, à 21 heures. Toutes les semaines, c'était la même chose : le téléphone sonnait et je savais que j'en aurais pour des heures. Alors je bloquais le combiné entre mon oreille et mon épaule et, allongé dans mon lit, la tête posée sur un oreiller, je l'écoutais me parler de sa vie, de ses inquiétudes, de ses joies aussi. De temps en temps, il m'arrivait de m'assoupir tant les conversations étaient longues. Alors il se mettait à brailler dans l'appareil :

— Oh ! Gros ! Tu dors ou quoi ? Ça t'intéresse pas ce que je te raconte ?

— Eh non, Jean-Louis, je dors pas, qu'est-ce que tu vas imaginer !

Alors on se mettait à rire comme des fous, comme des amis séparés, mais heureux de garder un contact étroit.

— Mais si tu dors ! Tu me fais chier, Gros. Je te parle et toi tu roupilles ! Il y en a qu'un comme toi ! Si un autre me faisait ça, je peux te dire qu'il irait pas loin ! Qu'est-ce que tu veux de plus, c'est pas toi qui payes le téléphone ! Alors, sois gentil, écoute-moi au moins.

En écrivant ces quelques lignes, il me revient une anecdote incroyable : un jour, j'étais avec Jean-Louis chez la sœur de Jacky Champourlier[1], à Carqueiranne, dans son restaurant le Pain Penché. Nous passions la journée ensemble, entourés d'amis. Je m'étais arrêté pour quelques heures en compagnie de mon ami Pierrot, avec lequel, ce soir-là, je devais rejoindre Lyon pour traiter de certaines affaires. En fin d'après-midi, nous prenons congé en expliquant à Jean-Louis que nous nous rendons à un rendez-vous. Une fois à Lyon, nous prenons la direction d'une boîte, le Hollywood, où nous étions attendus. Nous entrons et qui voyons-nous, assis autour d'une table ? Fargette et Champourlier ! C'était avec eux que nous avions rendez-vous, sans le savoir !

Ses problèmes avec la justice prenant un tour favorable, un dénouement judiciaire heureux s'annonçait. Il décide donc de rentrer en France. L'exil le rend malheureux. La perspective de revoir Toulon l'enchante, ne serait-ce que pour solder ses affaires et préparer sa retraite à Barcelone.

1. Bras droit de Fargette, placé à la tête des Caves varoises, on l'accusera un temps du meurtre de son patron, sans preuves. Il sera lui-même assassiné en 1996.

Il forme de nouveaux projets, en Espagne, dans lesquels j'avais toute ma place. Mais, le 17 mars 1993, en rentrant chez lui, à la nuit tombée, après une réunion, il meurt sous les balles de deux tueurs tapis dans l'ombre. Pour son entourage, c'est le choc. J'apprends sa mort alors que je subis une intervention chirurgicale sans gravité chez un dermatologue de Lille. À peine recousu et dûment drogué à coups de piqûres d'antalgiques, je saute dans ma voiture. Le docteur a juste le temps de me demander où je pars si vite. Je n'ai pas le temps de répondre. Je roule d'une traite jusqu'à Aix, conduisant d'une main, tant la douleur est vive. Après une courte pause, je repars vers Toulon. Le corps de Jean-Louis est encore en Italie. Qu'importe ! J'ai besoin de voir des amis. Je me rends dans un bar où je sais pouvoir trouver quelqu'un. Là, j'apprends tout ce qu'il faut savoir. La haine me gagne. Ce minot comptait beaucoup pour moi. Je ne peux m'empêcher de pleurer, moi, le caïd, le dur, le brave. La douleur est trop forte. Les souvenirs, la colère, le désir de vengeance, tout se mêle en une ronde terrible dans mon esprit. Je suis fatigué, j'ai besoin de dormir, d'oublier. Je passe plusieurs jours à Toulon, rencontrant les uns et les autres, évoquant avec eux le souvenir de l'ami disparu. Le 24 mars, le jour de son enterrement, il est impossible de trouver une seule fleur dans toute la ville. Deux mille personnes se pressent autour de son cercueil pour lui rendre un dernier hommage. Le clan Fargette est sonné. Nous éprouvons tous une douleur vive, sincère et profonde. Des flics sont même tombés en dépression parce que les cartes, localement, étaient rebattues. Le milieu, que Jean-Louis tenait d'une main de fer, redevient instable, les règlements de comptes se succèdent. Beaucoup d'amis tombent sous les balles.

Je décide alors de me mettre en retrait. Je n'ai pas envie de me mêler à cette foule composée d'amis, d'anonymes et d'ennemis qui avancent masqués. Ma présence aux obsèques peut même être dangereuse. Mieux vaut me faire discret. Je viendrai me recueillir plus tard, quand je pourrai me retrouver en tête à tête avec Jean-Louis, comme à Vintimille il y a à peine quelques semaines, autant dire une éternité. De toute façon, je n'étais pas capable psychologiquement d'affronter ses obsèques. J'éprouvais une vive douleur, sincère, comme si on m'avait arraché un membre à vif.

Tout de suite après l'assassinat, ses proches ont commencé à soupçonner son associé, Jacky Champourlier, ce qui m'a franchement surpris. J'ai bien connu Jacky. Au départ, il n'était pas du milieu. C'était un homme d'affaires, un expert-comptable doublé d'un marchand de meubles. Quand j'ai entendu ce qui se disait, j'ai tout de suite expliqué que je ne le croyais pas capable d'avoir commis ou commandité le crime. Mais il faut croire que mon avis n'était pas celui de la majorité parce que le pauvre Jacky a été retrouvé quelques semaines plus tard carbonisé dans sa voiture. Sur cette affaire, j'ai de gros doutes et je ne pense pas qu'il soit mêlé de près ou de loin à l'assassinat de mon ami.

J'ai gardé une profonde blessure de ce drame. Pendant des années, j'ai ressenti l'absence de ce frère, de cet enfant. Je n'en dirai pas davantage, car ce que j'aurais à dire ne regarde personne d'autre que lui.

20

Où l'on retrouve les méthodes de la French Connection

Après ma sortie de prison au début des années 1990 et mon acquittement aussi soudain qu'injustifié, je me suis tenu tranquille pendant quelques mois. Mais cette vie paisible commençait sérieusement à me peser. L'occasion faisant le larron, le hasard me pousse à rencontrer un ami, Jacques Dupuy[1], le plus grand faussaire de France et de Navarre. Comme Cesari pour l'héroïne, Jacques était le meilleur dans sa partie. Il était ce que l'on faisait de mieux en matière de fausse monnaie.

— Pierrot, comme tu es un brave garçon et que l'on est du même pays, je vais te donner le secret de la fabrication parfaite des billets de 500 francs. Je suis vieux, je vais bientôt mourir et je ne veux pas emporter mes recettes de fabrication dans la tombe.

— Ah bon ? C'est un beau cadeau que tu me fais là !

— Si, un jour, tu arrives à trouver du papier de 58 grammes, ta fortune est faite ! Mais, je préfère te le dire tout de suite, tu n'en trouveras pas facilement, il est presque introuvable.

1. Faussaire notoire, il possédait des imprimeries à La Seyne-sur-Mer, Allauch et Perpignan et était soupçonné d'avoir travaillé pour le SAC.

Je me mets aussitôt en rapport avec des amis de Nîmes dont je dois encore taire le nom, et nous nous mettons en quête de ce papier au grammage très particulier. Effectivement, mon ami Jacques ne m'avait pas menti. Nous avons écumé la France entière, visité je ne sais combien de fabriques de papier, un nombre considérable de papeteries et d'imprimeries, il nous fut impossible de trouver ce que nous cherchions. Ne nous avouant pas vaincus pour si peu, nous avons commencé à prospecter dans toute l'Europe, en Espagne, au Portugal, en Italie, en Allemagne, partout où il était possible de chercher. Nous aurions pu acheter des tonnes de 52, de 54, mais le 58 demeurait introuvable.

Un peu décontenancé et prêt à renoncer à ce beau projet, l'idée me prend d'aller prospecter en Belgique en compagnie d'un ami. Nous recommençons nos visites dans tous les endroits possibles, en vain. Nous allions rentrer en France bredouilles quand nous nous arrêtons dans la cour d'une dernière fabrique de papier installée dans un vieux moulin, perdu dans la campagne. Fatigué par nos recherches, j'indique à mon ami que cette nouvelle visite se soldera comme les précédentes et qu'en conséquence, je préfère l'attendre dans la voiture. Il entre donc seul dans cette vieille bicoque qui ne payait pas de mine. Stupeur : les murs sont recouverts de rayonnages remplis de ramettes de papier classées par poids : 52, 54, 56, 58 !

— Bonjour monsieur, je tiens une baraque à frites en France, et je voudrais vous acheter du papier pour emballer la marchandise. Qu'est-ce que vous me conseillez ?

— Pour des frites, à mon avis, le 54 ne serait pas mal !

— Vous croyez ? Je voudrais quand même quelque chose qui se tienne. J'ai envie d'essayer le 58.

— Oui, le 58 sera à mon avis très bien, de bien meilleure qualité ! Vos clients seront contents.

— Je peux vous en acheter une ramette pour faire des essais ?

— Sans problème ! Vous testez celui-là et s'il vous convient, vous connaissez mon adresse.

Et mon ami ressort du moulin avec sa ramette sous le bras. J'aime autant vous dire que la joie, au retour, était à son comble ! À Villeneuve-d'Ascq, je réunis mes amis nîmois et je leur présente notre découverte. Une amie banquière est également présente. Elle prend une des feuilles, la découpe à la bonne dimension.

— Demain, je la glisserai dans le distributeur automatique de ma banque. Nous verrons bien si elle ressort ou non.

Et le lendemain, au premier essai, le distributeur laisse sortir notre feuille témoin !

Les choses s'enchaînent alors très vite. Dès le lendemain, fort de l'expérience acquise auprès des frères Zemmour, je me rends en Belgique afin de préparer la création légale et officielle d'une société d'imprimerie avec la complicité de deux amis belges. Nous aurions éveillé les soupçons du papetier du moulin si nous avions acheté son papier de 58 grammes par tonnes pour emballer des frites ! Il fallait donc une couverture en béton, permettre à cet honnête commerçant, qui n'était au courant de rien, de dresser des factures certifiées et authentiques. Avec Gilbert, au temps de la carambouille Maria Bauer[1], j'avais appris qu'il ne fallait pas hésiter à faire les choses en grand, en très grand. J'ai donc créé une véritable entreprise d'imprimerie afin de justifier l'achat en gros de papier.

1. Voir chapitre 12, « Une bien belle carambouille ».

Cependant, il me manquait l'essentiel : un faussaire. Jacques Dupuy était mort et il me fallait trouver un expert de sa trempe. Mais où chercher ? Mon ami Mickey se met en recherche. Une équipe de Lille le contacte, mais je ne souhaitais pas travailler avec le milieu local, question sécurité. Nous avons donc recommencé à prospecter. Au bout de quelques semaines, Mickey demande à me voir. Il a mis la main sur une belle équipe. Nous convenons d'une entrevue. Quatre ou cinq hommes en costumes impeccables accompagnent mon ami. Ils ont l'air sérieux. Visiblement, ils ont du métier et peuvent nous fournir un orfèvre de la fausse monnaie. Mais le talent se monnayant fort cher, ils nous annoncent que l'artiste souhaite vendre son talent à prix d'or. Après un court temps de réflexion, nous décidons de marcher avec eux. Nous achetons une machine offset que nous installons dans un pavillon quelque part en France, dans un endroit reculé. Et la fabrication commence.

Cependant, il ne fallait surtout pas faire n'importe quoi en se lançant dans ce beau projet comme des amateurs. J'avais travaillé pour de très grosses équipes, vécu de l'intérieur le fonctionnement du crime organisé. Je voulais mettre à profit mon expérience pour réussir cette affaire que j'envisageais comme l'ultime coup de ma carrière. Je voulais en faire mon chef-d'œuvre. De la French Connection en particulier, je voulais reprendre le fonctionnement général en évitant de tomber dans les travers qui avaient conduit à sa perte. L'idée était simple : nous fabriquerions notre fausse monnaie en France, mais nous écoulerions nos billets à l'étranger. Ainsi, comme pour l'héroïne, la production se ferait sur le territoire national mais le débouché serait ailleurs. Si à l'époque, j'étais tenu à l'écart des grandes décisions concernant la superstructure du projet, aujourd'hui, le parrain, c'était moi. Et j'étais bien décidé à réussir là où « Mr. Heroin » avait échoué.

La première des précautions était de cloisonner l'organisation. Hormis mes associés commanditaires et bailleurs de fonds, personne ne devait connaître notre identité. C'est ainsi que nous avons mis en place une machine structurée, munie de cloisons étanches, séparant les différentes étapes de l'élaboration de notre produit. Comme à Marseille à l'époque des laboratoires clandestins, seuls le livreur de papier, le faussaire et les préposés au fonctionnement de la machine offset connaissaient l'emplacement de notre imprimerie. Je veillais personnellement au respect de ces consignes évidentes de sécurité. Cette fois, j'étais le grand patron. Il était temps que cette expérience acquise au cours de toutes ces années criminelles serve mon projet.

La grande idée ensuite, c'était de ne pas écouler la production en France. Mon Amérique, c'était l'Afrique. Depuis mes premières années de cavale, je possédais des contacts au plus haut niveau de l'État zaïrois. Mes amis ministres, en exil en Belgique, étaient rentrés au pays et occupaient des postes de tout premier plan. L'un d'entre eux, en particulier, exerçait les fonctions de ministre de la Justice. Et il marchait avec nous ! Je ne pense pas qu'il puisse exister une couverture de meilleure qualité. Il n'était pas le seul à être mouillé dans le trafic : le président en personne était informé ainsi que le ministre de l'Économie. Notre production était exclusivement réservée au Zaïre et j'avais formellement interdit de mettre en circulation les billets en France. J'ai donc transposé purement et simplement les méthodes de la French Connection afin de mettre au point ce système qui ne tuait personne, qui ne mettait pas en péril la jeunesse, contrairement au trafic qui se pratiquait jadis en Amérique.

Nous fabriquions des quantités calculées à l'avance : 25 milliards en tout. Un milliard de francs tenait dans une valise Samsonite. C'était-là notre étalon. Il était convenu d'en expédier vingt-cinq. Nous faisions passer en Afrique ces valises par voies diplomatiques, ce qui nous permettait d'échapper à tout contrôle. Le tarif avait été fixé à l'avance, en accord avec nos acheteurs : nous leur vendions un billet de 500 francs au prix de 200. Les Zaïrois déclaraient ensuite notre fausse monnaie aux autorités françaises. Ils renvoyaient des milliards contrefaits à la Banque de France en expliquant que ces faux billets avaient été mis en circulation illégalement dans leur pays. La Banque de France les remboursait au prix affiché sur les Pascal. Le rapport était donc énorme et notre trafic aurait pu continuer longtemps ainsi. Nous faisions en sorte également de ne pas inonder le marché pour ne pas éveiller les soupçons. Ce système a bien fonctionné pendant des mois d'autant plus que nos billets étaient d'une qualité exceptionnelle.

Un jour, en route pour l'Espagne avec ma femme, nous nous arrêtons pour refaire le plein d'essence dans une station-service, non loin de la frontière. L'envie de tester ma marchandise me prend. Je déclare au pompiste que l'un des deux billets de 500 francs que je lui tends est faux et qu'il n'a qu'à choisir celui qui lui paraît être authentique. L'homme prend les billets, les froisse, les considère sous toutes les coutures. Il me regarde, incrédule, persuadé que je lui fais une blague et, finalement, très sûr de lui, garde notre contrefaçon :

— Vous savez monsieur, je pense que celui que j'ai gardé est le vrai. Je pense même qu'ils sont vrais tous les deux ! On ne me la fait pas facilement, vous savez ! Et puis, si vous aviez eu un faux billet à refourguer, vous ne vous en seriez pas vanté !

— Alors vous, vous n'êtes pas tombé de la dernière pluie ! Bravo ! J'aime bien galéjer, mais malgré mon talent d'acteur je ne suis pas parvenu à vous la faire à l'envers ! C'est dire que la qualité de nos produits était exceptionnelle !

Si on avait respecté mes ordres à la lettre, notre petit commerce aurait pu connaître un succès total. Il avait été convenu de ne tirer « que » 25 milliards pour le bénéfice exclusif du Zaïre et de s'arrêter ensuite net afin de demeurer indécelables. Malheureusement, pendant cette période, j'ai été incarcéré un mois et demi pour une affaire de recel sans importance au sujet de laquelle rien ne tenait contre moi et qui s'est d'ailleurs rapidement réglée. Cependant, pendant mon absence, le réseau, qui comprenait 170 personnes, a commencé à enfreindre les règles que j'avais fixées. Comme à l'époque de la fin de la French Connection, on a commencé à écouler un peu la production sur place. Comme Cesari vendait les « queues » d'héroïne à Marseille, certains vendeurs ou même certains imprimeurs se sont mis à faire circuler des billets ici ou là, pour dépanner des amis ou pour flamber en société. Certains s'exhibaient avec des liasses entières dans les boîtes de nuit ou dans les casinos de la Côte, au point que les autorités françaises ont décidé de mettre sérieusement le nez dans nos affaires. Les établissements du sud de la France furent rapidement inondés : environ 25 millions au casino de Nice et presque le double dans celui de Cannes ont été découverts ! Une vraie folie ! Les billets étaient tellement réussis, tellement beaux, qu'ils passaient partout. C'est pourquoi la France entière a été submergée en quelques jours par notre fausse monnaie. À ma sortie de prison, quand j'ai réellement pu reprendre en main l'organisation, le mal était fait. Au plus haut niveau de l'État français, on était informé qu'un réseau de faux-monnayeurs sévissait dans le pays. Le Premier ministre, Pierre Bérégovoy, a même publié une circulaire visant à interdire aux papetiers de fabriquer et de vendre du papier dont les grammages étaient compris entre le 52 et le 62 grammes. Les services de police étaient en alerte maximum.

De premières arrestations eurent lieu et, malgré le cloisonnement et en raison des moyens techniques modernes dont elle disposait, la police a réussi à remonter jusqu'à moi. J'ai appris, bien plus tard, que les condés avaient patiemment tissé leur toile autour de moi. J'étais surveillé en permanence. De mon côté, je ne me suis aperçu de rien. Un jour, j'avais donné rendez-vous à un complice pour déjeuner. Le restaurant était farci de flics qui mangeaient près de nous. Nous n'avons rien soupçonné, ils étaient vraiment très forts.

Un après-midi, ma femme part de la maison, comme à son habitude, pour conduire la petite Stéphanie à l'école. Les poulets l'attendent :

— Madame, nous allons serrer votre mari. Et vous allez nous y aider : quand vous rentrerez chez vous, vous laisserez la porte ouverte pour nous permettre de l'interpeller. Si vous ne faites pas exactement ce que nous vous demandons, vous serez inculpée pour complicité. À vous de voir !

Et ma femme m'a trahi. Elle a laissé la porte de la maison ouverte, sans me prévenir, comme les condés le lui avaient demandé. J'ai vu les flics entrer comme des dingues, me jeter au sol, m'entraver sans ménagement, comme une bête fauve que l'on voudrait neutraliser.

174 inculpations, trois procès, voilà comment s'est terminée ma dernière affaire qui aurait pu être la plus belle de ma vie criminelle ! Par bêtise, par vantardise, par amateurisme de certains hommes de main qui n'avaient déci-

dément pas la carrure pour un tel projet. Si les demi-sel écopèrent de petites peines d'emprisonnement, le procès des parrains, en cette année 1994, s'annonçait bien plus périlleux. Suivant nos habitudes, nous avons tout nié. Nous étions cinq dans le box et nous affirmions ne nous être jamais rencontrés. Mon avocat était fou de rage :

— Pierrot, ça fait quatre fois que je te défends et ça fait quatre fois que tu me fais le même coup !

Je suis même allé jusqu'à charger un mort, un pauvre garçon, employé de banque, qui s'était suicidé et qui n'était pour rien dans tout ce micmac. Finalement, j'ai repris mes esprits et j'ai déclaré à la cour que ce jeune homme était innocent, mais que je ne pouvais pas en revanche donner les noms de mes comparses. C'est ainsi que ma peine initiale a été allégée de deux ans. Comme la police n'avait pas pu mettre la main sur l'imprimerie clandestine (et qu'elle ne sait toujours pas où sont cachées les machines), je n'ai pris que huit ans, alors que j'étais menacé de perpétuité. Cependant je dois dire ici, pour être franc, que je dois cette peine de prison aux déclarations intempestives d'un garçon que je croyais un ami mais qui finalement m'a trahi en s'affalant immédiatement devant les condés. J'avais eu l'imprudence de le mettre au courant de mes affaires. Je m'étais trompé sur son compte. Il ne faut pas non plus rejeter la faute sur autrui : ce garçon était un nave ; je n'aurais jamais dû lui faire confiance. Ces huit ans qu'il m'a fait prendre, je ne dois les reprocher qu'à moi-même, à ma bêtise autant qu'à ma générosité et à ma naïveté.

En prison, à Fleury-Mérogis, je reprends mes habitudes. Mon statut, rehaussé par l'affaire pour laquelle je viens de tomber, m'assure une renommée exceptionnelle. Cependant, mon état de santé se dégrade et je dois être opéré d'urgence pour des problèmes cardiaques : quadruple pontage, opération extrêmement risquée. C'est au cours d'une promenade dans la cour de Fresnes qu'un ami m'a sauvé la vie :

— Pierrot, tu es bizarre. Montre-moi tes yeux. Tu as les mêmes symptômes que moi avant mon infarctus.

Je demande alors à rentrer et à voir le docteur. Je lui explique l'affaire. Il me fait une prise de sang et je retourne en cellule. À 3 heures du matin, je suis réveillé avec fracas. Le médecin accompagné par des infirmiers est là :

— Réveillez-vous, monsieur Hernandez !

On me prend la tension : le tensiomètre s'affole, il ne parvient pas à donner une mesure fiable tant ma tension artérielle est élevée. Sans attendre, on me transfère à l'hôpital Broussais parce que mon cas est jugé très sérieux. Par bonheur, je suis pris en charge par le service du professeur Charpentier, le plus grand cardiologue de la place de Paris, et l'opération est un succès. Pourtant, les choses avaient mal commencé. Le chirurgien était assisté par de nombreux internes à qui il transmettait son savoir immense. Lorsque je rentre dans le bloc opératoire, le professeur me demande l'autorisation de permettre à une classe d'étudiants d'assister à l'opération. Je réponds favorablement à sa requête : au moins, que mes problèmes de santé fassent avancer la science ! Un jeune médecin commence alors à s'occuper de moi. Il devait, je crois, tenter de déboucher mon artère fémorale avant l'opération. À ce moment-là, j'étais sous anesthésie locale et donc pleinement conscient. Mais le pauvre petit ne parvenait pas à réaliser le geste technique. Il commençait à paniquer. Voyant le travail, le professeur veut prendre les choses en main, mon état de santé est préoccupant :

— Ah non, professeur ! Quand on a commencé quelque chose, on le termine !

J'ai adressé un petit sourire à l'interne qui s'est remis immédiatement à l'œuvre. Il suait sang et eau, il était dans tous ses états. Finalement, il a réussi à réaliser le geste parfaitement au bout d'un petit moment qui m'a paru très long. Quand il est enfin parvenu à trouver l'artère récalcitrante, un flot de sang a jailli jusqu'au plafond. Trois ou quatre étudiantes se sont alors évanouies :

— Eh bien, professeur, vous avez là de drôles de docteurs !

Ceux qui étaient encore conscients se marraient ! Ensuite, je ne me souviens plus de rien, sinon d'une grande fatigue post-opératoire et d'une longue convalescence.

La vie aurait pu s'écouler ainsi. C'était compter sans ma femme. Après mon opération, alors que je me reposais à l'infirmerie de Fleury-Mérogis, une bonne sœur, un jour, vient me trouver :

— Pierrot, je voudrais vous poser une question : vous avez beaucoup d'argent ?

— Non, pourquoi ?

— Parce que votre femme appelle la prison tous les quarts d'heure pour demander si vous êtes toujours vivant.

J'étais plutôt flatté au début de savoir que ma femme se faisait du mauvais sang pour moi. Mais j'ai vite déchanté. Quelque temps plus tard, à ma très grande surprise, je reçois une convocation pour comparaître, le jour même, devant un juge aux affaires familiales. Ma femme demandait le divorce. Personne ne m'avait prévenu du lancement de la procédure. On me transfère en catastrophe : je ne suis même pas rasé, je suis mal habillé, mais, me dit-on, le temps presse. Je suis extrêmement étonné d'apprendre cela car personne ne m'avait informé auparavant. Mais, je n'étais pas au bout de mes surprises. J'ai su également qu'en théorie, j'aurais dû me trouver en liberté provisoire pour raisons de santé. Cependant, entre-temps, le juge d'application des peines m'avait maintenu en détention car ma femme, apparemment, avait peur que j'attente à sa vie. Bien. Je partais dans le bureau du juge dans de belles dispositions !

Devant le juge, entravé, entouré par deux gendarmes, je prends la parole :

— Madame, tout d'abord je voudrais vous présenter mes excuses de comparaître devant vous dans l'état où vous me voyez. Je n'ai même pas eu le temps de me raser ni de m'habiller correctement.

Ainsi, la magistrate a compris que la situation n'était pas normale. Elle a donc suspendu l'audience pour un quart d'heure afin que je puisse m'expliquer avec mon épouse. Dans le couloir, j'aime autant vous dire que la discussion fut musclée. Pour finir, ma femme feignait de me présenter des excuses et décidait même de ne plus demander le divorce. Mais, sachant de quoi elle avait été capable, j'étais bien résolu à la chasser définitivement de ma vie. L'audience a donc repris et j'ai signifié au juge que je souhaitais divorcer. La magistrate était en colère d'avoir été mise dans cette situation et n'a pas accepté les méthodes qui avaient été utilisées. Son jugement a été cinglant. Elle a prononcé le divorce en ma faveur et m'a exonéré du versement de la pension alimentaire. Ma femme a été dans l'obligation, en outre, de me communiquer les résultats scolaires de Stéphanie afin que le lien avec son père soit préservé. Et la séance fut levée.

Je suis retourné en cellule pour quatre ans encore, soulagé, avec un cœur réparé, prêt à affronter une nouvelle vie.

ÉPILOGUE

Fin de partie

Juillet 1998. La liberté, enfin. Le pays connaît des heures de joie populaire. La France vient de remporter la coupe du monde de football. Les Bleus ont réalisé un exploit historique. L'air ambiant est léger. Les parfums de la fête sont bien perceptibles.

La porte de la prison vient de se refermer derrière moi. Il fait beau. C'est un petit matin d'été comme je les aime. Mais je suis seul. Personne n'est là pour m'accueillir et m'accompagner sur les chemins de la liberté retrouvée. Ma famille m'a tourné le dos, beaucoup d'amis sont morts, d'autres suivent des voies dont je me suis écarté. Je n'ai plus rien : mes filles se sont détournées de moi, honteuses peut-être du père que je suis. Je suis sans le sou. Je ne sais où aller.

Sur le quai de la gare, en partance pour nulle part, je décide de contacter le petit nave qui m'avait balancé. Tout d'abord parce que je voulais m'expliquer avec lui, gentiment. Ensuite parce que j'avais besoin d'un minimum, d'une chemise, d'un pantalon car j'avais tout perdu, et que je considérais qu'il me devait bien ça. Au bout du fil, il se montre gêné. J'ai des envies de vengeance dans la tête, non pas contre lui, mais contre mon ex-femme.

Je prends donc le train pour Béziers où je retrouve, quelques heures plus tard, ce petit enculé en qui j'avais placé ma confiance.

L'explication est rude, mais nécessaire. Je lui explique que j'ai besoin du minimum pour vivre et que je souhaite partir immédiatement pour l'Espagne. Il comprend tout de suite ce que je compte y faire. Alors il tente de me raisonner, m'explique que la liberté n'a pas de prix et qu'il serait indigne d'un homme tel que moi de m'abaisser ainsi par une vengeance qui ne m'apporterait que des ennuis. Le petit con avait raison et j'ai bien fait de l'écouter.

Ne sachant où me poser, j'ai accepté son invitation à rester un temps chez lui, à Saint-Pons-de-Thomières, un petit village du Haut-Languedoc, niché entre Béziers et Mazamet. Et je lui ai pardonné ce qu'il m'a fait, parce que finalement, je suis un homme comme ça. Je n'ai pas la rancœur très tenace, du moins je sais avoir un certain discernement. Ce type était un demi-sel, un nave, une balançoire, un petit con sans envergure et j'avais eu tort de lui faire confiance. S'il y en avait un à blâmer, ce devait être moi.

J'ai appris par la suite qu'il m'avait encore trahi pendant mon incarcération en vendant à mon insu des passeports que j'avais cachés chez lui. Qu'est-ce que vous voulez que je vous dise ? Encore une erreur de ma part. J'ai donc mis les distances, définitivement. C'était mieux pour lui.

Je me suis tout de même installé à Saint-Pons, tout simplement. Rien ne me prédisposait à vivre ici. Depuis lors, j'y suis resté. Je m'y sens bien. J'y ai des amis. J'ai même des relations excellentes avec les notables du village, c'est tout dire !

Lors de mon arrivée, j'avais la rage au cœur. Puis, peu à peu, je me suis apaisé. Les grands fauves ne se laissent pas facilement apprivoiser. Il m'a fallu du temps pour m'habituer à ma nouvelle vie, au milieu de gens simples qui s'étaient toujours tenus à l'écart des jungles que j'avais traversées. Réapprendre à vivre libre, loin du *business* ordinaire, n'est pas chose aisée. J'avais besoin encore du frisson et de l'action.

C'est pourquoi, sans reprendre mes activités criminelles, j'ai profité de la demande conjointe, mais indépendante, de deux vieux amis pour renouer avec Francis le Belge. Après ses derniers démêlés avec la justice dont il était sorti vainqueur, il voulait lui aussi se ranger plus ou moins.

Je fais donc toucher Francis, mais dans un premier temps, je ne peux rencontrer que quelques-uns de ses hommes. Auprès d'eux, je plaide pour mon ami Jean-Pierre Pilato, dont le nom est injustement inscrit sur la liste noire du Belge. Le pauvre Jean-Pierre vit reclus à Istres dans son bar. Il n'ose plus sortir et attend sa dernière heure barricadé et armé jusqu'aux dents. Ce n'est pas une vie, d'autant plus qu'il n'a rien à se reprocher. Son seul tort a été d'être très proche de Zampa et de lui avoir offert l'asile durant sa courte cavale. Mais Francis lui met sur le dos d'autres affaires auxquelles il est totalement étranger. Je parle pour lui. On m'écoute. Quelque temps plus tard, on me fait dire que le contrat sur Pilato est levé, qu'on s'est trompé sur son compte. J'appelle aussitôt Jean-Pierre :

— Tu peux sortir à l'air libre, tu ne risques plus rien !

— Tu es sûr de toi, mon Pierrot ?

— Va prendre le soleil, je te dis !

Ainsi, Jean-Pierre a pu reprendre une vie normale, du moins pour un temps. Il est mort quelques années après, alors qu'il se trouvait aux cabinets : il était sous assistance respiratoire et possédait un appareil qu'il posait sur la chasse, en hauteur. Un faux mouvement, et la machine lui a fracassé le crâne ! Drôle de destin.

Un autre ami me contacte, Serge Leynaud[1], mon vieux complice des égouts de Cannes et d'ailleurs, un des deux hommes qui avait participé à l'arrachage médiatique de Spaggiari. À Nîmes où il règne sur le monde parallèle du jeu, il se sent seul, lui aussi. Ses amis sont morts, il est isolé. C'est pourquoi il me demande de le mettre en relation avec le Belge, car il veut lui donner une partie de ses parts, ne se sentant plus la force de gérer ses affaires seul. Je prends rendez-vous avec Francis à Paris par l'intermédiaire de François Marcantoni et nous nous retrouvons dans les salons de l'hôtel Méridien. Il a belle allure, le Belge, dans son costume impeccable, avec son air d'intellectuel et ses petites lunettes sages. Les retrouvailles sont chaleureuses. Nous nous connaissons depuis si longtemps ! Et rien, pas même les brouilles du passé entre nos clans rivaux, n'a pu venir à bout de notre amitié. Pourtant, les premiers sujets qui arrivent dans la conversation ont un rapport étroit avec la mort de son ami, de mon ami, Bébert Franconi, liquidé en Italie par Lucchesi, au plus fort de la guerre des gangs.

— Ton Lucchesi, c'était une belle ordure ! C'était ton ami, Pierrot, mais je t'assure qu'il a eu la bonne idée de mourir ! Parce que si j'avais pu lui mettre la main dessus, je l'aurais coupé en deux pour tout ce qu'il m'a fait.

Jeannot Lucchesi était mon ami. Il a souvent été là quand j'ai eu besoin de lui. Mais, malgré tout ce que j'ai pu dire pour réhabiliter sa mémoire, le Belge n'a rien voulu entendre. En ce qui concerne Leynaud, il se montrait méfiant :

1. Considéré comme le parrain du milieu nîmois, il est abattu en 1999 par Marc Monge, sans doute dans la « guerre des baraques », ces pokers placés dans les bistrots.

— Ton Leynaud, c'est un bon mec, mais il bossait pour Zampa. Ça me plaît que moyennement ton histoire, Pierrot.

Finalement, à force de discuter et de lui expliquer que Serge était un brave garçon qui n'avait fricoté que de loin avec Tany, il a accepté une rencontre.

— Arrange-nous ça, Pierrot. Je le verrai ton Leynaud.

Je repars donc de Paris pour mon petit trou perdu du Languedoc et je me mets en quête d'un endroit tranquille pour la rencontre au sommet. Mon choix se porte sur une petite maison située à Moulin-Mage, près de Lacaune, dans le Tarn. Leynaud devait nous y rejoindre. Quant au Belge, je lui avais réservé des billets de train. À Montpellier, il devait effectuer un changement pour s'arrêter ensuite à Béziers où je viendrais le récupérer en voiture. Malheureusement, en venant chez moi, Leynaud a été assassiné par l'inévitable Marc Monge et la rencontre dut être annulée.

C'est à cette époque que je suis parti pour quelques jours au Bénin. En prison, lors de mon dernier séjour, j'avais rencontré un type, Willy, un Africain poli, sympa, bien élevé. Nous avions sympathisé, naturellement. Nous passions pas mal de temps ensemble pendant les promenades ou lors des temps libres. Il avait atterri là pour une escroquerie je crois, ou pour quelque chose d'approchant. Il me racontait qu'au Bénin il était ci, il était là. Je le croyais, il avait l'air sincère, mais en prison, la mythomanie est toujours à portée de main. Alors, je prenais ce qu'il me disait, mais d'une oreille distraite. Bref. À ma sortie, le type me donne son téléphone et m'assure qu'il serait heureux de me revoir, et pourquoi pas chez lui. Plusieurs mois passent. Je suis seul à Saint-Pons et l'envie de voir du pays me prend. Je décide de l'appeler. Au téléphone, il est ravi. La perspective de me revoir l'enchante. Je prends mes billets et je décolle quelques jours plus tard pour le Bénin. Le voyage se passe sans encombre. Mais, à mon arrivée, stupeur. Je suis attendu par des voitures officielles.

— Monsieur Hernandez ? Si vous voulez bien vous donner la peine d'entrer !

Je m'engouffre dans une limousine, totalement décontenancé. Nous entrons dans Cotonou. Nous roulons un temps, puis la voiture s'arrête devant une belle villa : la portière s'ouvre. Mon ami est là. À part le tapis rouge, il ne manquait rien !

— Qu'est-ce que ça veut dire ?

— Bienvenue chez moi, Pierrot !

Mon ami faisait partie de la haute, il était le fils d'une famille puissante qui comptait des ministres, des députés, des PDG de banques commerciales et il ne m'en avait jamais rien dit. La journée, il portait le costume traditionnel, feignant d'être pieux à l'extrême, et le soir, il sortait en jeans, le cigare à la bouche, entouré de deux ou trois gonzesses :

— Qu'est-ce que tu nous fais, toi ? Explique-moi ce que ça veut dire toutes ces simagrées ! Tu crois qu'Allah te voit pas faire ton petit cinéma ?

Et il riait, le Willy, sur son canapé, entre deux filles de petite vertu. Tous les soirs, nous sortions dans des boîtes, nous buvions du champagne, nous dînions aux meilleures tables de Cotonou. Il fallait le voir pour le croire ! Après un séjour inoubliable, je rentre en France, direction Paris. Je ne peux pas dire que Francis le Belge m'ait envoyé en mission au Bénin, mais mon voyage l'intéressait. Nous nous retrouvons, comme d'habitude dans les salons de l'hôtel Méridien.

— Alors, Pierrot, ce voyage ? Tu as pu prendre quelques contacts ?

— Des contacts ? Si je te dis la vérité, tu ne me croiras pas !

Et je commence à lui raconter les détails de mon séjour béninois, les frères ministres, les passe-droits incroyables dont nous pourrions bénéficier là-bas. Francis est comme un dingue. Il trépigne, se frotte les mains, montre une excitation surprenante.

— Oh, mais dis-donc, tu es bien placé, toi ! Écoute-moi Pierrot, j'en ai plein le cul de la France, de mes affaires, des gardes du corps et des machines à sous ! Je vais tout vendre, tu m'entends, tout vendre et me casser au Bénin avec toi. Ils me font tous chier ! On va partir Pierrot et on va vivre, enfin.

— T'emballe pas Francis ! J'en connais un autre qui voulait faire la même chose, tout bazarder et venir avec moi en Espagne !

— Si, je m'emballe ! Et c'est justement parce que je ne veux pas finir comme Fargette que je vais me barrer ! Tu vas reprendre l'avion, le plus tôt possible. Tu vas retourner au Bénin chez ton pote Willy et tu vas me faire le plaisir d'acheter tout ce que tu pourras.

— Acheter ? Qu'est-ce que tu veux que j'achète ? Et avec quel pognon ?

— Avec quel pognon ? Mais avec le mien ! Je ne sais plus quoi en foutre ! Et surtout, j'en ai pour deux. Tu vas acheter des hôtels, des bars, des casinos, tout ce que tu pourras trouver, des terrains, des immeubles, tout ce qui te tombera sous la main !

— J'ai des relations, mais quand même !

— Pierrot, arrête de discuter ! Tu repars et je t'envoie de pleins sacs-poubelles de fric, tu m'entends, des sacs remplis de blé, tu as carte blanche ! Dans quelques semaines, je te rejoindrai. Laisse-moi juste le temps de régler mes affaires ici. À partir d'aujourd'hui, tu es mon associé !

Avec Francis, les choses étaient simples, grandioses, carrées. C'était un plaisir de traiter avec lui. Il n'y avait jamais de mauvaises surprises.

Au Méridien, au cours de cette rencontre, nous nous sommes beaucoup parlé. J'ai su par exemple qu'il était parfaitement informé des dessous de l'affaire Le Roux. Il savait que Jeannot Lucchesi avait fait le coup et ça le mettait dans une belle rage. Mais il y avait beaucoup de monde autour de nous, dans le hall, des gens qui savaient qu'il était là et qui voulaient le voir. Ses gardes du corps tenaient tous ces badauds à l'écart. Cependant, ce n'était pas très facile de discuter *business* tranquillement devant tous ces fans ! Il m'a alors demandé discrètement de le suivre aux toilettes : « Là au moins, il n'y aura personne pour nous emmerder ! » Nous avons fini de mettre au point ce qui nous occupait, puis nous avons repris place dans le salon sous la surveillance de ses hommes. Il était méfiant, très méfiant. Il savait que certains projetaient de lui régler son compte.

— Grâce à toi, Pierrot, bientôt, je ne verrai plus toutes ces gueules de cons !

Quelques jours après, le 27 septembre 2000, il m'avait fixé un autre rendez-vous, toujours au Méridien. Il me savait encore à Paris et disait qu'il voulait me voir. Il n'est jamais venu et pour cause. Dans l'après-midi, deux tueurs à moto l'exécutent à L'Artois Club, un café de courses de standing du VIIIe arrondissement. Il faisait beau ce jour-là et les terrasses des cafés étaient pleines de monde. Des trottoirs, on pouvait entendre ce qui se passait à l'intérieur puisque les fenêtres et les baies vitrées étaient grandes ouvertes. Soudain, j'entends prononcer le nom de Francis, très fort. Je rentre dans le bar :

— Le Belge est ici ?

— Non, il vient d'être tué à deux pas d'ici !

C'est ainsi que j'ai appris la mort de Francis, quelques minutes seulement avant de le rencontrer. Le Belge, ce fut pour moi l'ami tué de trop. Il y avait eu Fargette, avec lequel je devais m'associer pour monter une affaire en Espagne, juste avant son assassinat. Lui aussi projetait de tout quitter, Toulon et les affaires, pour s'établir de l'autre côté des Pyrénées, avec moi, comme un bon bourgeois. Il y avait eu ensuite Serge Leynaud qui devait marcher avec nous dans nos affaires africaines. Il y avait eu Marc Monge, assassiné à Saint-Ouen au mois de janvier 2000. Il y avait maintenant Francis, mon ami de la Belle-de-Mai. Je me suis demandé un temps si je ne portais pas la guigne parce que tous mes associés disparaissaient les uns après les autres autour de moi.

Avec la mort de Francis prit fin ma carrière dans le grand banditisme. J'ai décidé ce jour-là de tout arrêter. À quoi bon finir comme tous ces hommes criblés de balles ? Le milieu est un magma instable où les plus grands finissent par s'enliser. Et comme j'étais associé avec le Belge, j'ai préféré prendre le large parce que son exécution en annonçait sûrement d'autres : son clan fut effectivement décimé dans les semaines qui suivirent. Et j'ai gardé pour moi notre relation de la fin de sa vie, même si elle était connue et que nos rendez-vous n'avaient rien de secret.

Je suis donc retourné à Saint-Pons où depuis, je coule des jours tranquilles, loin des règlements de comptes et des grosses affaires. Pendant quelques années, j'ai été un homme discret, jusqu'au jour d'octobre 2007 où Maurice

Agnelet a écopé de vingt ans de prison pour un crime qu'il n'avait pas commis. Quand j'ai appris cette nouvelle devant mon poste de télévision, j'ai été bouleversé. Les jours suivants, j'ai essayé de chasser de ma tête le spectacle des enfants de l'ex-avocat, meurtris par l'incarcération de leur père. Et peu à peu, je suis tombé dans une sorte de dépression. Je connaissais la vérité, je ne pouvais pas laisser un innocent en prison. Un jour, prenant mon courage à deux mains, je décide donc de joindre mon avocat pour lui raconter tout ce que je sais. Il est en vacances à Hyères, sur son bateau. J'appelle la capitainerie du port afin qu'on lui fasse la commission. Quelques heures après, il me contacte :

— Salut Pierrot, tu veux que j'abrège mes vacances ?

— Non Jean-Louis. Je viendrai te voir quand tu seras rentré à Paris.

En septembre, je fais le déplacement. Le secret est de plus en plus lourd à porter. Dans son bureau, je me confie, je dis tout ce que j'ai sur le cœur, je pleure comme un gosse en révélant ce que Jeannot Lucchesi m'a confié vingt ans plus tôt. Je repars de chez Jean-Louis comme lavé de l'intérieur. La confession a parfois du bon.

À partir de ce moment-là, ma vie va véritablement changer. François Mattéi, un grand journaliste qui avait autrefois couvert mon procès, me propose d'écrire ma biographie dans laquelle je raconterai ce que je sais à propos de l'affaire Le Roux. Le livre est un succès. À Saint-Pons, je deviens le gentil *mafioso* du coin et je joue volontiers les Al Capone à la retraite. On m'appelle parfois de Paris pour que je dise ce que je sais de l'histoire du banditisme à des journalistes avides de nouveauté. Mais ma réponse est souvent la même : « Vous me prenez pour une agence de renseignements ou quoi ? Les gars, vraiment, je ne sais rien ! »

J'ai été très surpris par le verdict du dernier procès Agnelet en avril 2014 lors duquel il a une nouvelle fois été condamné à vingt ans de réclusion criminelle, et croyez-moi, je ne suis pas le seul. Finalement, le jury s'est laissé convaincre par le témoignage accablant de son fils ! Ni le démenti cinglant de la mère de ce petit, ni les autres témoignages à décharge n'ont pu contrebalancer ces accusations surprenantes. Pourtant ce témoignage ne se fondait sur aucune preuve tangible. Il n'avait pas plus de valeur que ce que je pouvais affirmer moi-même ou d'autres, certes moins sulfureux que moi…

Et je n'ai toujours pas compris par ailleurs pourquoi Me Saint-Pierre, l'avocat d'Agnelet, n'a pas jugé bon de me demander de témoigner à l'audience ! Est-ce parce que j'avais déposé auprès du président de la cour de révision avec l'ex-commissaire Aimé-Blanc et que ma déposition écrite avait été jointe au dossier ? Vu ce que j'ai à révéler sur cette affaire, tout cela est bien difficile à comprendre. Mon témoignage d'ancien bandit ne serait-il pas assez crédible aux yeux de la justice française ? S'il me l'avait demandé, je serais venu dire ce que je sais, ce que beaucoup de monde sait, gratuitement, pour rendre justice à un homme que je crois sincèrement étranger à toute cette affaire. Penser qu'un innocent croupit en cellule me révolte. Mais, que voulez-vous ? J'ai fait ce que je devais faire. Si, par bonheur, le verdict est cassé et que de nouvelles assises se tiennent un jour, j'espère que les conseils d'Agnelet auront la présence d'esprit de me contacter. Parviendrai-je alors à convaincre le jury ? Rien n'est moins sûr. Mais ce qui est certain, en revanche, c'est que je dis la vérité, dans cette affaire comme dans toutes celles que j'ai relatées dans ce livre de mémoires, parole de vieux voyou !

Après l'un de mes passages à la télévision pour la promotion du livre de François Mattéi, le bar dans lequel j'ai l'habitude de faire mon petit tiercé reçoit un coup de téléphone. Une dame cherche à me joindre. Elle laisse un numéro de téléphone. Je la rappelle. Au départ, je ne sais pas du tout de qui il s'agit. La conversation est chaleureuse et nous bavardons un bon moment. À la fin, elle m'explique qu'elle me connaît, qu'elle est même pour moi une vieille connaissance du temps du Sorbier à Paris, au début des années 1970. Mais elle ne me donne pas son nom. Elle me dit qu'elle souhaiterait me voir et me propose de venir la rejoindre du côté de la Roche-sur-Yon. L'idée me séduit et, tenté par l'aventure, je pars rejoindre cette inconnue. À mon arrivée, une femme m'attend, comme convenu, devant la gare. Elle a bien vieilli, mais je la reconnais au premier regard. Jo, malgré les années, n'a pas changé. Elle a toujours ce charme qu'elle avait à 20 ans. Nous passons la soirée ensemble dans un bon restaurant et au petit matin, nous nous réveillons l'un contre l'autre, dans le même lit. Depuis, elle partage ma nouvelle vie d'homme sage et rangé. Je n'aurais jamais imaginé que l'on puisse tomber amoureux à plus de 70 ans et pourtant nous nous aimons comme des gosses, comme si nous avions 20 ans et l'avenir devant nous.

À l'heure de mettre un terme à ce récit, j'ai une pensée pour tous les amis que j'ai perdus. Tandis que j'écrivais, ils ont à nouveau partagé ma vie, comme autrefois, chez Jeannot le Sourd ou chez Lucie. J'ai eu beaucoup de plaisir à passer du temps avec Tany et le Belge, avec Bébert Franconi et Jean-Louis Fargette, avec Jean-Pierre Pilato et

Jeannot Lucchesi, Marc Monge et Serge Leynaud, Gaby Regazzi et Jean-Bati Croce, avec Di Russo et Bonello, mes amis, si chers, qui ont passé leur vie de bandit à s'entretuer. Ils sont réunis à jamais sous ma plume, en paix, couchés au creux de ce livre comme dans un immense cimetière. Je suis comme le dernier des Mohicans d'un univers à jamais révolu. Ils continuent pourtant à vivre et à rire dans mon cœur de voyou. Les hommes demeurent vivants tant qu'ils existent dans la mémoire de ceux qui les ont connus, dit-on. Puissent-ils avoir enfin trouvé la paix.

J'ai voulu également raconter l'histoire de ma vie pour les miens, pour mes trois filles qui se sont détournées de moi. Si j'ai aujourd'hui quelques contacts furtifs avec les deux aînées, il n'en va pas de même pour la petite dernière. Aujourd'hui, Stéphanie est grande, c'est une très belle jeune femme de 28 ans, bardée de diplômes, dont je suis très fier. Ma vie d'aventures, la malveillance de sa mère et de ses grands-parents l'ont éloignée de moi. Mais je veux qu'elle sache que je la suis, de loin, que rien de sa vie ne m'est étranger. Pour ne pas compromettre sa carrière, je me tiens volontairement en retrait, mais je veille sur elle, comme le père que je n'ai jamais cessé d'être. Être la fille d'un homme fiché au grand banditisme, c'est une condition difficile à vivre. Cependant, comme la fille du Belge, elle a su tirer son épingle du jeu, par les voies légales, par son travail et son intelligence. Je sais qu'un jour, trop tard peut-être, elle reviendra vers moi, réalisant que je n'étais pas le monstre qu'on lui a dépeint. Ce jour-là, je pourrai paraître devant elle, sans honte et sans passion, comme un père fier et heureux d'avoir pu donner la vie à une jeune femme aussi brillante, aussi méritante. Elle n'est pas comptable de ma vie criminelle, elle la traîne cependant peut-être comme un boulet à sa cheville, mais justement, en raison de ce handicap, son parcours scolaire et professionnel doit être cité en exemple. Elle a dû être plus forte, plus tenace, plus intelligente que les autres. C'est pourquoi je ne veux pas démolir ce qu'elle a patiemment réussi à construire, contre les autres et contre moi-même qui ne suis pourtant pas son ennemi.

Souvent, il m'arrive de penser au Belge et à la relation qu'il était parvenu à tisser avec sa fille sur la fin de sa vie. Elle était son grand amour secret, son trésor. Ils se donnaient des rendez-vous clandestins pour passer du temps ensemble, non pas pour se cacher de la police mais de la nouvelle jeune épouse de Francis, qui était jalouse de leur relation ! Les grands fauves sont parfois déconcertants lorsqu'on les approche de très près. J'espère secrètement que nous pourrons faire de même et que ma fille me pardonnera d'avoir voulu vivre cette vie qui ne fut qu'un grand jeu, plein de périls et de souffrances, de joies et de bonheurs exacerbés par l'urgence d'une existence toujours sur le fil. C'est surtout pour elle et pour ses sœurs que j'ai voulu raconter l'histoire de ma vie, pour qu'elle connaisse l'homme que je fus en réalité. J'ai conscience que la plaidoirie sera parfois de nature à accabler le coupable, mais j'ai décidé de tout dire et je la crois assez intelligente pour déceler, entre les lignes, la valeur de cette vie d'homme, de ma vie. Elle me découvrira tel qu'en moi-même, elle pourra dire : « Voilà ce que mon père a été. »

Elle me jugera peut-être, elle ira peut-être plus loin encore dans son rejet. Qu'importe ? Elle aura entre les mains la vérité. Pour le reste… Ça ne peut pas être pire qu'aujourd'hui.

Remerciements

Je tiens à remercier tous ceux qui par leur présence ou leur soutien m'ont permis de mener à bien ce projet : Anthony et Séverine, Simon, mon petit frère, Aïcha, Momo, André, Sylvie, Christian et Isabelle, mes amis, Michel Estrabaud qui veille sur ma santé, François Mattéi et l'ex-commissaire Aimé-Blanc. Christophe Chabbert enfin, mon homme de confiance, qui a recueilli et mis en forme l'histoire de ma vie.

TABLE

Composition et mise en pages
Nord Compo à Villeneuve-d'Ascq

CET OUVRAGE
A ÉTÉ ACHEVÉ D'IMPRIMER
SUR ROTO-PAGE
PAR L'IMPRIMERIE FLOCH
À MAYENNE EN OCTOBRE 2014

N° d'édition : L.01ELKN000543.N001. N° d'impression : 87481
Dépôt légal : novembre 2014
Imprimé en France